Stefan Winges, geboren 1957 in Rheydt, Studium in Bonn, lebt und arbeitet in Köln.

Stefan Winges

Der vierte König –
Ein Fall für Sherlock Holmes

Emons Verlag

© Hermann-Josef Emons Verlag
Alle Rechte vorbehalten
Umschlaggestaltung: Atelier Schaller, Köln
Umschlagzeichnung: Heribert Stragholz
Umschlaglithografie: Media Cologne GmbH, Köln
Druck und Bindung: Clausen & Bosse GmbH, Leck
Printed in Germany 2000
ISBN 3-89705-201-6

www.emons-verlag.de

»… Ende 1895 bis 1896: von manchen Holmes-Kommentatoren ›das fehlende Jahr‹ genannt und Gegenstand hochgelehrter Spekulationen …«

William S. Baring-Gold

William S. Baring-Gold: Sherlock Holmes of Baker Street. A life of the World's First Consulting Detective. New York 1962. Zitiert nach der deutschen Ausgabe, Stuttgart 1978, S. 410.

Inhalt

Weihnachtliches Vorspiel: Mord im Dom

Für viele Kölner war es der kälteste Winter seit Menschengedenken. Schon im November hatten die Schneemassen Dächer und Wege unter sich begraben. Dann waren die Temperaturen immer weiter gefallen und schienen sich nun arktischem Niveau nähern zu wollen. Wer es einrichten konnte, blieb zu Hause vor seinem Ofen sitzen oder kehrte in einer der gut beheizten Schankstuben ein.

An jenem 5. Januar des Jahres 1896 hatte es seit Tagen nicht mehr geschneit, dafür war es schon zu kalt. Jetzt in der Nacht fegte ein eisiger Wind über den Domvorplatz. Bis auf zwei vermummte Gestalten war der große Platz menschenleer. Vornüber gebeugt stapften sie auf den Dom zu, der sich massig vor ihnen erhob. Seine Türme schienen mit dem dunklen Himmel zu verschmelzen. Für die majestätische Pracht der Kathedrale hatten die beiden allerdings keinen Blick übrig. Zu sehr waren sie damit beschäftigt, sich in ihre schweren Mäntel zu hüllen, um sich vor der schneidenden Kälte zu schützen. Als ein Windstoß unter die Mäntel fuhr, wurde für einen Moment ein Stück ihrer roten Uniform sichtbar und ließ die beiden Männer als Domschweizer erkennen, als Mitglieder der altehrwürdigen Schutztruppe des Doms. Jahrhundertelang hatte sie tatsächlich nur aus Schweizern bestanden, rekrutierte aber mittlerweile ihre Mitglieder aus dem Rheinland. Nur der Papst verfügte noch über eine original Schweizergarde. Die kriegerischen Zeiten der Kirche waren eben vorbei. Nachtwächter hatten nun die Aufgaben der gefürchteten Elitetruppe von einst übernommen, und einzig ihre traditionelle Uniform erinnerte noch an eine glorreiche Geschichte.

Martin Paffrath, der jüngere der beiden Männer, hatte seine Zweifel, ob diese historische Entwicklung bei seinem Gefährten auf ungeteilte Zustimmung stieß. Als sie die kleine Pforte in der Südfassade des Doms erreichten, hielt er seine Blendlaterne etwas höher und betrachtete seinen Begleiter, der einen schweren Schlüsselbund hervorgeholt hatte und nun im Lichtschein nach dem richtigen Schlüssel suchte. Trotz seiner achtundfünfzig Jahre war Peter Bökers – gemeinhin als »Franzosen-Pitter« bekannt – eine imposante Erscheinung. Alles an ihm verriet den alten Soldaten. Seine kräftige Gestalt war mit der Zeit womöglich etwas stattlicher geworden, aber er hielt sich aufrecht und erreichte immer noch Gardemaß. Auch wies der mächtige schwarze Schnauzbart nicht ein einziges graues Haar auf. Und Bökers war noch immer in der Lage, mitten im dichtesten Brauhaustrubel seine Anekdoten vom Feldzug gegen Frankreich so zu erzählen, daß jeder im Raum sie mühelos verstehen konnte. Niemand nahm ihm das je übel, denn seine haarsträubenden Geschichten stellten alles in den Schatten, was andere an Gesprächsstoff zu bieten hatten. So galt es an den Kölner Tresen augenzwinkernd als ausgemacht, daß schließlich niemand wisse, wie der Krieg 70/71 ausgegangen wäre, wenn Generalfeldmarschall Moltke sich nicht auf den Wachtmeister Bökers vom 87. Infanterieregiment hätte verlassen können.

Auch jetzt hatte Bökers sein Lieblingsthema, die Belagerung von Sedan, nur unterbrochen, um die Tür aufzuschließen. Martin Paffrath trat von einem Fuß auf den anderen, um sich aufzuwärmen. Endlich war der passende Schlüssel gefunden, und die beiden Schweizer betraten den Dom. Bökers zog die Tür wieder ins Schloß und sperrte so den scharfen Wind aus. Sie schlugen ihre Kragen herunter; auch hier drinnen war es noch empfindlich kalt, aber auf der anderen Seite des Domes, hinter der Sakristei, lag die Wachstube, und dort wartete ein warmer Ofen auf sie.

Als Bökers seine Erzählung wieder aufnahm, hatte er ganz selbstverständlich seine Stimme zu einem Flüstern gesenkt. Der Respekt vor dem Gotteshaus hinderte ihn jedoch nicht daran, mit seiner freien Hand weit ausholend zu gestikulieren.

»… also, wie gesagt: Hier lagen wir und keine hundert Meter vor uns der Franzos', als auf einmal –« Überrascht brach er ab und blieb stehen. »Was war denn das?«

Auch Paffrath hatte das Geräusch gehört. Als wäre etwas Schweres, Metallisches auf den Steinboden gefallen. Wieder ertönte der Laut, dann in rascher Folge mehrmals hintereinander. Nun gab es keinen Zweifel mehr, was sie da hörten, war eindeutig ein Hämmern. Im Dom. Nachts. Die beiden Schweizer sahen sich an, ihr ungläubiges Erstaunen wich Bestürzung, als sie die Situation erfaßten. Sie waren nicht allein in der Kirche! Und sie brauchten nicht viel Phantasie, um zu wissen, was hier vorging: Während ihrer Abwesenheit mußten Fremde hier eingedrungen sein. Der Dom sollte beraubt werden!

Bökers fand als erster die Fassung wieder. Sofort blendete er seine Laterne ab. Paffrath folgte dem Beispiel, und mit einem Mal waren sie von Schwärze umgeben. Schweigend verharrten sie und lauschten. Wieder hörten sie das Hämmern. Das konnte nur bedeuten, daß ihr Kommen nicht bemerkt worden war. Woher der Lärm stammte, ließ sich schwer ausmachen, zu kompliziert waren die akustischen Verhältnisse im riesigen Innenraum der Kathedrale mit der Vielzahl von Nischen und Säulen. Aber die Quelle des Geräusches mußte irgendwo vor ihnen liegen, im zentralen Teil der Kirche.

Schnell schlichen die beiden Wächter durch das Querschiff zum Mittelgang. Die Dunkelheit störte sie kaum. Sie kannten den Dom so gut, daß sie ihren Weg auch mit verbundenen Augen gefunden hätten. Als sie das Längsschiff erreichten, wurde das Hämmern lauter. Auch war nun ein schwacher Lichtschein zu sehen, der aus dem Chorraum zu ihnen herüberdrang, genau wie sie es vermutet hatten. Sie durchquerten das Seitenschiff und gingen hinter einer mächtigen Säule in Deckung. Von hier aus konnte man den vorderen Teil des Mittelschiffes einsehen.

Das spärliche Licht stammte aus einer Laterne, die auf dem Dreikönigsaltar in der Achskapelle abgestellt war. Sie beleuchtete den strahlend goldglänzenden Schrein und zwei Gestalten, die sich an ihm zu schaffen machten und grotesk vergrößerte Schatten warfen. Eine von ihnen hielt eine Brechstange, die andere schwang einen Hammer.

»Um Gottes willen!« flüsterte Paffrath. »Die brechen den Schrein der Heiligen Drei Könige auf!« Die Schweizer waren schockiert. Wie konnte jemand eine solche Kirchenschändung wagen?

»Diese Halunken!« preßte Bökers zwischen den Zähnen hervor. »Aber das könnte denen so passen! Die werden schon noch merken, was es heißt, sich mit den Domschweizern anzulegen!« Aus dem Nachtwächter war wieder der Wachtmeister Bökers geworden, und er übernahm wie selbstverständlich das Kommando. »Martin, du gehst sofort zur Wachstube, die Kameraden holen! Und jemand soll die Polizei rufen. Ich bleibe hier und halte die Stellung.« Als Paffrath nicht sofort reagierte, gab er ihm einen Schubs: »Lauf, Junge!«

Paffrath nickte und hastete los. Auch Bökers hielt es nicht länger auf der Stelle. Geräuschlos schlich er weiter. Unbemerkt erreichte er den Chorraum und stellte fest, daß das große Gittertor verschlossen war. Die Diebe mußten über das hohe eiserne Gitter geklettert sein.

»Jetzt sitzen sie in der Falle!« knurrte er befriedigt. Denn um wieder hinauszukommen, mußten sie den gleichen Weg nehmen, und er würde ihnen schon einen passenden Empfang bereiten! Der umgitterte Chorraum war ein einziger großer Käfig, und Bökers bräuchte nichts weiter zu tun, als auf die Verstärkung zu warten. Das wäre das Vernünftigste, sicher. Aber Warten war nie seine Stärke gewesen, das hatte er schon vor Sedan nicht gekonnt. Und hier hatte er es nicht mit einer Kompanie Franzosen zu tun, sondern nur mit zwei halben Portionen von Einbrechern.

Wie von selbst wanderte seine Hand in die Tasche und holte den Schlüsselbund heraus. Vorsichtig drehte er den Schlüssel im Schloß und öffnete leise das Gitter einen Spalt, gerade groß genug, um hindurchzuschlüpfen. Als er hinter sich wieder absperrte, hörte er ein lautes Rumpeln und fuhr herum. Er beobachtete, wie die beiden Räuber die Deckplatte des Schreins abhoben. Einer der beiden griff hinein und holte einen Schädel heraus. Für einen Moment blitzte eine goldene Krone auf, dann verschwand die Reliquie in einem bereitgehaltenen Sack. Bökers war fassungslos, diese Schurken wollten tatsächlich die heiligen Reliquien stehlen! Wieder tauchte ein gekrönter Schädel aus dem Inneren des Schreins auf. Das war zu viel! Alle Vorsicht vergessend stürzte der ehemalige Wachtmeister durch den Chorumgang auf die Frevler zu. Den halben Weg hatte er schon hinter sich, als er bemerkt wurde. Die Räuber stutzten einen Augenblick, als sie sich so angegriffen sahen, bewahrten aber kaltes Blut; Sie steckten erst noch den dritten der Heiligen Drei Könige ein, bevor sie die Stufen des Altars heruntersprangen und sich dem heranstürzenden Bökers entgegenwarfen.

Es war ein furchtbarer und gnadenloser Kampf, der sich in der nächtlichen Kathedrale entspann und nur die stummen Figuren der Heiligen an den Säulen zu Zeugen hatte. Die abgestellte Laterne gab nicht viel Licht und betonte eher noch die Dunkelheit des Schauplatzes. Bökers brauchte allerdings auch nicht viel zu sehen. Aus vollem Lauf prallte er gegen die beiden Männer und riß sie mit sich zu Boden. Gegen sein Gewicht waren sie machtlos, rollten sich aber geschickt aus seiner Reichweite, als er versuchte, sie zu packen. Geschmeidig sprangen sie wieder auf die Beine. Auch Bökers kam wieder hoch, viel schneller, als man seiner Statur und seinem Alter nach erwarten durfte. Keiner von ihnen hatte mit einem solchen Gegner gerechnet: Diebe, die sich einem Kampf stellten, statt zu fliehen, und ein hünenhafter Wikinger anstelle eines harmlosen alten Nachtwächters, dessen gefährlichste Waffe ein schnelles »Vater Unser« sein mochte.

Langsam und lauernd umkreisten sich die Männer. Noch immer konnte Bökers nicht recht erkennen, mit wem er es zu tun hatte. Die Gestalten der Einbrecher blieben schattenhaft, ihre Gesichtszüge verborgen hinter den übergeworfenen Kapuzen, aus denen nur das Weiß der Augäpfel hervorschimmerte, wenn der Lichtstrahl der Laterne auf sie fiel. Ihre Umhänge wirkten archaisch und erinnerten ihn an Mönchskutten. Aber da war etwas an seinen Gegnern, das in Peter Bökers Empfindungen wachrief, die er in den Jahren seit dem Krieg zu vergessen geglaubt hatte. Die starre Anspannung, wenn das Bajonett aufgepflanzt wurde. Das schmerzhafte Ziehen im Bauch vor dem Angriff. Davon hatte er nie etwas erzählt an der Theke. Und nun war mit einem Schlag alles wieder da. Er konnte das Bedrohliche förmlich spüren, und instinktiv wußte er, daß es hier um Leben und Tod ging.

Die Irritation hielt auf beiden Seiten nicht lange an. Wie auf Kommando begann der Kampf erneut. Dieses Mal sah sich Bökers in der Defensive, die beiden finsteren Gestalten drangen gleichzeitig auf ihn ein. Einen Schlag mit dem Brecheisen, der seinen Schädel leicht hätte zerschmettern können, konnte er im letzten Moment parieren. Polternd fiel das schwere Werkzeug zu Boden, gefolgt von dem Angreifer, den ein wuchtiger Kinnhaken nach hinten taumeln ließ. Er stolperte über die Stufen und schlug im Fallen mit dem Kopf gegen den Altar. Benommen blieb er liegen.

Bökers beachtete ihn nicht weiter und wandte sich sofort dem anderen Angreifer zu. Aber so schnell er sich auch bewegte, es war nicht schnell genug. Er spürte einen furchtbaren Schlag in der Seite, dem ein scharfer Schmerz folgte. Ohne hinzusehen wußte er, was passiert war. Sein Gegner hatte ihm mit einem tückischen Stoß ein Messer in den Leib gerammt. Und drehte jetzt die Klinge noch einmal um, das Gesicht zu einer höhnischen Grimasse verzerrt. Bökers stöhnte auf, dann packte er zu. Seine beiden Hände schlossen sich mit eisernem Griff um die Faust, die das Messer hielt. Zentimeter um Zentimeter zog er die Klinge wieder aus seinem Körper. Blut quoll aus der offenen Wunde, und Bökers sackte taumelnd in den Knien ein. Aber seinen Griff lockerte er nicht. Er schien übermenschliche Kräfte zu entwickeln. Obwohl schwer verwundet, gelang es ihm, die

Faust seines Gegners zu drehen, so daß nun die Spitze des Messers auf den Angreifer selbst zeigte. So verzweifelt sich der Mann auch wehrte, unaufhaltsam wanderte die Klinge höher. Schweißüberströmt standen sich die Männer Auge in Auge gegenüber. Kein Wort fiel, während sie verbissen miteinander rangen, nur ihr angestrengtes Keuchen war zu hören. Längst war der triumphierende Ausdruck aus dem Gesicht des Räubers gewichen und hatte nackter Todesangst Platz gemacht. Mit weit aufgerissenen Augen starrte er auf die blutige Messerspitze und erkannte, daß nichts auf der Welt ihn jetzt noch retten konnte. Plötzlich ließ sein Widerstand nach, und die Klinge fuhr in seine Brust. Mit einem letzten Gurgeln sackte er zusammen, die Hand immer noch um den Griff des Messers geklammert.

Auch Bökers wankte und ging vollends in die Knie. Mühsam stützte er sich ab, bevor er langsam zu Boden sank. Das Blut aus seiner Wunde lief auf die Steinfliesen und vermischte sich dort mit dem seines Gegners. Er versuchte gar nicht erst, die Blutung zu stoppen. In Sedan war er dabei gewesen, in Gravelotte … und jetzt mußte er ausgerechnet hier im Kölner Dom seinen letzten Kampf ausfechten! Schade um die schöne Geschichte, die würde nun ein anderer erzählen müssen.

Aber noch war es nicht vorbei. Einer war noch übrig. Der andere Dieb kam langsam wieder zu sich und tastete suchend nach dem Brecheisen hinter sich. Der Tod seines Kumpanen sollte nicht ungerächt bleiben. Bökers lag schweratmend da und wußte, wie es um ihn stand. Ausrichten konnte er nichts mehr. Er hörte, wie die schwere Waffe aufgenommen wurde, und wappnete sich innerlich gegen das unvermeidliche Ende, als die dunkle Gestalt von den Stufen aufstand und auf ihn zukam. Bökers warf einen letzten Blick auf den Toten neben sich, und da sah er den Revolver. Er steckte im Hosengürtel. Der grobe Umhang hatte sich wohl während des Handgemenges geöffnet und gab nun den blutverschmierten Griff der Schußwaffe frei.

In diesem Augenblick wurden hallende Schritte laut, und mehrere Stimmen riefen aufgeregt durcheinander. Lichtstrahlen fingerten durch das Querschiff. Bökers ächzte befriedigt, denn das konnte nur eines bedeuten: Paffrath war mit der Verstärkung gekommen! Die restlichen Domschweizer mußten jeden Moment hier sein, und dann würde es eng werden für den verfluchten Räuber.

Der Angreifer erstarrte und erkannte sofort die neue Gefahr. Mit einem haßerfüllten Fluch schleuderte er das Eisen auf den hilflosen Bökers, verfehlte dessen Kopf aber um wenige Zentimeter. Hastig schnappte er den Sack mit den Reliquien und warf ihn sich über die Schulter. Eine Sekunde schien er zu überlegen, welcher Fluchtweg ihm noch blieb, dann huschte er den Chorumgang entlang. Sein winziges Zögern genügte dem alten Soldaten. Mit letzter Kraft zog er den Revolver aus dem Gürtel der Leiche. Keuchend richtete er seinen Oberkörper auf und hob den Arm. Noch nie hatte er ein so ungeheures Gewicht gestemmt. Seine Hand zitterte, als er auf die fliehende Gestalt zielte. Fast hatte die Dunkelheit sie schon verschluckt, als Bökers endlich abdrückte. Donnernd hallte der Schuß durch die Kathedrale.

Es sollte das letzte sein, was Peter Bökers in diesem Leben hörte. Seine kraftlos gewordenen Finger ließen den Revolver fallen, und er sank mit gebrochenen Augen nach hinten.

* * *

Harrys Verstummen brachte mir wieder zu Bewußtsein, wo ich eigentlich war. Das Bild des toten Domschweizers in seiner Blutlache verblaßte. Anstatt im kalten und unwirtlichen Dom fand ich mich auf Harrys altem Cordsofa in seiner Bibliothek wieder. Erst jetzt merkte ich, daß die Abenddämmerung schon eingesetzt hatte. Im Zimmer war es dunkel geworden, das Feuer im Kamin fast niedergebrannt.

»Tja, so muß es sich damals abgespielt haben, in jener eisigen und finsteren Nacht zum 6. Januar 1896. So – oder so ähnlich …«, sagte Harry träumerisch und stand auf, um Holz nachzulegen. Die Hände in den Hosentaschen sah er dann abwesend zu, wie die neuen Scheite Feuer fingen. In Gedanken schien er immer noch bei seiner Geschichte zu sein, und so wartete ich schweigend auf die Fortsetzung. Außer einem gelegentlichen Knistern und Prasseln war nichts zu hören.

Mit Sicherheit gab es schlimmere Arten, die Weihnachtstage zu verbringen. Als ich damals nach meiner Scheidung dem nahenden Fest der Liebe mit eher gemischten Gefühlen entgegengesehen hatte, hatte Harry mich eingeladen, Weihnachten bei ihm auf dem Land, also tief im Bergischen, zu verbringen. Hier beging man die Feiertage noch altem Brauch gemäß, und ein gefüllter Truthahn, der obligatorische Festtagspunsch und der Besuch der mitternächtlichen Christmette in einem ro-

mantisch verschneiten Dorf würden mich schon von meiner Tristesse kurieren, meinte er. Und so war es dann auch gekommen, was durchaus nicht nur am Punsch gelegen hatte, auch wenn dessen geschickte Zubereitung Harry als passionierten Traditionspfleger erkennen ließ. Unvergeßlich wird mir – und wohl allen, die dabei gewesen waren – der anschließende Kirchgang bleiben mit seinem musikalischen Höhepunkt, als Harry einer zuletzt atemlos lauschenden Gemeinde eine wahrhaft inspirierte Interpretation von »Stille Nacht, Heilige Nacht« dargeboten hatte.

Damals war der Grundstein gelegt worden für unsere eigene kleine private Tradition. Seitdem fahre ich jedes Jahr am Heiligen Abend hinaus zu Harrys altem Familiensitz und verbringe dort die Festtage. Und jedesmal gibt es Truthahn, Punsch und die Mette, die aber längst wieder zu ihrem ruhig-besinnlichen Charakter zurückgefunden hat. Denn seit jenem denkwürdigen Auftritt hält Harry sich bei den festlichen Gesängen auffallend zurück, was im Dorf allgemein bedauert wird.

Ich trank einen Schluck Punsch und sah auf die schlaksige Gestalt meines Freundes. Sein langes Schweigen verwunderte mich etwas, Harry Immanuel Bylandt war nämlich zum Schwätzer geboren. Schon in der Schule hatte er immer die wildesten Geschichten erzählt und irgendwann damit begonnen, sie aufzuschreiben. Nur so zum Spaß, ohne jeden Gedanken, daraus einen Beruf zu machen. Das kam erst später. Zunächst zielten seine Ambitionen auf eine akademische Karriere, zerschlugen sich aber nach einem handfesten Krach mit seinem Professor. Da sein Habilitationsprojekt als unwissenschaftliche Phantasterei eines Obskuranten verworfen wurde, beschloß Harry, Butter bei die Fische zu tun. Kurzerhand arbeitete er das Manuskript um und verkaufte es als Mini-Serie an einen namhaften Science-Fiction-Verlag. Zu seiner Genugtuung verdiente er eine Menge Geld damit und bedankte sich öffentlich bei seinem Professor. Damit war seine akademische Laufbahn natürlich beendet, aber Harrys Enttäuschung hielt sich in Grenzen, er hatte seinen wahren Beruf gefunden.

Seitdem schrieb er einschlägige Romane und gewährte mir das Privileg, sein erster Leser zu sein. Ich wußte, daß sein neues Buch mittlerweile fertig sein mußte, und daran dachte ich natürlich, als er mir vor einer Woche am Telefon verkündete, ich solle mich auf eine Weihnachtsüberraschung gefaßt machen, die es in sich habe, auf eine wirklich sensationelle Sache. Er wollte mir weiter nichts verraten, sondern

14

nur dafür sorgen, daß mein Mund wäßrig wurde. Tagelang grübelte ich, welche radikale Wendung der nun schon seit mehreren Bänden tobende Erbfolgekrieg im Andromeda-Nebel genommen haben könnte, um Harry derart in Begeisterung zu versetzen, aber mir wollte nichts Passendes einfallen. Auf ein Mantel-und-Degen-Duell im Kölner Dom war ich nicht gekommen.

Allerdings hatte ich meine Zweifel, ob das schon die versprochene Überraschung gewesen war. Dafür wirkte Harry viel zu ruhig. Eine ganze Weile blieb er so in sich versunken vor dem Kamin stehen. Es schien beinahe, als habe er zu sich selbst gesprochen, und das sah ihm gar nicht ähnlich, nicht, wenn er einen Zuhörer haben konnte. Nein, der Knalleffekt mußte noch kommen.

Die alte Standuhr schlug volltönend die fünfte Stunde. Harry drehte sich um und sah mich kurz an, in Gedanken immer noch weit weg. Er griff sein Glas und machte mit der anderen Hand eine wegwerfende Geste. »Der Rest ist schnell erzählt:

Als die Domschweizer den Tatort erreichten und ihren toten Kameraden fanden, prallten sie zurück. Entsetzt starrten sie auf das angerichtete Blutbad zu Füßen des Altars und den aufgebrochenen Schrein. Niemand von ihnen hätte ein solches Sakrileg für möglich gehalten, und niemand bemerkte den dunklen Schatten, der hinter einer Säule verschwand. Erst als kurz darauf eine Handvoll Polizisten im Laufschritt auftauchte, konnten sich die Wächter aus ihrer Lähmung lösen und nach dem zweiten Dieb und den geraubten Reliquien suchen. Aber es war zu spät, sie hatten den Verbrecher mitsamt der Beute aus dem Dom entkommen lassen.

Immerhin entdeckten sie einen Hinweis. Auf dem Boden des Chorumgangs fanden sich frische Blutflecken. Bökers mußte mit seinem Schuß den Flüchtenden doch noch getroffen haben. Vielleicht sogar schwer, denn als die Polizisten mit ihren Lampen den Gang entlanggingen, fanden sie noch mehr Blut, eine Spur, die zur Sakristei führte. Es war offensichtlich, was passiert war. Als erst die Schweizer und später die Polizisten in den Dom stürmten, hatte sich der Dieb versteckt. Trotz der vielen Laternen war es hier drinnen finster genug. Als dann alle zum Schrein rannten, stand der Weg ins Freie offen. Er hatte nur noch das Schloß der Sakristeitür aufbrechen müssen, um in den Schutz der Nacht einzutauchen.

Allzu weit konnte er noch nicht gekommen sein, seit dem Schuß waren erst ein paar Minuten vergangen. Sofort nahmen die Polizisten die Verfolgung auf, kamen aber nur langsam vorwärts. Auf dem dunkel glänzenden Pflaster ließen sich die Blutstropfen nur schwer ausmachen, und einmal hätten sie die Spur beinahe verloren. Der Dieb hatte seinen Fluchtweg geschickt gewählt und war der modernen Straßenbeleuchtung in finstere, menschenleere Seitenstraßen ausgewichen. Hier waren die Verfolger auf ihre altmodischen Blendlaternen angewiesen und konnten nur mit Mühe ihren Weg finden. Gespenstisch fiel immer wieder ein Schlaglicht auf uralte, verwinkelt gebaute Häuser, und die schweren Tritte der Männer hallten durch die engen Gassen, als sie der Blutspur hinunter zum Rhein folgten.

Sie fanden ihn schließlich bei einer Anlegestelle. Eine verkrümmt auf dem Pflaster liegende Gestalt, den einen Arm unter dem Körper verborgen, den anderen ausgestreckt zu einem Boot, das nur wenige Schritte weiter an einem Poller festgemacht war. Wenige Schritte nur, aber unerreichbar fern. Die Kugel des Domschweizers hatte ihre Arbeit getan.

Stumm drehten die Polizisten den Toten auf den Rücken. Sein Umhang war dunkel mit Blut durchtränkt, eine Hand gegen den Bauch gepreßt. Einer der Männer bückte sich und schlug die Kapuze zurück. Seine Laterne beleuchtete ein bleiches Gesicht. Niemand kannte ihn. Ein ›nichtidentifizierter Ausländer‹ sollte es später in den offiziellen Verlautbarungen heißen.

Die Polizisten sahen sich an: Sie hatten den Dieb gefunden, nicht aber die Beute. Sorgfältig leuchteten sie die Umgebung ab, schließlich auch den ganzen Rückweg zum Dom, aber vergebens. Der Sack mit dem Diebesgut blieb verschwunden.

Selbstverständlich war am nächsten Tag bei den Kölnern von nichts anderem die Rede. Daß es im Dom Tote gegeben hatte, diese sensationelle Nachricht verbreitete sich wie ein Lauffeuer durch die Stadt. In die Empörung über die frevelhafte Entweihung ihrer Kathedrale und in die Trauer über das Ende des tapferen Domschweizers mischte sich bei manchen auch eine gute Portion Lokalpatriotismus. Der ›Franzosen-Pitter‹ hatte es diesen Schurken am Ende doch noch gezeigt!

Die eigentliche Katastrophe aber wurde auf Befehl des Dompropstes geheimgehalten. Daß der Dom seiner kostbarsten Reliquien beraubt worden war, den Gebeinen der Heiligen Drei Könige, deren

Kronen Köln so stolz in seinem Wappen führt – davon erfuhr die Öffentlichkeit nichts.«

Harry sah nachdenklich in sein Glas, trank es aus und schenkte aus dem dampfenden Punschkessel nach. Ich bediente mich auch und wartete auf die Fortsetzung, aber sie blieb aus. Harrys Gesicht hatte wieder diesen abwesenden Ausdruck, und langsam nahm ich ihm ab, daß er kein Theater spielte. Etwas an der Geschichte schien ihn sehr beeindruckt zu haben, ich konnte mir nur nicht recht vorstellen, was. Offen gesagt, hatte ich mir unter einer sensationellen Überraschung etwas anderes vorgestellt und war nun ein wenig enttäuscht. Von Harry hatte ich da schon ganz andere Sachen gelesen. Als die dramatische Pause immer länger wurde, fragte ich dann doch nach. Mit dem gebotenen Takt natürlich, Harry war schließlich Autor und somit in diesen Dingen heikel.

»Nette Geschichte, Harry, aber wo ist die Pointe? Was haben die Drei Könige mit dem Andromeda-Krieg zu tun? Sind sie so etwas wie eine Wunderwaffe, mit deren Hilfe die Erzherzogin doch noch Prinz Turan und seine Rebellenflotte ausschalten kann?«

»Prinz Turan?« Verwundert sah er mich an und winkte dann ab. »Ach, das! Großer Gott, Max, dafür braucht sie doch keine Wunderwaffe – selbstverständlich heiratet sie ihn! Spätestens seit der vorletzten Episode pfeifen das die Spatzen von allen Dächern des Universums.« Indigniert zog er die Brauen hoch. »Aber davon rede ich nicht. Du scheinst mich irgendwie falsch verstanden zu haben, es geht nicht um mein neues Buch, damit haben die Drei Könige überhaupt nichts zu tun. Im Gegenteil – das ist ja gerade das Phantastische daran: Der Raub der Reliquien hat wirklich stattgefunden!«

»Aha. Verstehe. Damals, in jener eisigen Winternacht ...«

»Gut, ich habe das Ganze ein bißchen ausgemalt, das gebe ich zu, aber die Fakten müßten stimmen. Das heißt, soweit es sich jetzt noch beurteilen läßt. Natürlich ist später von offiziellen Stellen alles vertuscht worden.«

»Natürlich.«

»Außerdem ist der Domraub im Grunde nicht viel mehr als ein Hors d'oeuvre, das eigentliche Hauptgericht kommt noch. Warte nur ab.«

»Dieser ›Franzosen-Pitter‹ ist nicht zufällig ein Vorfahre von dir?«

»O nein.« Wieder dieses Träumerische. »Der nicht.«

Ich sagte nichts, auf den Arm nehmen konnte ich mich selbst.

»Also, paß auf! Und laß mich endlich einmal ausreden!« Harry stellte sich in Positur und räusperte sich. »Mir ist ja völlig klar, wie unglaublich das klingen muß, Max, aber neulich habe ich bei mir aufgeräumt ...«

»Da hast du völlig recht«, ich sah mich im Raum um, »das glaubt dir kein Mensch!«

»... und dabei eine erstaunliche Entdeckung gemacht«, fuhr er ungerührt fort. »Nun, vielleicht ist ›erstaunlich‹ etwas untertrieben, aber du weißt ja, wie sehr mir jede Effekthascherei zuwider ist.«

Ich lehnte mich zurück, jetzt hatte Harry seinen gewohnten Ton wiedergefunden.

»Diese Entdeckung betrifft den Nachlaß eines entfernten Verwandten. Auf den ersten Blick war es nur eine unscheinbare alte Truhe auf dem Speicher, mitten unter anderem verstaubten Gerümpel, das dort zwei Kriege überstanden hat. Sie enthielt auch keinerlei weltliche Reichtümer, sondern nur eine Handvoll persönlicher Dokumente, hauptsächlich Briefe und handschriftliche Aufzeichnungen. Eigentlich war diese Bescheidenheit nicht weiter verwunderlich, denn der Verstorbene, eine Art Ururgroßonkel von mir, hatte sein Armutsgelübde ernst genommen.«

»Soll das heißen, er war Mönch?«

»Eh, ja. Genauer gesagt ein Jesuit.«

Davon hatte ich nichts gewußt. Sicher, Harry war mit mir bei den Pfadfindern gewesen und hatte sogar seine Zeit als Meßdiener abgedient, aber ein richtiger Jesuit in der Familie, das war schon ein anderes Kaliber.

»Ja, ja, ich weiß«, kam Harry meinem Kommentar zuvor, »dafür hatten wir auch ein paar Freimaurer, das Konto ist also ausgeglichen.« Er hob die Hand. »Aber das spielt jetzt keine Rolle! Natürlich bin ich neugierig geworden und habe ein wenig in der Familiengeschichte geforscht. Anscheinend hat der Pater die letzten Jahre seines langen Lebens unter diesem Dach verbracht und ist hier auch im biblischen Alter von einundneunzig Jahren gestorben. Das war im Jahre 1911. Seitdem muß die Truhe auf dem Speicher gestanden haben. Wie es aussieht, scheint sich vor mir niemand um sie und ihren Inhalt gekümmert zu haben. Als ich sie fand, waren die Briefe ordentlich gebündelt und auch die Aufzeichnungen noch in dickes, altes Packpapier eingeschlagen und sorgfältig mit Kordel verschnürt. Niemand hatte das Siegel erbrochen und sich die Papiere näher angesehen, fast hundert Jahre lang. So lange hat dieser Schatz vor sich hin geschlummert und auf seine Entdeckung gewartet.«

Genau wie Dornröschen. »Und, hattest du große Probleme mit den Rosen?«

Aber Harry ließ sich nicht aus dem Konzept bringen. »Wenn man es recht bedenkt, ist dieser Mangel an Interesse ja verständlich. Was sollte man denn schon von den Schriften eines alten, privatisierenden Paters erwarten, außer etwa ›Studien zur Geschichte der römischen Kardinäle‹ oder ähnlich aufregendes Material? Jedenfalls rechnete ich mit nichts anderem, als ich die Kordel durchschnitt, ganz sicher nicht mit dem, was ich finden sollte.«

Natürlich mußte Harry erst sein Glas auffüllen, bevor er weitersprechen konnte.

»Mit gelehrten Forschungen hat das Manuskript nämlich nicht viel zu tun, und es stammt auch gar nicht aus der Feder von Onkel Hieronymus selbst. Obwohl durchaus eine Verbindung besteht. In den Aufzeichnungen wird von einer Reihe mysteriöser und dramatischer Ereignisse berichtet, die sich anscheinend kurz vor der Jahrhundertwende in Köln abgespielt haben, angefangen bei dem Einbruch in den Dom und dem Raub der Heiligen Drei Könige! Ich kann dir versichern, Max, es war eine ziemlich überraschende Lektüre für mich. Zumal …«, Harry zögerte und rieb sich das Kinn, »zumal wohl einige Mitglieder meiner Familie bei den Vorfällen eine gewisse Rolle spielten, nicht nur der Pater selbst, sondern auch seine damals noch junge Nichte.«

Über die Verwicklung seiner Vorfahren in ein so spektakuläres Geschehen schien Harry nicht direkt unglücklich zu sein.

»Natürlich hatte ich schon vorher allerhand kuriose Geschichten über meine ebenso schöne wie exzentrische Urgroßtante gehört«, fuhr er mit versonnenem Lächeln fort, »die Baroneß Luzia Katharina von Bylandt, die mathematische Beweise führte und mit Frege und Lord Russell korrespondierte, aber, meine Güte, auf so etwas war ich dann doch nicht vorbereitet!«

Er ging zum Schreibtisch, nahm einen vor lauter Zetteln aufgeblähten Schnellhefter in die Hand und schien einen Augenblick dessen Gewicht zu prüfen.

»Im allgemeinen neige ich ja nicht zu Eigenlob, aber Grund dazu hätte ich diesmal durchaus. Sagte ich schon, daß es sich um ein Manuskript in englischer Sprache handelt? Nein? Nun, in den letzten beiden Wochen habe ich sozusagen Tag und Nacht an dieser Übersetzung hier gearbeitet, was in Anbetracht meiner Fremdsprachenkenntnisse eine ganz schöne Plackerei war und höchste Anerkennung verdient. Erst heute morgen bin ich damit fertig geworden, kurz bevor du kamst, und irgendwie stecke ich immer noch in der Geschichte.«

Er kam wieder zum Kamin zurück und hielt mir den Hefter hin. Ich nahm ihn und blätterte, mittlerweile doch neugierig geworden, die ersten Seiten durch. Als ich auf die Namen stieß, mußte ich lachen.

»Phantastisch, Harry! Ein guter Einfall, meinen Glückwunsch! Weißt du, einen Augenblick habe ich doch tatsächlich geglaubt, du meinst das alles ernst. ›Onkel Hieronymus‹ und die schöne Baroneß, ein altes, geheimnisvolles Manuskript – wirklich nett! Eigentlich erstaunlich, daß noch niemand vor dir darauf gekommen ist.«

Harry nickte nur. »So ungefähr habe ich mir deine Reaktion vorgestellt, aber keine Angst, ich nehme es dir nicht übel.« Er ging wieder zum Schreibtisch und schaltete die Tischlampe ein. Gedämpftes grünes Licht fiel auf die Buchrücken in den Regalen hinter ihm und ließ hier und da alte goldgeprägte Leder-Einbände zwischen den Taschenbüchern aufschimmern. »Wahrscheinlich hätte ich mir selbst nicht geglaubt, aber ...«

»Aber was?«

»Es gibt da einen Aspekt an der Geschichte, der ...« Wieder ein leichtes Zögern, er machte es richtig spannend. »Nun, du wirst es schon sehen!« Harry setzte sich in den Drehstuhl und zog die oberste rechte Schublade auf. »Ich habe dir doch eine Überraschung versprochen!« Feierlich holte er einen flachen Karton aus der Schublade, legte ihn vor sich auf den Tisch und hob mit großer Geste den Deckel ab. »Voilà, hier ist sie!«

Triumphierend sah er mich an. Diesen Gesichtsausdruck kannte ich. Um ihn hinzubekommen, müssen andere Leute mindestens zwei Nashörner aus ihrem Zylinder ziehen. Singende Nashörner.

Langsam stand ich auf. Ich hatte einen vagen Verdacht, was dort auf der Tischplatte liegen könnte, wollte ihn aber nicht ernst nehmen. Immerhin kannte ich Harry lange genug.

In dem offenen Karton lag ein dicker Stapel beschriebener Blätter. Das Papier war an den Rändern bereits vergilbt und wirkte alt, alt genug, um noch von Pater Hieronymus selbst so sorgfältig eingepackt und verschnürt worden zu sein. Ich nahm das erste Blatt und hielt es in den Lichtstrahl. Es war ein Brief, an den Pater gerichtet und in englischer Sprache abgefaßt, mit flüssigen, etwas altfränkisch wirkenden Schriftzügen. An der Unterschrift blieb mein Blick hängen.

»Das kann doch nicht wahr sein!« Ungläubig sah ich auf Harry hinunter. »Du willst mich auf den Arm nehmen, das ist ein Scherz! Wo ist die versteckte Kamera?«

»Ich mache keine Scherze! Wenn ich dich nur aufziehen wollte, würde das auch mit viel weniger Aufwand gehen.« Seine Empörung klang beleidigend echt. »Nein, mein Lieber, was du hier siehst, ist das Originalmanuskript, so, wie ich es in der Truhe entdeckt habe.«

Ich starrte auf die Unterschrift. Sie hatte sich nicht verändert. Dort stand tatsächlich »John H. Watson, MD«, die Schrift war klar und leserlich. Ein Brief aus der Baker Street 221b. Ein Brief von Dr. Watson, dem Freund und Chronisten von Sherlock Holmes! Ein Brief – und beigefügt Watsons Aufzeichnungen über einen der Öffentlichkeit bisher noch unbekannten Fall des großen Detektivs.

»Aber das ist unglaublich, Harry!«

»O ja, da muß ich dir recht geben!« Er nickte begeistert. »Aber es ist alles wahr, ich habe nichts erfunden, kein einziges Wort!« Er stand auf und ging zur Küche. »Und jetzt setze ich einen anständigen Kaffee auf.«

»Nimm eine große Kanne!« rief ich ihm nach.

Und die brauchte ich dann auch. Es sollte eine lange Nacht werden, die ich über den Aufzeichnungen von Dr. Watson zubrachte.

Die Watson-Papiere

Ein Besucher in der Baker Street

Als ich Anfang Januar 1881 nach meiner Ausmusterung aus der indischen Armee die Bekanntschaft von Sherlock Holmes machte, hätte ich mir gewiß nicht träumen lassen, wie sehr diese Begegnung mein Leben verändern sollte. Ohne ihn würde ich jetzt vielleicht eine behäbige Praxis auf dem Lande führen und meine Nachbarn mit Geschichten aus Afghanistan langweilen. Daß alles ganz anders gekommen ist, verdanke ich diesem bemerkenswerten Mann, der alle seine außergewöhnlichen Kräfte nur einem einzigen Ziel gewidmet hat: der Aufklärung von Verbrechen.

Während unserer gemeinsamen Jahre in der Baker Street hat Holmes mich oft ins Vertrauen gezogen und bei vielen Fällen um meine Mitarbeit gebeten. Ob ich ihm eine große Hilfe war, wage ich nicht zu beurteilen, aber bei diesen Gelegenheiten konnte ich seine Methoden eingehend studieren. Damals reifte mein Entschluß, einer größeren Öffentlichkeit Proben von Holmes' beispiellosem Scharfsinn zu übergeben, und ich ließ einige meiner Aufzeichnungen drucken. Die kleine Schrift erfuhr ein ermutigendes Echo, weitere Veröffentlichungen folgten, und so wurde aus mir der Chronist des großen Detektivs.

Wenn ich nun wieder zur Feder greife, geschieht dies in der Hoffnung, vom geneigten Publikum ebenso freundlich aufgenommen zu werden wie in der Vergangenheit. Der Anlaß hätte es sicher verdient, denn es handelt sich um eines der gefährlichsten Abenteuer, die ich gemeinsam mit Sherlock Holmes zu bestehen die Ehre hatte.

Trotzdem habe ich mit der Niederschrift lange gezögert, und die Verantwortung dafür trägt niemand anderes als Holmes selbst. Meine bescheidenen Versuche als Schriftsteller haben nämlich nur selten Gnade vor seinen kritischen Augen gefunden. Manchmal habe ich den Eindruck, als zöge er meinen Erzählungen eine mehr mathematische Form in der Darstellung seiner Methoden vor. In diese Richtung zielen jedenfalls seine Vorbehalte. So bemängelt er meine angeblich sehr ausgeprägte Neigung zur Dramatisierung der Vorfälle. Anstatt mich auf das zu konzentrieren, was an seiner detektivischen Arbeit wirklich zähle, also die präzisen Analysen der Fakten und die strengen Deduktionen, würde ich mich für die reißerischen Aspekte des Stoffes begeistern. Holmes sieht darin einen bedauerlichen Hang zur Räuberromantik und pflegt sich mit der ihm eigenen Schärfe darüber auszulassen. In diesem Zusammenhang war des öfteren von »billigen Sensationsgeschichten« die Rede.

Nun, zweifellos gehört Sherlock Holmes zu den klügsten Köpfen unserer Epoche und ebenso zweifellos nicht zu deren höflichsten.

Angesichts dieser Vorwürfe möge mir ein Wort in eigener Sache gestattet sein. Ich gebe gern zu, daß ich mich in meinen Berichten um eine lebendige Darstellung bemühe, ohne mich deshalb schon für einen zweiten »Gespenster-Hoffmann« zu halten, wie es Holmes angedeutet hat. Auch hoffe ich, den scharfen Verstand und die brillante Kombinationsgabe des großen Detektivs in meinen Arbeiten angemessen gewürdigt zu haben. Darüber hinaus kann ich zu meiner Verteidigung nur noch eines anführen: Holmes' Untersuchungen haben ihn häufig in sehr bedrohliche Situationen geführt, aus denen ihn oft genug nur sein Mut, seine Tatkraft und seine erstaunlichen körperlichen Fähigkeiten retten konnten. Das gilt auch für die Begebenheiten, die sich damals in Köln abspielten, sogar in besonderem Maße.

Und so will ich nun trotz aller Bedenken meines Freundes niederschreiben, was in jener alten Stadt am Rhein passierte. Ob Holmes jemals einer Veröffentlichung zustimmen wird, ist ungewiß, aber jede Schilderung seiner Taten bliebe unvollständig, ohne auf die Ereignisse in Köln einzugehen. Denn eines kann ich versichern: Unter all den Fällen, bei denen ich Sherlock Holmes assistieren durfte, gab es wohl keinen, der uns dem Tode nähergebracht hätte als die Affäre um den »Vierten König«.

Ihren Ausgang nahmen die Ereignisse an einem trüben, naßkalten Januarmorgen in unserer gemeinsamen Wohnung in der Baker Street. Holmes hatte sich mit der »Times« in seinen Sessel am Kaminfeuer zurückgezogen. Er trug immer noch seinen Morgenrock und schien nicht geneigt zu sein, heute auch nur einen Schritt vor die Tür zu setzen. In den letzten Wochen hatten nur wenige Klienten seine Dienste als beratender Detektiv in Anspruch genommen, und Holmes vertrieb sich nun seine Zeit mit chemischen Experimenten. Da deren Ausübung in unserem Wohnzimmer stattfand und des öfteren Qualm oder Gestank zur Folge hatte, nicht selten auch beides zusammen, war ich dankbar für seine Rücksichtnahme, mit ihnen immer erst dann anzufangen, wenn ich schon zu meinen Patienten aufgebrochen war.

Auch heute stand meine Tasche bereits fertig gepackt neben meinem Stuhl. Es wurde allmählich Zeit für meine Praxis, aber ich konnte mich nicht so recht aufraffen und blieb noch weiter am Frühstückstisch sitzen. Bis auf die Kanne und meine Tasse war das Geschirr bereits abgeräumt, und ich schenkte mir den letzten Rest Kaffee ein. Meine Unlust lag nicht etwa am schlechten Wetter, sondern eine Visitenkarte ließ mich zögern. Sie mußte gestern abend durch den Briefschlitz geschoben worden sein, als niemand von uns zu Hause gewesen war und auch unsere Wirtin Mrs. Hudson einer Freundin einen Besuch abstattete. »P. Hieronymus von Bylandt, SJ.« lautete der fein gestochene Name. Auf der Rückseite kündigte eine handschriftliche Notiz an, daß der Inhaber sich erlaube, morgen um elf Uhr vormittags noch einmal in einer äußerst dringenden Angelegenheit bei Mr. Sherlock Holmes vorzusprechen. Ich warf einen Blick auf meine Taschenuhr; es war kurz vor elf. Das gab schließlich den Ausschlag. Meine Neugierde siegte, und ich beschloß, noch zu bleiben und auf den Besucher zu warten.

Womöglich ein neuer Klient! Die Nachricht durfte Holmes hochwillkommen sein. Dem Namen nach zu urteilen, mußte es sich um einen ausländischen Aristokraten handeln. Das war an sich noch nicht weiter ungewöhnlich. Mittlerweile erfreute sich Holmes einer Reputation, die weit über die Grenzen unseres Landes, ja sogar unseres Kontinents hinausreichte. Nicht wenige hoch- und höchstgestellte Persönlichkeiten hatten sich schon hilfesuchend an den Detektiv gewandt, einige von ihnen waren sogar hier in diesen Räumlichkeiten erschienen. Ich erwähne nur den König von Böhmen, über dessen Auftritt bereits an anderer Stelle berichtet worden ist. In der Regel aber mußte ich diese Fälle der Öffentlichkeit vorenthalten, weil Holmes aus Gründen der Staatsräson zu Stillschweigen verpflichtet war. So bleibt nur zu hoffen, daß mir zukünftig vielleicht einmal erlaubt sein wird, über die Riesenratte von Sumatra zu schreiben oder von der seltsamen Angelegenheit der verschwundenen Drillinge, und erst recht von –

»Ich hoffe doch, Watson, Sie vergessen in Ihrer Aufzählung Bismarck nicht!« ließ sich Holmes mit trockener Stimme vernehmen.

»Keineswegs«, erwiderte ich, »gerade wollte ich – aber Holmes, um Himmels willen, wie konnten Sie davon wissen? Selbst Ihren dürfte es nicht möglich sein, Gedanken zu lesen!«

»Da haben Sie recht, aber in Ihrem Fall war das auch gar nicht nötig. Ich brauchte Sie nur zu beobachten und meine Schlüsse aus Ihrem Verhalten zu ziehen, um zu wissen, woran Sie gerade dachten.«

»Mein Verhalten?« wunderte ich mich. »Ich habe doch gar nichts gemacht!«

»Nun, zunächst einmal sind Sie nicht, wie sonst um diese Zeit üblich, zu Ihrer Praxis aufgebrochen. Der Grund dafür ist offenkundig die Visitenkarte in Ihren Händen, die den Besuch eines ausländischen Gentleman ankündigt, der mich zu konsultieren wünscht. Sie vergewisserten sich anhand Ihrer Uhr, daß der angegebene Termin kurz bevorsteht, und entschieden sich, den Gang zu Ihren Patienten aufzuschieben und den Besuch abzuwarten.« Holmes wandte sich wieder seiner Lektüre zu. »Eine elementare Kombination.«

»Tatsächlich, Holmes, dafür braucht man wirklich keine übernatürlichen Kräfte, so weit stimme ich Ihnen zu. Aber was hat Sie ausgerechnet auf Bismarck gebracht?«

»Ihr Gesichtsausdruck, mein lieber Watson, nichts anderes!« Holmes ließ die Zeitung sinken und sah mich betont unschuldig an. »Ich gebe gern zu, daß ich zunächst Schwierigkeiten hatte, ihn richtig zu deuten. Was mochte jene schlichte Visitenkarte an sich haben, um diese Miene rechtschaffenen Stolzes und Selbstzufriedenheit auf ihr Antlitz zu zaubern? Erst als ich sah, wie ihr Blick auf der kleinen gerahmten Photographie von Irene Adler auf dem Kaminsims verweilte, erkannte ich den Zusammenhang. Und wirklich haben Sie allen Grund, stolz auf sich zu sein, Watson. Denn ich verdanke es ja nicht zuletzt Ihren poetischen Talenten, daß mein Ruf als Detektiv auch das Ausland erreicht hat.«

»Jetzt übertreiben Sie aber, Holmes!« wehrte ich einigermaßen verlegen ab.

»Nur keine falsche Bescheidenheit, Watson! Sogar Ihre Neigung, mich als eine Art Buffalo Bill von London darzustellen, dürfte nicht unwesentlich zu dieser Popularität beigetragen haben, fürchte ich. Aber lassen wir dieses leidige Thema und kommen wir zurück auf den deutschen Reichskanzler«

»Bitte.«

»Als ihr Blick, eben noch wohlgefällig auf dem Porträt von Frau Adler ruhend, weiter wanderte zu dem reichverzierten Dolch unmittelbar daneben, fiel ein Schatten auf ihr Gesicht. Natürlich ist Ihnen das prachtvolle Zeichen der Anerkennung seitens des Sultans von Batak gut bekannt, Watson, und ebenso die mit dem Geschenk verbundene Vorgeschichte. Ihre Enttäuschung darüber, daß Sie aus Diskretion auf eine Schilderung dieser Ereignisse verzichten mußten, eine Schilderung, die unter Ihrer Feder gewiß nicht nur wegen der involvierten Fürstlichkeiten Furore gemacht hätte, war Ihnen deutlich anzusehen. Ich versichere Ihnen, daß ich für ihr Bedauern Verständnis habe, denn tatsächlich weist der Fall einige unter kriminologischen Aspekten recht interessante Züge auf, die es verdient hätten, der Fachwelt mitgeteilt zu werden. Vom Dolch des Sultans mußten Sie dann zwangsläufig auf den preußischen Adler-Orden übergehen, der dort auf dem Sims gute Dienste als Briefbeschwerer leistet. Sicher haben Sie nicht vergessen, daß er mir vom Kaiser persönlich verliehen wurde, weil ich seinem Kanzler in einer ebenso verwickelten wie delikaten Angelegenheit behilflich sein konnte. Und damit wären wir auch schon bei dem wohl prominentesten Glied in der Reihe meiner Klienten angelangt, bei Bismarck. Sie sehen, Watson, wenn man Ihren leichten Hang zum Snobismus in Rechnung stellt, war ihr Gedanke an Bismarck so deutlich zu erkennen, als hätten Sie ihn laut ausgesprochen.«

»Bravo, Holmes!« Seinen spöttischen Ton überhörte ich. Nicht jeder nahm weltlichen Dingen wie Rang und Stand gegenüber eine derart legere Haltung ein wie Holmes, der eine Erhebung in den Adelsstand ausgeschlagen hatte. Gegen solche Äußerlichkeiten, wie er es nannte, war er immun. Das einzige, was wirklich für ihn zählte, war ein komplizierter Fall, der all seine Kräfte herausforderte. »Sie haben meinen Gedankengang völlig zutreffend wiedergegeben. Und ich sehe ein, daß dafür keinerlei telepathische Fähigkeiten vonnöten waren. Im Gegenteil, in Ihrer Darstellung wirken Ihre Schlußfolgerungen so leicht und naheliegend, daß vermutlich jedes Kind sie hätte ziehen können.«

»Zweifellos!« Seine Antwort kam vielleicht etwas spitz, aber ich konnte mich auch täuschen.

»Und was halten Sie selbst hiervon?« Ich hob die Visitenkarte hoch. »Wenn ich die Kürzel richtig lese, dann steht ›SJ‹ für ›Societas Jesu‹, also für den Jesuitenorden. Sie müssen zugeben, daß das Auftauchen eines Jesuiten hier bei Ihnen schon bemerkenswert ist. Immerhin haftet der Geruch seiner blutigen Vergangenheit dem Orden immer noch an. Ist er nicht in einigen Ländern sogar verboten worden?«

»Schon mehrmals, aber er hat sich immer wieder regeneriert«, sagte Holmes. »Er gilt als Speerspitze des Papstes zur Verteidigung des wahren Glaubens und zur Bekämpfung seiner Gegner. Manche sehen in ihm sogar eine gefährliche Geheimgesellschaft, die die staatliche Ordnung bedroht. Vermutlich eine Übertreibung, aber angesichts der Geschichte des Ordens nicht unverständlich. Worin genau die gegenwärtigen Aktivitäten seiner Mitglieder bestehen, entzieht sich meiner Kenntnis. Soweit ich informiert bin, haben sie schon seit längerem aufgehört, Ketzer zu verbrennen.«

»Ein tröstlicher Gedanke, Holmes, daß man Ihre Hilfe nicht für den Scheiterhaufen benötigt. Aber was könnte ein Jesuitenpater von Ihnen wollen?«

»Ich weiß es nicht, Watson. Aber wenn er uns endlich wieder ein Problem jenseits der üblichen Routine bescheren sollte, ist er mir willkommen, Jesuit oder nicht. Mir scheint, wir werden es gleich erfahren!«

Tatsächlich hörten wir leise Schritte auf der Treppe, und gleich darauf wurde die Tür geöffnet. Pünktlich auf die Minute um elf Uhr führte Mrs. Hudson einen fremden Gentleman in unser Zimmer. Neugierig musterte ich ihn. Hatte ich einen finsteren Asketen erwartet, einen fanatischen Mönch, so wurde ich von unserem Besucher arg enttäuscht. Dieser freundliche, kleine Herr in den Siebzigern mit seinem offenen Lächeln wollte so gar nicht zu dem Bild des berüchtigten Ordens passen, wie es Mrs. Radcliffe und andere in ihren berühmten ›gotischen‹ Schauerromanen so eindrucksvoll gezeichnet haben. Nichts an seiner Erscheinung deutete auf einen geistlichen Stand hin, eher wirkte er wie ein Gelehrter, der ein langes Leben ausschließlich über Büchern zugebracht hatte. Aus seiner hohen Denkerstirn waren die feinen weißen Haare zurückgestrichen und fielen hinten bis auf die Schultern. Eingerahmt von einem schiefsitzenden Brillengestell leuchteten die gütigsten Augen, die ich jemals bei einem Mann gesehen hatte. Seine Liebenswürdigkeit nahm mich völlig für ihn ein und ließ mich alle Horrorgeschichten über seinen Orden auf der Stelle vergessen.

Holmes hatte ihn begrüßt und ihm einen Sessel angeboten. Er selbst nahm am Schreibtisch Platz. Erwartungsvoll sahen wir unseren Besucher an, begierig zu erfahren, aus welchem Grund sich die Heilige Inquisition an den großen Detektiv wenden mochte.

»Vielen Dank, meine Herren, daß Sie mich empfangen haben«, begann der Pater höflich. »Mr. Holmes, ich bin gekommen, um Sie in einer traurigen und bestürzenden Angelegenheit um Hilfe zu bitten, die sich vor kurzem in meiner Heimatstadt Köln zugetragen hat. Vielleicht haben Sie sogar hier in London schon von dem furchtbaren Verbrechen erfahren, durch das unser Dom so schändlich entweiht wurde.«

Er machte eine kleine Pause und sah uns fragend an. Ich schüttelte den Kopf, von Köln wußte ich nicht viel mehr, als daß es dort eine prachtvolle gotische Kathedrale gab, die erst vor einigen Jahren fertiggestellt worden war. Von dieser Kirche mußte unser Besucher reden. Holmes' Miene blieb unbewegt.

»Bitte, fahren Sie fort!« forderte ich den Pater auf. »Um welches Verbrechen handelt es sich?«

»Um Mord, Dr. Watson, um Mord und Raub! Auf heiligem Boden wurde Blut vergossen!« antwortete er heftig. Seine Stimme zitterte vor Empörung. Dann faßte er sich und redete ruhiger weiter.

So erfuhren wir von den Ereignissen, die sich in der Nacht zum 6. Januar im Kölner Dom abgespielt hatten und die in der Tat die Erregung von Pater Hieronymus rechtfertigten. Einbrecher waren in das Gotteshaus eingestiegen und hatten sich an dem kostbaren Dreikönigsschrein zu schaffen gemacht. Dabei waren sie von zwei Wachleuten überrascht worden. Das Treffen entwickelte sich rasch zu einem blutigen Handgemenge, in dem einer der Wächter seinen tapferen Einsatz mit dem Leben bezahlte. Aber auch die Diebe kamen nicht ungeschoren davon. Der eine fand den Tod unmittelbar auf den Stufen des Altars, der andere hatte sich noch bis zum Rhein schleppen können, bevor er seiner tödlichen Verwundung erlag. Von der zusammengerafften Beute, darunter ein prächtiger, mit Edelsteinen besetzter Kelch, fehlte aber jede Spur. Sie blieb verschwunden. Deshalb war der Pater hier in der Baker Street 221b erschienen: Holmes sollte die gestohlenen Gegenstände suchen.

Pater Hieronymus schloß seinen Bericht mit einem Ausdruck tiefen Kummers auf dem Gesicht. »Natürlich kann der begangene Frevel durch nichts ungeschehen gemacht werden. Und das Schicksal des braven Wächters, der eine vielköpfige Familie hinterläßt –«

Holmes hob abwehrend eine Hand. »Entschuldigen Sie meine Unterbrechung, Pater, aber ich bin mit diesen Details durchaus vertraut, schließlich hat die ›Kölnische Zeitung‹ erschöpfend darüber berichtet.«

Erstaunt riß der Pater die Augenbrauen hoch: »Sie wußten bereits alles, Sir?«

»Die ›Times‹ brachte eine kleine Notiz über den Vorfall, die mir auffiel. Für kurze Zeit weckte sie in mir sogar die Hoffnung auf ein interessantes Problem, wie ich gern zugebe, aber die anschließende Lektüre der ›Kölnischen‹ im Athenäum-Club war in dieser Hinsicht mehr als enttäuschend.«

Holmes' Kenntnisse überraschten mich nicht. Daß der Athenäum-Club nahezu sämtliche großen Zeitungen der Welt führte, war kein Zufall, brachte doch Holmes' Bruder Mycroft, die graue Eminenz des Foreign Office, dort wesentlich mehr Zeit zu als in seinem Büro.

»Denn trotz der dramatischen Umstände bleibt es ein einfacher Raubmord, im Grunde eine simple Angelegenheit«, fuhr Holmes fort. »Auch wenn der gestohlene Kelch recht wertvoll sein mag –«

»Äußerst wertvoll!« warf der Pater ein.

»Gewiß!« nickte Holmes kühl. »– so müßte doch die einheimische Polizei in der Lage sein, dieses Problem auch ohne meine Hilfe zu lösen und das entwendete Gut wieder zu beschaffen. Ich bedaure, Sir, aber ich muß den Auftrag ablehnen.«

Mit einem resignierenden Achselzucken wandte Holmes sich zu mir. »Sie sehen, Watson, welche Flaute zur Zeit in meinem Metier herrscht, ganz im Unterschied zu Ihrem. Oh – Diebe, Räuber und Mörder gibt es natürlich genug, und sie alle üben ihre kleinen, ordinären Schurkereien aus, Tag für Tag. Aber alles ist so offensichtlich, so ohne jedes Geheimnis! Nirgendwo ein rätselhaftes Problem, nirgendwo ein mysteriöses Verbrechen, das die Handschrift eines Colonel Moran verriete. Von Professor Moriarty ganz zu schweigen, dem ›Napoleon des Verbrechens‹! Nein, Watson, es geschieht nichts, mit dem nicht sogar die Raffinesse eines Inspektors Lestrade fertig werden könnte.«

Holmes hatte recht, was meine Praxis anging. In den letzten Wochen hatte ich mich vor Patienten kaum retten können und meinen Mitbewohner selten zu Gesicht bekommen. Dabei mußte mir entgangen sein, wie schlimm es um ihn stand. Jetzt bemerkte ich die Symptome und ahnte auch den Grund für die gereizte Schroffheit meines Freundes unserem Besucher gegenüber: Holmes war völlig unterfordert! Ihm fehlte ein bizarres Verbrechen, dem er sich mit allen seinen phänomenalen Geisteskräften entgegenstellen konnte. Ohne eine solche Herausforderung siechte er förmlich dahin und ergab sich nicht selten den tückischen Tröstungen des Rauschgiftes. Bestürzt erkannte ich, daß er in seinem augenblicklichen Zustand die kritische Phase erreicht hatte. Es mochte nicht mehr lange dauern, bis er wieder zu Spritze und Violine greifen würde.

Pater Hieronymus war die Enttäuschung über Holmes' Absage deutlich anzumerken. Um Unterstützung bittend sah er mich an, und ich unternahm einen Versuch, meinen Freund umzustimmen.

»Meine Güte, Holmes, jemand scheint über Leichen zu gehen! Noch dazu in einem Gotteshaus! Ich kann nicht glauben, daß Sie in einer so empörenden Angelegenheit Ihre Hilfe versagen!«

Holmes hatte sich in seinen Stuhl zurückgelehnt und die Augen geschlossen. Langsam nickte er zustimmend. »Jawohl, Watson, hier ist ein kalter und skrupelloser Geist am Werk. Ohne Frage waren die Täter sehr gefährlich, und ihre Komplizen, die jetzt die Beute haben, sind es immer noch, aber ich kann meine Zeit und meine Kraft nicht damit verschwenden, nach einem Becher zu suchen. Nein, das ist ein Fall für die Polizei. Die preußischen Beamten sollen ja recht tüchtig sein.«

Noch gab der Pater die Hoffnung nicht auf. »Zweifellos unternimmt unsere Polizei alles in ihrer Macht Stehende, aber ihr Ruf als überragender Kriminalist, Mr. Holmes, ist dem Domkapitel wohlbekannt und der Grund für meine Mission. Sogar Seine Eminenz, der Erzbischof, hat persönlich darauf gedrungen, Sie um Hilfe zu bitten!«

Holmes öffnete die Augen. Er beugte sich vor und stützte sich mit den Ellbogen auf die Tischplatte. Ruhig sah er unseren Besucher an. »Weshalb haben Sie verschwiegen, daß auch die Reliquien gestohlen wurden?«

Er hatte die Frage in beiläufigem Tonfall gestellt, alle Schärfe war aus seiner Stimme verschwunden. Ich muß gestehen, daß ich nicht wußte, wovon er sprach. Pater Hieronymus schien einen Moment meine Verblüffung zu teilen, dann applaudierte er mit einem leisen Lächeln.

»Brillant, Mr. Holmes! Dr. Watson hat mit seinen Berichten über Ihre erstaunliche Kombinationsgabe wahrlich nicht übertrieben.«

»Nein, die Neigung meines Freundes zu phantasievollen Ausschmückungen bezieht sich meist auf andere Aspekte meiner Tätigkeit.« Bevor ich etwas erwidern konnte, fuhr Holmes fort: »Allerdings bedarf es keiner großen Anstrengung, um den wahren Grund Ihrer Anwesenheit hier zu erkennen, Pater. Ein persönlicher und allem Anschein nach hochgestellter Emissär des Erzbischofs der reichsten Diözese der Welt tritt nicht wegen eines ›äußerst kostbaren‹ Kelches den weiten Weg nach London an. Ein Telegramm hätte völlig ausgereicht. Bei dem Einbruch muß also noch etwas anderes, wesentlich Wichtigeres aus dem Dom gestohlen worden sein. Etwas, dessen Verschwinden man trotz seiner Bedeutung geheimhalten kann. Was käme anderes in Frage als die berühmten Reliquien?«

Der alte Herr schwieg einige Sekunden. Sein Lächeln war einer ernsten, ja besorgten Miene gewichen. Schließlich räusperte er sich. »Ja, Sie haben völlig recht, Mr. Holmes: Die Reliquien sind tatsächlich geraubt worden. Nur wenige Personen wissen bis jetzt davon, und ich muß auch um ihr Stillschweigen bitten, meine Herren. Bedenken Sie den Schock für die Gläubigen, sollte der Vorfall allgemein bekannt werden. Für Köln bedeutete es eine Katastrophe. Es war der ausdrückliche Wunsch des Erzbischofs, diese Entweihung geheimzuhalten, solange noch Hoffnung besteht, die heiligen Gebeine wiederzuerlangen.« Er beugte sich vor. »Eine Hoffnung, Mr. Holmes, die sich mittlerweile nur noch auf Ihre Fähigkeiten gründet.«

Holmes legte die Fingerspitzen aneinander und nickte befriedigt. Er erwiderte nichts, aber ich kannte ihn gut genug, um zu sehen, daß sein Interesse geweckt war. Mit einer Frage wandte ich mich an den Pater.

»Vergeben Sie mir meine Unwissenheit, Sir, aber um welche Reliquien handelt es sich denn? Was meinen Sie mit ›heilige Gebeine‹?«

Hätte ich nach der Anzahl seiner Füße gefragt, wäre seine Verblüffung wohl kaum größer gewesen. Mit runden Augen sah er mich an. »Die Gebeine der Heiligen Drei Könige selbstverständlich!«

»Die Heiligen Drei Könige? Aber ich bitte Sie, wollen Sie etwa damit sagen, Sie reden wirklich von *den* Drei Königen, von …«

»Caspar, Melchior und Balthasar, Watson, ganz recht«, unterbrach mich Holmes ungeduldig. »Aus Ihrer Bibellektüre sollten sie Ihnen noch vertraut sein, denken Sie nur an Matthäus, Kapitel zwei, Vers eins bis zwölf, wenn ich mich recht erinnere. Und diese königlichen Gebeine ruhen seit Jahrhunderten im Kölner Dom. Um genau zu sein, seit 1164, als Erzbischof Rainald von Dassel sie im Triumphzug als Beute aus dem eroberten Mailand nach Köln überführt hat. Einige Kommentatoren sehen in ihnen die wichtigsten Reliquien der katholischen Christenheit, so heißt es zum Beispiel schon bei Tertullian –«

»Holmes«, fiel ich ihm ins Wort, »ich bewundere aufrichtig ihre kirchenhistorischen und ikonographischen Kenntnisse. Zu meinem Bedauern läßt mir meine eigene Praxis keine Zeit für solche Studien. Im übrigen versuche ich als aufgeklärter Mensch und Wissenschaftler, die Bibel auf ihren zweifellos tiefen Symbolgehalt hin zu lesen. Von ›heiligen Knochen‹ – ich bitte um Verzeihung, Pater! – halte ich nicht viel. Schließlich leben wir im neunzehnten Jahrhundert!«

Aber Holmes hatte mir gar nicht zugehört. »… und jetzt ist dieser Schatz geraubt worden. Wirklich bemerkenswert«, murmelte er vor sich hin.

Eine erstaunliche Verwandlung war an ihm zu beobachten. Seine Augen leuchteten, die Blässe der letzten Wochen war mit einem Mal verschwunden, und sein sehniger Körper schien unter Spannung zu stehen. Eine unbändige Energie strahlte von ihm aus.

»Ich muß meine Einschätzung korrigieren, Watson. Wir haben es nicht mit einem gewöhnlichen Diebstahl zu tun, im Gegenteil. Hier ging es nicht um ein paar wertvolle Kunstgegenstände, offensichtlich hatten es die Einbrecher nur auf die Reliquien abgesehen.«

»Woher wollen Sie das wissen?«

»Das liegt doch auf der Hand, Watson: weil sie sie gestohlen haben.«

»Sie vergessen den Kelch!«

Holmes wedelte unwirsch mit der Hand. »Nein, nein, Watson, den haben sie nur mitgehen lassen, weil er ihnen zufällig in die Finger fiel. Bedenken Sie doch: Um an die Gebeine zu kommen, mußten die Diebe den Schrein aufbrechen, in dem sie aufbewahrt werden. Dieser Schrein wäre nun wirklich eine lohnende Beute, allein die berühmten Edelsteine an seiner Stirnseite stellen einen unermeßlichen Wert dar. Aber sie sind noch unversehrt an ihrem Platz. Die Einbrecher haben nicht einmal versucht, sie aus ihren Fassungen zu brechen.« Er wandte sich an unseren Besucher: »Nicht wahr, Pater?«

Pater Hieronymus nickte verblüfft.

»Anderenfalls hätten die Zeitungen sicher darüber berichtet«, fuhr Holmes fort. »Also können wir zweifelsfrei folgern, daß die Reliquien das eigentliche Ziel des Einbruchs waren.«

»Aber warum sollte jemand sein Leben riskieren, um etwas zu stehlen, das keinerlei materiellen Wert besitzt und nirgendwo verkauft werden kann? Immerhin dürfte außer dem Domkapitel niemand in der Lage sein, die Echtheit der Gebeine zu bestätigen.«

»Sie haben völlig recht, Watson, es fehlt ein Motiv! Wir wissen nur, daß mehr hinter dieser Angelegenheit stecken muß, als es zunächst den Anschein hat, viel mehr!« Mit einem Ruck setzte er sich aufrecht. »Gibt es vielleicht noch etwas, das Sie mir bisher verschwiegen haben, Pater?«

»Nein, Sir, wenn Sie die Berichte in der ›Kölnischen Zeitung‹ gelesen haben, wissen Sie über alles Bescheid. Das heißt, eine Kleinigkeit gibt es da noch, obwohl sie vielleicht gar nichts zu bedeuten hat. Einen Moment, gleich habe ich …«

Holmes trommelte leise mit den Fingern auf die Tischplatte, während der Pater umständlich in seinen Taschen suchte und schließlich ein gefaltetes Blatt Papier hervorzog.

»Ah, hier ist es ja! Bisher ist es der Polizei nicht gelungen, die Identität der beiden Diebe festzustellen, man vermutet lediglich, daß es keine Einheimischen waren. Aber man hat bei beiden eine kleine Tätowierung am rechten Unterarm gefunden, jeweils dasselbe Motiv. Hier ist eine Zeichnung davon.«

Holmes faltete das Blatt auseinander und vertiefte sich in die Wiedergabe der Tätowierung. Ich konnte sehen, wie er vor Überraschung die Brauen hochzog und dann nach seiner Lupe griff. Schließlich hob er den Kopf.

»Sind Sie völlig sicher, daß dies eine exakte Kopie der Tätowierungen ist?«

»Ja, ich konnte mich selbst davon überzeugen«, bestätigte Pater Hieronymus.

Holmes reichte mir das Papier, stand auf und ging wortlos zum Bücherregal, in dem sich sein Archiv befand. Er zog einen Ordner heraus und begann suchend darin zu blättern. Ich sah mir die Zeichnung an. Die Ausführung war plump, aber in den verschlungenen Linien war deutlich die Gestalt einer geflügelten Schlange zu erkennen. Es war die abstoßende Darstellung eines Drachens. Eine seltsame Kälte schien mich aus diesem Zeichen anzuwehen, was ich sofort ärgerlich als nervöse Einbildung abtat. Trotzdem spürte ich, wie sich meine Nackenhaare aufrichteten, als Holmes den geöffneten Ordner vor mich auf die Tischplatte legte. Eine Abbildung auf der aufgeschlagenen Seite stach mir sofort ins Auge. Die Ähnlichkeit war frappierend, beide Zeichnungen hätten nach derselben Vorlage angefertigt sein können.

»Holmes, was hat das zu bedeuten?«

»Nichts Gutes, fürchte ich.« Er trat ans Fenster und vergrub die Hände in den Taschen seines Morgenmantels. »Nichts Gutes«, wiederholte er leise und starrte dann in den Regen hinaus. Je länger sein Schweigen dauerte, um so drückender empfand ich die Stille. Auch der Pater sah mit besorgtem Ausdruck auf die hagere Gestalt am Fenster.

»Habe ich Ihnen je von David Marble erzählt, Watson?« begann Holmes endlich, immer noch den Rücken zu uns gekehrt.

Ich verneinte. Den Namen hatte ich noch nie gehört.

»Der Vorfall liegt schon einige Jahre zurück«, fuhr er fort, »lange, bevor ich Ihre Bekanntschaft machte, alter Freund. Damals stand ich noch am Beginn meiner Laufbahn als beratender Detektiv. Und der mysteriöse Tod des Mr. David Marble auf Marble Hall war einer meiner ersten Fälle.

Marble lebte in angenehmen Verhältnissen, die es ihm erlaubten, seinen wissenschaftlichen Neigungen als Privatgelehrter nachzugehen. Er befaßte sich mit historischen Studien und galt als Autorität auf dem Gebiet der Druidenkultur. Man fand ihn eines Morgens tot in seinem Arbeitszimmer. Die Leiche wies keinerlei Verletzung auf. Offensichtlich war er einem Herzversagen erlegen, wie sein Arzt nach einer gründlichen Untersuchung feststellte. Also ein natürlicher Tod, wie man hätte vermuten können, wären da nicht das verwüstete Arbeitszimmer gewesen und das grauenhaft verzerrte Gesicht des Toten. Es zeugte von einer furchtbaren Angst, die Marble erlitten haben mußte und die wohl auch sein ohnehin schwaches Herz zum Stillstand gebracht hatte. Da eine Reihe recht wertvoller Bücher und Antiquitäten fehlte, ging die Polizei von einem Raubmord aus, kam aber mit ihren Ermittlungen nicht weit. Gerüchte über eine Zigeunerbande, die sich kurz vor dem Ereignis in der Gegend aufgehalten haben sollte, erwiesen sich als irreführend. Die Leute hatten mit dem Überfall nichts zu tun.

Ich wurde erst einige Zeit nach dem tragischen Vorfall von dem Erben des Besitzes hinzugezogen. Der junge Marble war mit mir zur Schule gegangen. Aber ich kam zu spät und konnte nichts mehr ausrichten. Alle möglichen Spuren und Hinweise auf die Täter waren längst vernichtet; alle – bis auf ihre Visitenkarte.«

Holmes drehte sich zu uns herum. »Anders kann man es wohl kaum nennen. Marble hatte alte russische Ikonen gesammelt, und über seinem Kamin hing ein besonders prächtiges Exemplar. An jenem Morgen fand man es zerbrochen auf dem Boden. Auf die freie Wand hatten die Täter eine Zeichnung geschmiert.« Er deutete auf den Ordner. »Sie halten gerade eine Kopie davon in Ihren Händen, Watson!«

»Großer Gott! Das kann doch kein Zufall sein, Holmes!«

»Nein, vermutlich haben Sie recht.« Er nickte. »Und wer immer hinter diesem Symbol steckt, schreckt vor nichts zurück. Wir haben es mit einem äußerst gefährlichen Gegner zu tun.« Seine Gestalt straffte sich. »Buchen Sie die nächste Überfahrt, Pater, wir dürfen keine Zeit verlieren. Ich übernehme den Fall.«

Der Pater war aufgesprungen und schüttelte ihm mit dankbarer Rührung die Hände. Holmes wehrte seinen Überschwang ab und sah mich ernst an.

»Wie steht es mit Ihnen, Watson, kann ich auf Ihre Hilfe zählen?«

»Selbstverständlich, Holmes!«

Im Dom

Nach einer rauhen Überfahrt über den Kanal – wir waren in einen schweren Januarsturm geraten – landeten wir glücklich in Calais. Dort bestiegen wir den Expreß, der über Brüssel und Lüttich auf kürzester Strecke nach Köln führte. Der Pater hatte ein Abteil für uns reserviert, uns nach der stürmischen Schiffspassage wußten wir die ruhige und angenehme Fahrt in dem komfortablen Zug zu schätzen.

Schon auf der Fähre war Holmes recht einsilbig geblieben, und er überließ mir auch jetzt die Unterhaltung mit Pater Hieronymus. Er hatte seine Pfeife angezündet und sich weit in das Polster zurückgelehnt. Hin und wieder steuerte er eine Bemerkung zu unserem Gespräch bei, meist aber sah er schweigend hinaus in die Landschaft, die am Fenster vorbeizufliegen schien. Ich kannte diese Haltung an ihm, diese gleichzeitig sehr konzentriert und doch leicht abwesend wirkende Miene: Holmes arbeitete an einem Problem. Und eines war nur zu deutlich, er nahm den Raub der Heiligen Drei Könige sehr ernst. Der blutige Einbruch und der schreckliche Tod des David Marble schienen nur Teile einer ganzen Kette von brutalen und rätselhaften Verbrechen zu sein. Darauf deutete das neuerliche Auftauchen des mysteriösen Drachenzeichens hin. Dieses Symbol mußte der Schlüssel zur Erklärung der Ereignisse sein, ein Schlüssel, den wir aber nicht zu benutzen wußten, jedenfalls noch nicht. Da Holmes jede Art von Spekulation ablehnte, würde er sich erst dann weiter zu den Vorfällen äußern, wenn er mehr Fakten in der Hand hatte. Bis dahin mußten wir uns gedulden.

Aber der Drache war nicht das einzige, was mir Rätsel aufgab. Anders als Holmes hatte ich nicht meine Zeit damit verbracht, Nachforschungen über die Kölner Schutzheiligen (das wußte ich inzwischen) anzustellen, und wandte mich nun an Pater Hieronymus, der als emeritierter Professor für Kirchengeschichte mit diesem Thema eng vertraut war. Der alte Herr schien Holmes' in sich gekehrtes Schweigen nicht als Unhöflichkeit mißzuverstehen und erwies sich auch als resistent gegen dessen Tabaksqualm. Bereitwillig gab er mir Auskunft über die abenteuerliche Geschichte der Reliquien, eine Geschichte, in der sich Legenden, Mythen und Fakten vermischten.

Die schweren Polster dämpften das rhythmische Schlingern des Waggons zu einem sanften Schaukeln und ließen mich beinahe vergessen, daß wir in einer modernen Eisenbahn saßen, diesem Wahrzeichen unseres technischen Zeitalters. Und während wir mit rasender Geschwindigkeit auf den Schienen nach Köln rollten, machte mich Pater Hieronymus mit einer Welt bekannt, die einer vergangenen Zeit anzugehören schien.

Selbstverständlich war ich mit der biblischen Erzählung vertraut, nach der ein Stern die drei Weisen aus dem Morgenland nach Bethlehem geführt hatte, wo sie dann das Jesuskind als neugeborenen Erlöser anbeteten und ihm ihre Gaben darreichten: Gold, Weihrauch und Myrrhe, Geschenke für einen König in einem ärmlichen Stall. Mir hatte die Geschichte immer gefallen: ein schönes und poetisches Märchen, aber mehr auch nicht. Daß diese Könige tatsächlich gelebt haben, und mehr noch, daß ihre Gebeine erhalten sein und nun ausgerechnet in Köln ruhen sollten, konnte wohl nur Ausdruck eines naiven Kinderglaubens sein.

»Sie mögen es naiv nennen, Dr. Watson, aber um der Heiligen Schrift gerecht zu werden, brauchen wir wohl etwas Glauben, fürchte ich. Vielleicht sogar einen kindlichen Glauben!« Der Pater lächelte mich freundlich an. »Selbst unsere modernen Skeptiker zweifeln ja nicht an der historischen Existenz des Jesus von Nazareth, und wenn Jesus wirklich gelebt hat, warum dann nicht auch die drei Weisen aus dem Morgenland? Denken Sie nur an Schliemann und wie man ihn ausgelacht hat – so lange, bis er dann Troja tatsächlich ausgegraben hat. Troja, Dr. Watson! An dessen Existenz niemand geglaubt hatte, eine reine Legende! Soll man denn der Bibel weniger vertrauen als einem Homer?«

»Nun, ja …« Etwas ratlos sah ich zu Holmes herüber, aber der nahm nur kurz seine Pfeife aus dem Mund. »Touché, alter Freund!«

»Es heißt, einer der drei Weisen sei der König von Saba gewesen«, fuhr Pater Hieronymus fort, »aber verbürgt ist das nicht. Ihre Herkunft muß wohl als unbekannt gelten. Wir wissen auch nicht, wo sie gestorben sind, allerdings dürften ihre Gebeine schon sehr früh nach Konstantinopel gebracht worden sein. Anscheinend blieben sie dort für längere Zeit, bevor sie Anfang des sechsten Jahrhunderts unter wunderlichen Umständen nach Mailand überführt wurden.« Wieder lächelte er. »So will es jedenfalls die Legende. Aber von jetzt an bewegen wir uns auf gesichertem Boden. Fest steht, daß die Reliquien in St. Eustorgius verehrt wurden, einer Mailänder Kirche, bis sie dann der Kölner Erzbischof Rainald nach der Eroberung und Zerstörung Mailands als Kriegsbeute heimführte, sechshundert Jahre später. Und seitdem werden sie im Dom aufbewahrt.«

»Wollen Sie damit sagen, daß Mailand in Schutt und Asche gelegt wurde, nur um die Gebeine zu bekommen? Noch dazu von einem Priester?«

Der Pater hob abwehrend die Hände. »Nein, für den Krieg in Italien gab es rein politische Gründe, die mit den Heiligen Drei Königen nichts zu tun hatten. Mit christlicher Nächstenliebe aber auch nicht, darin stimme ich Ihnen zu, Dr. Watson. Sicher gibt es für einen Bischof angemessenere Tätigkeiten, als eine ganze Stadt zu verwüsten.« Mit einem Seufzer nahm er seine Brille ab, holte ein Tuch aus seiner Jackentasche und begann, damit die Gläser blank zu putzen. »Allerdings sollten wir auch nicht vorschnell urteilen. Man darf eben nicht vergessen, von welcher Zeit wir reden. Das hohe Mittelalter hat mit anderen Maßstäben gemessen als unser Zeitalter. Im zwölften Jahrhundert waren kirchliche und weltliche Macht noch unlösbar miteinander verbunden. Und in der Person des Rainald von Dassel drückt sich diese Einheit in vollendeter Weise aus.«

Pater Hieronymus unterbrach sein Putzen für einen Augenblick und sah nachdenklich auf die Brille in seiner Hand. »Man könnte in ihm durchaus die ideale Verkörperung seiner Epoche sehen, meine Herren. Als zweiter Sohn eines Grafen war er für die übliche Klerikerlaufbahn bestimmt, gelangte aber schon früh an den kaiserlichen Hof und gewann dort großes Ansehen. Friedrich Barbarossa hat seinen engen Vertrauten so sehr geschätzt, daß er ihn zum Reichskanzler machte. Eine Entscheidung, die er nicht bereuen sollte, denn Rainald erwies sich als geschickter und kraftvoller Verfechter der Interessen von Kaiser und Reich. Er wurde zu einem der mächtigsten Männer seiner Zeit, der mit Königen auf gleicher Höhe verkehrte und ihnen oft genug seinen Willen aufzwang. Als das Kölner Domkapitel dann einer Empfehlung des Kaisers folgte und Rainald zu seinem Erzbischof wählte, hatte er noch nicht einmal die höheren Weihen empfangen. Dazu sollte es erst Jahre später kommen, und dann auch nur auf Druck des versammelten Reichstages – für uns heute eine schwer nachvollziehbare Vorstellung. Mit ihm stand also an der Spitze des Bistums kein Priester, sondern ein Heerführer und Staatsmann.«

Allmählich wunderte ich mich nicht mehr darüber, einen Kölner Erzbischof in gepanzerter Rüstung vor den Toren Mailands anzutreffen.

»Vor allem, wenn Sie bedenken, daß mit dem Kölner Stuhl auch noch das Amt eines Erzkanzlers von Italien verbunden war!« fuhr Pater Hieronymus fort. »Rainald hat sich nicht viel in seinem Bistum aufgehalten, sondern große Politik gemacht. Kaiserliche Politik wohlgemerkt, ausgerichtet auf die Vorherrschaft des Kaisertums, auch und gerade gegenüber dem Papst. Es kam zu einem erbitterten Machtkampf, der von beiden Seiten mit allen Mitteln ausgefochten wurde. So rief etwa Rainald eigenmächtig einen Gegenpapst gegen Papst Alexander III. aus, der seinerseits den Kirchenbann über den Kölner Erzbischof verhängte. Zu einem Frieden kam es nicht mehr, nach einer gewonnenen Schlacht gegen die Römer wurde Rainald noch auf dem Feld von einer Seuche dahingerafft. Mit ihm starben viele Kölner Ritter.«

Pater Hieronymus schwieg einen Moment, bevor er mit leiser Stimme weitersprach. »Eine andere Zeit mit anderen Menschen, wie ich schon sagte.« Fast schien er ein wenig verlegen zu sein wegen der gewalttätigen Vergangenheit eines seiner Erzbischöfe. Dann setzte er seine Brille wieder auf und beugte sich vor. »Aber Köln hat ihm ungeheuer viel zu verdanken, ohne Rainald wäre die Geschichte der Stadt wohl anders verlaufen. Denn ohne ihn wäre sie nicht zur letzten Ruhestätte der Heiligen Drei Könige geworden!«

Unser Gespräch wurde durch ein Klopfen unterbrochen. Der Schaffner öffnete die Abteiltür und gab bekannt, daß in einer Viertelstunde der Speisewagen den Passagieren zur Verfügung stehe. Sobald wir wieder allein waren, setzte der Pater seinen Bericht fort.

»Nachdem Mailand erobert worden war, erbat sich Rainald nur eine einzige Gunst vom Kaiser: die erbeuteten Reliquien. Das war alles andere als eine bescheidene Bitte, aber sie wurde huldvoll gewährt, und so brach Rainald mit dem kostbaren kaiserlichen Geschenk in seine Heimat auf. Seine Reise führte ihn nicht auf direktem Wege nach Köln, sondern mußte auf einer geheimgehaltenen Route über Burgund, Frankreich und Flandern erfolgen und war nicht ungefährlich. Papst Alexander wollte die Überführung gewaltsam verhindern und hat den Erzbischof von Reims beauftragt, Rainald in Flandern abzufangen, was aber nicht gelang. Am 23.7.1164, das Datum ist genau überliefert, erreichten die Gebeine in einer feierlichen Prozession wohlbehalten Köln.

Es war ein triumphaler Festtag, nicht nur für Köln. Sie müssen sich klarmachen, meine Herren, daß die Überführung ein sensationelles Ereignis darstellte, an dem die ganze damalige Welt großen Anteil genommen hat. Die Begeisterung ging durch alle Schichten der Bevölkerung.«

Holmes zog eine Braue hoch. »Man darf doch wohl annehmen, daß sich der Jubel bei den überlebenden Mailändern in Grenzen hielt, nicht wahr, Pater?«

»Selbstverständlich, Mr. Holmes! Aber hier in Deutschland wußte ja kaum jemand Näheres über die wahren historischen Umstände. Der Einzug der Heiligen Drei Könige in Köln galt als vorherbestimmt, als Erfüllung ihres letzten Willens. Durch sie wurde Köln zur Heiligen Stadt. Die Überführung lieferte dann auch sofort Stoff für zahlreiche Mythen und Legenden. Welch ungeheure Bedeutung den Reliquien beigemessen wurde, zeigen etwa die Annalen von Marbach, die um 1220 entstanden sind: In ihnen wird behauptet, daß der Ansturm der Mongolen nur ein einziges Ziel verfolge, nämlich die Erbeutung der Könige!«

Ungläubig sah ich den Pater an. »Eine recht abenteuerliche Behauptung, wie mir scheint!«

»O ja, Sie haben vollkommen recht, Dr. Watson, aber damals muß sie durchaus plausibel geklungen haben.« Er lehnte sich zurück und nickte leicht. »Man darf wohl mit einigem Recht behaupten, daß durch die Heiligen Drei Könige Köln zum Mittelpunkt der christlichen Welt geworden war und Rom diesen Rang streitig machte. Viele sahen in dem Kölner Oberhirten den eigentlichen Papst. Die Stadt entwickelte sich schnell zu einem der wichtigsten Wallfahrtsorte des Mittelalters. Der Andrang war so groß, daß für die Pilger aus Ungarn sogar ein eigenes Haus bereitgestellt wurde. Als zu ›Peter und Paul‹ im Jahre 1580 die Reliquien öffentlich ausgestellt wurden, fanden sich zehntausend Menschen auf dem Domhof ein – für die damalige Zeit eine unglaubliche Menge.

Stadt und Domkapitel wußten, welchen Schatz sie mit den Reliquien besaßen. Um die Gebeine würdig verwahren zu können, wurde in jahrzehntelanger Arbeit von Kölner Goldschmieden der größte Goldsarkophag des Abendlandes hergestellt, der berühmte Schrein. Und das war erst der Anfang. Es wurde ein noch wesentlich größeres Behältnis für sie geplant, dessen Bau Jahrhunderte dauern sollte und erst in unseren Tagen vollendet werden konnte. In gewisser Weise könnte man den Dom als riesiges Mausoleum für die Heiligen Drei Könige betrachten, meine Herren. Die Reliquien sind das spirituelle Herz des Doms, und jetzt ... jetzt ...« Pater Hieronymus schwieg erschüttert.

Jetzt hatte man dieses Herz herausgerissen!»Seien Sie versichert, Pater, wir werden alles in unserer Macht Stehende tun, um die heiligen Gebeine wieder unversehrt zu ihrem angestammten Ruheplatz zurückzubringen!«

Holmes warf mir einen leicht verwunderten Blick zu und nickte dann zustimmend.

Für einen Mann der Wissenschaft und des Fortschritts, der sich noch gestern über ›heilige Knochen‹ mokiert hatte, war meine Reaktion in der Tat etwas überraschend. Aber der Bericht des Paters hatte mich beeindruckt. Durch Jahrhunderte hindurch waren die Reliquien verehrt worden, und mochte dieses mittelalterliche Denken mir auch fremd bleiben, so mußte ich doch akzeptieren, daß die Gebeine für die Menschen eine übernatürliche Qualität besessen hatten und für viele wohl auch heute noch besaßen. Eine Qualität, gegen die alles andere, auch der kostbare Schrein, nur Flitterkram sein mußte. Dadurch rückten die Vorfälle im Dom in ein anderes Licht, und es erschien mir nun gar nicht mehr so abwegig, daß jemand die Heiligen Drei Könige stehlen sollte. Wenn mir auch nicht klar war, was das alles zu bedeuten hatte, so wußte ich doch eines genau: Ein einfacher Juwelenraub wäre mir lieber gewesen.

Bei diesen Überlegungen fühlte ich mich nicht allzu wohl, das gebe ich zu. Wir hatten es hier nicht mit gewöhnlichen Kriminellen zu tun, deren Motive sich in simpler Habgier erschöpften. Etwas anderes mußte mit im Spiel sein, etwas, bei dem Menschenleben offenbar nicht viel zählten. Unwillkürlich kam mir das Drachenzeichen in den Sinn. Warum hatten Marbles Mörder ihre ›Visitenkarte‹ so demonstrativ an die Wand geschmiert, als wollten sie damit eine Botschaft verkünden? Ich war mir sicher, daß die Diebe auch im Dom ihr Zeichen hinterlassen hätten, wenn sie nicht bei ihrer Tat gestört worden wären. Und natürlich wußte ich, wofür dieses Symbol in christlicher Vorstellung stand.

Die Dampfpfeife der Lokomotive riß mich aus meinen Gedanken. Ihr schriller, langgezogener Pfiff kündigte einen der vielen Tunnel an, die wir auf diesem Teil der Strecke durch die wilde Berglandschaft der Ardennen passieren mußten. Auch das gleichmäßige Rattern der Waggons drang wieder deutlich in mein Bewußtsein. Wir näherten uns immer mehr Köln und damit einem rätselhaften Fall, dessen Dimensionen wir noch gar nicht absehen konnten.

Unterdessen hatten Holmes und der Pater die Unterhaltung fortgesetzt. »... zeitweilig hatte der Kult um die Reliquien im einfachen Volk solche Ausmaße angenommen, daß auch kritische Stimmen laut wurden. Man befürchtete – vielleicht sogar zu Recht –, daß in dem überreichen Brauchtum vieles noch aus uralten heidnischen Riten Stammende wieder auflebte. Sogar der Teufel selbst hat Anstoß an der Verehrung genommen, so will es jedenfalls die Legende. Voller Neid soll er einen mächtigen Steinbrocken auf den Schrein geschleudert haben, um diesen und die Gebeine zu zerstören, aber Gott habe den Stein von seiner geraden Bahn abgelenkt. Noch über hundert Jahre später wurde das erfolglose Werkzeug des Satans hinter dem Hochaltar als Zeugnis ausgestellt.« Mit einem Seufzer lehnte sich der Pater zurück. »Damals hat nur ein Wunder die Heiligen Drei Könige gerettet, Mr. Holmes.«

Holmes nahm seine Pfeife aus dem Mund. »Ich möchte bezweifeln, daß der Teufel erneut seine Hand im Spiel hat, Pater. Die Diebe scheinen durchaus aus Fleisch und Blut zu sein. So wird hoffentlich auch kein Wunder nötig sein, denn damit wären unsere bescheidenen Kräfte zweifellos überfordert, nicht wahr, Watson?«

Ich sah zu Holmes herüber, der ruhig dasaß und den Pater mit einem leisen Lächeln betrachtete. Selbstverständlich kannte er genausogut wie ich die Bedeutung des Symbols, aber er wirkte alles andere als eingeschüchtert. Die Vorstellung, in einen Kampf zwischen himmlischen und teuflischen Mächten um die Heiligen Drei Könige einzugreifen, schien ihn zu amüsieren.

»Zweifellos, Holmes! Deshalb halte ich es auch für dringend geboten, diese bescheidenen Kräfte zu stärken!« Ich warf einen Blick auf meine Taschenuhr. »Im Speisewagen dürfte mittlerweile angerichtet sein, meine Herren.«

Am frühen Nachmittag erreichten wir unser Reiseziel. Als wir in den Kölner Centralbahnhof einfuhren, verblaßten alle Gedanken an das Mittelalter. Offensichtlich waren wir wieder in der Gegenwart angekommen. Zu den Geschichten über Heilige, Bischöfe und wütende Teufel wollte das neue Bauwerk jedenfalls nicht so recht passen. Die erst kürzlich fertiggestellte Bahnsteighalle galt als Meilenstein moderner Stahlkonstruktion und konnte es leicht mit St. Pancras in London aufnehmen. Wie ich aus dem Baedeker wußte, war sie die größte auf dem Kontinent.

Auf dem Bahnsteig herrschte reges Gedränge. Ich hielt einen Dienstmann an, und wir schickten ihn mit unserem leichten Reisegepäck voraus in unser Quartier. Holmes wollte als allererstes den Dom aufsuchen, um sich ein Bild vom Tatort machen zu können. Unser Hotel sei bequem zu Fuß zu erreichen, versicherte der Pater, und der Dom liege auf dem Weg.

Als wir das elegante Empfangsgebäude des Bahnhofs verließen, erwartete uns der normale Alltag einer modernen Großstadt. Aber das Gewimmel der Droschken und Fuhrwerke auf dem Vorplatz, der Lärm der Zeitungsjungen und Straßenverkäufer – all das trat nun in den Hintergrund. Uns gegenüber erhob sich die massige Architektur des Doms und beherrschte die gesamte Umgebung. Mit einem Mal verstand ich, warum man Köln einfach nur die ›Domstadt‹ nannte. Von der gewaltigen Kathedrale ging eine erhabene Ruhe aus, ihr konnte das profane Treiben um sie herum nichts anhaben. Alles an ihr schien in den Himmel zu streben. Ich mußte den Kopf in den Nacken legen, um die Spitzen der Türme zu sehen.

»Beeindruckend, nicht wahr?« Pater Hieronymus blieb neben mir stehen. »Mir geht es genau wie Ihnen, Dr. Watson. Wenn ich vor dem Dom stehe, bin ich immer wieder aufs neue von seinem Anblick überwältigt.«

Holmes war schon einige Meter weitergegangen und drehte sich nun ungeduldig zu uns um, offensichtlich hatte er es eilig damit, seine Untersuchung aufzunehmen. Wir folgten ihm und stiegen die Treppen zum Domplatz hinauf. Der Pater führte uns zur Westseite. Hier lag das Hauptportal zwischen den beiden Türmen, die zum Wahrzeichen der Stadt geworden waren.

Als wir das Tor passierten, schienen wir in eine andere Welt einzutreten. Klösterliche Stille empfing uns. Wir waren nicht völlig allein im Dom, vor einigen der Altäre knieten Gläubige in schweigender Andacht. Neben den mächtigen Pfeilern wirkten die Menschen winzig. Vor uns erstreckte sich das Mittelschiff in seiner ganzen Länge und gab den Blick frei auf den Hochaltar und weiter bis in die Achskapelle hinein. Durch die hohen Fenster der Südseite schien das Nachmittagslicht und ließ die gotischen Glasmalereien mit ihren leuchtenden Farben aufglühen. So hatte ich mir eine katholische Kirche vorgestellt. Ich mußte an Bilder deutscher Romantiker wie Friedrich denken, mit ihren mystischen Kathedralen eines idealisierten Mittelalters. Wäre aus einer Seitenkapelle eine Mönchsprozession aufgetaucht, Choräle singend und Weihrauch schwenkend, hätte ich mich nicht gewundert. Dabei wirkte der riesige Raum bei aller Erhabenheit doch nüchtern, beinahe streng. Für Weltliches war hier kein Platz, nirgendwo gab es Statuen von siegreichen Feldherren oder ehrenvoll zerfetzte Regimentsfahnen wie in St. Paul's.

Mir blieb nicht viel Zeit, mich meiner Stimmung hinzugeben. Holmes ließ dergleichen völlig unbeteiligt. Er war fähig, sich für einen halb verwischten Fußabdruck zu begeistern, und ein Rest verstreuter Zigarettenasche konnte eine Faszination auf ihn ausüben, die für andere nur schwer nachvollziehbar sein mochte, aber an Lochners berühmtem Marienbild ging er achtlos vorbei.

Ich wußte, daß Holmes sich wenig Hoffnung machte, noch nennenswerte Spuren zu finden, immerhin lag der Einbruch schon über eine Woche zurück. Als er nun auch noch vom Pater hören mußte, daß man nach dem Vorfall den Schrein aus der Kapelle entfernt und zur Sicherheit in die Schatzkammer gebracht hatte, hob er nur resignierend die Brauen.

»Eine etwas verspätete Vorsichtsmaßnahme, meinen Sie nicht auch, Pater?«

»So muß es jetzt freilich aussehen, Mr. Holmes, aber die Rückführung in die Schatzkammer war schon vorher geplant, der Schrein sollte ja nur einen Tag in der Kapelle bleiben.«

Davon hatte ich nichts gewußt. »Also ist der Schrein normalerweise nicht so leicht für die Öffentlichkeit zugänglich?«

»So ist es, Dr. Watson«, nickte er, »wenigstens zur Zeit, und mit diesem Zustand kann selbstverständlich niemand zufrieden sein. Es hat etwas mit der langen Baugeschichte zu tun. Denn wissen Sie, als im zwölften Jahrhundert der Neubau geplant wurde, war für die Heiligen Drei Könige der Platz in der Mitte des Doms vorgesehen. Sie sollten in der Vierung, der Kreuzung von Längs- und Querschiff, aufgestellt werden. Aber als sich die Bauarbeiten in die Länge zogen und schließlich sogar eingestellt wurden, entschied man sich dafür, die Reliquien in der Achskapelle zu lassen. Aus dem Provisorium wurde ein Dauerzustand. In der Barockzeit baute man zum Schutz ein begehbares Mausoleum in die Dreikönigskapelle. So blieb es über Jahrhunderte. Erst als dann in unserer Zeit der Dombau wieder aufgenommen wurde, stellte sich das Problem der richtigen Plazierung erneut. Es sollte ja ein gotischer Dom werden, genau so, wie er den mittelalterlichen Baumeistern vorgeschwebt haben mußte. Durch einen glücklichen Zufall hatte man die alten Baupläne wiederentdeckt, und bei der Vollendung war man peinlich bemüht, sich exakt an die Original-Vorgaben zu halten. Und die sahen eben kein verschnörkeltes, barockes Mausoleum vor. Also hat man es abgerissen und den Schrein erst einmal in die Schatzkammer überführt, bis über seinen endgültigen Platz entschieden ist. Außerdem«, der Pater zögerte etwas und senkte seine Stimme, »außerdem würde er dort sicherer sein.«

Mit einem Seufzer fuhr er fort. »Aber zum sechsten Januar, eben aus Anlaß des Dreikönigsfestes, sollte der Schrein noch einmal in der Kapelle ausgestellt werden. Dieser Wunsch wurde an das Domkapitel herangetragen und auch bewilligt. Ich muß gestehen, meine Herren, daß ich selbst zu den Fürsprechern zählte. Wenigstens an ihrem Festtage sollten die Heiligen Drei Könige ihren Platz im Dom selbst einnehmen.« Bedrückt sah er uns an. »Mit einem solchen Frevel konnte ja niemand rechnen!«

»Wenn sie wirklich auf die Reliquien aus waren, hätten die Diebe also keinen besseren Zeitpunkt wählen können. Nun, wenigstens ist das ein Indiz für ihre wahre Absicht, nicht wahr, Holmes?«

»Alles deutet darauf hin, Watson.«

Am Eingang zur Schatzkammer erwartete uns ein junger Mann, der den roten Umhang der Domschweizer trug. Pater Hieronymus wußte, daß uns das Deutsche geläufig war, und so wechselte er vom Englischen in seine Muttersprache, als er uns Martin Paffrath vorstellte, den Wächter, der zusammen mit seinem Kameraden die Einbrecher überrascht hatte. Er könne Holmes genauere Auskunft über die Ereignisse in jener Nacht geben. Holmes nickte, wollte sich aber zunächst den Schrein ansehen.

Und der war in der Tat sehenswert. Mir wurde bewußt, daß ich mir unter dem ›Schrein‹ nichts Bestimmtes vorgestellt und wohl eher ein verziertes Kästchen erwartet hatte. Allein seine Größe überraschte mich, er war gut mannslang und fast ebenso hoch. Wie der Pater erläuterte, war seine Form einer dreischiffigen Basilika nachempfunden, und so wirkte er auch, schwer und massig. Die mit Gold beschlagenen Seiten hatte man über und über mit figürlichen Darstellungen der Apostel und Propheten verziert, alle aus purem Gold, und es war dieser gleißende Glanz des Goldes, der meinen Eindruck völlig beherrschte.

Zwischen den Figuren funkelten Juwelen in kostbaren Fassungen. Einige der Gemmen und Kameen stammten noch aus der Antike und waren schon bei der Herstellung des Schreins berühmte Antiquitäten gewesen. Aber trotz der Feinheit der geschnittenen Motive und der meisterhaften Goldschmiedearbeit der Figuren und Fassungen wirkte der Schrein archaisch und fremd auf mich, beinahe primitiv.

Für die Menschen des Mittelalters waren nicht die Kunst, nicht die ästhetische Perfektion entscheidend gewesen, sondern der handgreifliche Reichtum des Materials selbst, die Substanz des Goldes und der Edelsteine, die man überall, wo noch Platz war, angebracht hatte. Ein Schatz von unermeßlichem Wert, der doch nur künden sollte von der wahren Macht und Herrlichkeit der Heiligen Drei Könige.

In gewisser Weise stellte der Schrein so etwas wie die Kronjuwelen der katholischen Kirche dar, und sicherlich war er genauso teuer. Holmes hatte völlig recht, wenn irgend etwas einen Diebstahl lohnte, dann war es dieser goldene Sarkophag. Und doch fehlte nichts, bis auf die Spuren seiner gewaltsamen Öffnung war der Schrein unversehrt.

Holmes brauchte nicht lange für seine Untersuchung, die Fakten waren ja auch offensichtlich.

»Wie ich vermutete: Die Diebe haben nur die drei Schädel mitgenommen und den Rest der Beute verschmäht.« Nachdenklich rieb er sich das Kinn und kniff die Augen zusammen. »Immerhin können wir nun eines mit Sicherheit annehmen.«

»Wovon reden Sie, Holmes?«

»Nun, Watson, das liegt doch auf der Hand. Wer auch immer hier eingebrochen ist, für ihn müssen die Heiligen Drei Könige die gleiche immense Bedeutung haben wie seinerzeit für Rainald von Dassel.«

»Ja«, nickte der Pater, »das habe ich befürchtet.«

Woran es genau lag, konnte ich nicht sagen, aber in seiner Stimme schwang etwas mit, das mich aufhorchen ließ. Für einen Moment beschlich mich das vage Gefühl, daß uns Pater Hieronymus nicht alles gesagt hatte. Auch Holmes schien es bemerkt zu haben. Er hatte eine Braue hochgezogen und dem Pater einen scharfen Blick zugeworfen. Aber der reagierte nicht darauf, offensichtlich wollte er sich nicht weiter erklären.

Ich deutete auf den Schrein. »Mich wundert, daß all diese Schätze hier in der Nacht nicht besser bewacht wurden. War das nicht etwas zu sorglos, Pater?«

»Aber nein, Dr. Watson, wo denken Sie hin. Selbstverständlich wurde der Schrein bewacht. Zwei Domschweizer hatten eigens diese Aufgabe übernommen – oder hätten sie wenigstens übernehmen sollen.« Er sah zu dem jungen Wächter hinüber, der mit rotem Kopf auf den Boden starrte. »Nur waren sie leider nicht auf ihrem Posten, als sie gebraucht wurden, sondern Martin hier hat sie in der Sakristei gefunden, wo sie anscheinend ihren Rausch ausschliefen. Natürlich versichern sie auf Ehre und Gewissen, nur ein winziges Gläschen gegen die Kälte getrunken zu haben, aber es hat über eine halbe Stunde gedauert, bis sie wieder halbwegs bei klarem Bewußtsein waren. Jedenfalls haben sie von dem Einbruch nichts bemerkt, und in ihrem Zustand hätten sie ihn auch nicht verhindern können.« Der Pater lächelte entschuldigend. »Sicherlich haben Sie Verständnis dafür, daß von schlafenden Wächtern nichts in den Zeitungen stand.«

Holmes nickte leicht, als wäre eine Vermutung von ihm bestätigt worden, kommentierte aber den Bericht des Paters nicht weiter. Er wandte sich an den jungen Mann. »Kommen Sie, Paffrath, ich brauche Ihre Hilfe. Ich möchte genau wissen, in welchem Zustand Sie alles angetroffen haben in der Nacht des Einbruchs.«

Sichtlich erleichtert darüber, das leidige Thema seiner betrunkenen Kameraden beenden und sich nützlich machen zu können, führte der Schweizer Holmes zurück in den Altarraum. Der Pater und ich folgten den beiden langsam.

Dem Grundriß des Doms lag die Kreuzform zugrunde. Durch das etwas kürzere Querschiff wurde das große Längsschiff in zwei ungleich lange Teile gegliedert, und der kleinere Kopfteil hinter der Querung bildete den Chorraum. In ihm befanden sich der festliche Hochaltar und das berühmte holzgeschnitzte Chorgestühl für die Mitglieder des Domkapitels. Vom Pater wußte ich, daß sogar der Papst hier einen eigenen Sitz besessen hatte, genau wie der Kaiser, denn beide gehörten kraft ihres Amtes dem Kapitel an. Von dem außen im Halbkreis herumführenden Chorumgang waren die Seiten des Chorraums mit hohen eisernen Gittern abgetrennt.

Noch weiter außen befand sich ein Kranz von kleinen Kapellen, die bogenförmig den Chor umgaben. Die mittlere von ihnen lag auf der Längsachse, in der äußersten Spitze des Doms: die Dreikönigskapelle. Hier waren jahrhundertelang die Reliquien aufbewahrt worden, und hier hatte in der Nacht zum sechsten Januar der Schrein gestanden.

Auch die Kapellen waren durch hohe Gitter zum Gang hin geschützt. Man betrat den Umgang vom Querschiff aus, nördlich oder südlich des Chorraums. Diese beiden Eingänge waren ebenfalls durch schmiedeeiserne Tore gesichert. Um also an den Schrein zu gelangen, mußten zwei Gittersperren überwunden werden. Und selbstverständlich waren alle Gitter abends verschlossen worden.

Holmes drehte sich zu seinem Begleiter um. »Lassen Sie uns die Ereignisse kurz rekapitulieren, Paffrath. Sie und ihr Kamerad sind durch das Südportal hereingekommen, nicht wahr? Zu diesem Zeitpunkt fanden Sie beide Eingänge in den Chorumgang versperrt vor, und das waren sie auch noch, als Sie wenig später mit den anderen Domschweizern zurückkamen?«

»So ist es!«

»Nur das Gitter zur Kapelle stand offen?«

»Jawohl!«

»Ich nehme an, Sie haben den kürzesten Weg genommen, also von der Sakristei aus direkt zur nördlichen Seite des Chorumgangs, ebenso wie die Polizisten wenig später? Gut. Sie hörten den Schuß. Kurz danach fanden Sie die Toten und die Blutspur. Ihr sind Sie gefolgt bis zum südlichen Eingang, der immer noch verschlossen war. Trotz seiner Verletzung kletterte der Dieb über das Gitter.«

»Ja, wir haben Blutspuren am Gitter gefunden, auch an der Spitze. Sie sind natürlich längst aufgewischt worden.«

»Und während Sie noch an der Dreikönigskapelle aufgehalten

wurden, ist der Flüchtende unbemerkt durch das Querschiff zur Sakristei gelaufen. Wie ist er von dort nach draußen gelangt, hat er die Tür aufgebrochen?«

»Nein, das brauchte er gar nicht. In der Aufregung und Hektik hatte man die Außentür nicht wieder abgesperrt, sondern nur ins Schloß gezogen, von innen ließ sie sich also ohne Schlüssel öffnen.«

Während der Befragung waren sie durch den Chorumgang gegangen, und Holmes hatte sich dabei die Schlösser der Tore genau angesehen. Jetzt stand er vor der Dreikönigskapelle, die Arme verschränkt, und ließ den Blick nachdenklich durch den Chorraum schweifen.

»Also kein Schlüssel«, murmelte er.

Gebannt hatte der Pater zugeschaut. Er riß die Augen auf, als Holmes plötzlich auf das Gitter zutrat und behende daran hochkletterte. Oben angelangt, schien er die Spitzen einer eingehenden Musterung zu unterziehen. Dann ließ er sich wieder fallen und landete trotz der Höhe mühelos und sicher auf dem Boden, nur um ein paar Schritte weiter die gleiche Prozedur zu wiederholen. So ging er den ganzen südlichen Bogen durch, offenbar ohne das gewünschte Ergebnis. Dann arbeitete er sich auf die gleiche Weise den anderen Bogen entlang.

Der Pater sah sich etwas verlegen um und schien erleichtert zu sein, daß wir uns im Moment allein in der Kirche aufhielten und niemand sonst Zeuge dieses seltsamen Verhaltens war.

»Was macht er denn jetzt, Dr. Watson?« fragte er mich leise.

Ich zuckte hilflos mit den Achseln. »Holmes' Methoden mögen manchmal etwas eigenartig aussehen, Pater, aber ich versichere Ihnen, er weiß genau, was er tut!«

Glücklicherweise schien Holmes jetzt gefunden zu haben, wonach er suchte, und rief mich zu sich. Er wies mich in das Innere des Chorraums auf eine Position ihm genau gegenüber, ungefähr in der Mitte des nördlichen Bogens.

»Sehr gut, Watson, rühren Sie sich bitte nicht von der Stelle. Und jetzt, Pater: Wie gelangt man auf diesen Gang?« Er zeigte nach oben, wo oberhalb der ersten Fensterreihe ein Arkadengang in der Wand entlanglief.

»Oh, Sie meinen das Triforium. Es gibt eine Wendeltreppe. Paffrath kann Sie hinaufführen, wenn Sie möchten.«

Holmes und der Schweizer verschwanden, Pater Hieronymus trat zu mir. Nach ein paar Minuten hörten wir leise Stimmen von oben. Wir konnten Holmes sehen, wie er auf dem Triforium einmal den Bogen des Chorumgangs nachging. Dann beugte er sich unmittelbar über mir über die Brüstung.

»Vielen Dank, Watson, ich habe die Stelle gefunden.« Er hatte seine Lupe herausgenommen und untersuchte damit den Pfeiler der Arkade.

Pater Hieronymus war anscheinend genau so begierig zu erfahren, was Holmes da oben trieb, wie ich, also folgten wir ihm auf die enge, steinerne Wendeltreppe, die steil nach oben führte. Als wir die Treppe verließen und durch eine schmale Tür auf das Triforium hinaustraten, waren Holmes und Paffrath nirgends zu sehen. Dafür empfing uns ein prachtvoller Anblick des Innenraums der Kathedrale. Hier oben wurde mir erst so recht die Dimension des gewaltigen Bauwerks bewußt. Ich beugte mich nach vorne, um herunterzusehen und zog meinen Kopf schnell wieder zurück. So hoch war mir der Gang von unten gar nicht erschienen.

»Einundzwanzig Meter, Dr. Watson, die Höhe der unteren Glasfenster, und über uns noch einmal die gleiche Höhe, dazu noch das Triforium selbst!« Die Augen des Paters glänzten. »Und bedenken Sie, dieser Teil des Doms wurde noch im Mittelalter vollendet, wie muß er erst damals auf die Menschen gewirkt haben!«

Auf der Treppe wurden Schritte laut, und Holmes tauchte in der Türöffnung auf. »Könnten Sie mir wohl behilflich sein, Pater? Ich benötige einen Plan vom Dom, der etwas mehr ins Detail geht als unser Baedeker.«

»O ja, bestimmt. In der Bibliothek gibt es sicher etwas Passendes. Martin, würden Sie bitte den Kustos verständigen.«

Der Domschweizer nickte und verschwand durch die Tür. Wir folgten ihm die Treppe hinunter.

»Haben Sie etwas herausgefunden, Holmes?«

»Nicht sehr viel, Watson, aber doch mehr, als ich befürchtet hatte. Ich glaube, ich weiß nun, wie die Diebe in den Dom gekommen sind – und auch, wo wir den dritten Mann zu suchen haben.«

Der dritte Mann

Ein einsilbiger Bibliothekar hatte die erbetenen Unterlagen gebracht und sie mit merklichem Widerwillen an Holmes übergeben. Daß wir seiner Meinung nach in der Dombibliothek nichts zu suchen hatten, war ihm deutlich anzusehen. Daran konnte auch die Anwesenheit des Paters nichts ändern.

Wir räumten einen großen Tisch frei, und Holmes breitete dort die aufgerollten Pläne aus. Was genau er herauszufinden hoffte, war mir nicht klar. Als der Pater mich fragend ansah, konnte ich nur mit den Schultern zucken. Eine Zeitlang fiel kein Wort. Über den Tisch gebeugt, folgte Holmes mit den Fingern den eingezeichneten Gängen und Treppen. Schließlich richtete er sich auf und nickte befriedigt, den Blick immer noch auf die Pläne gerichtet.

»Bemerkenswert! Wirklich bemerkenswert!« murmelte er.

»Wollen Sie uns nicht in Ihre Überlegungen einweihen, Holmes? Welchen ›dritten Mann‹ haben Sie gemeint?«

»Eins nach dem anderen, Watson. Widmen wir uns erst einem Problem, das naheliegt und doch den Schlüssel zur Lösung birgt, der entscheidenden Frage nämlich, auf welchem Wege die Diebe in den Dom eindringen konnten.«

»Nun, meine Herren, ich denke doch, diese Frage kann ich Ihnen beantworten! Guten Tag, Mr. Holmes!«

Wir wandten uns nach der fremden Stimme um. In der Tür war ein stämmiger Polizist in makelloser Uniform mit blitzenden Goldknöpfen erschienen. Pater Hieronymus stellte ihn als Kommissar von Stamm vor, der die polizeilichen Untersuchungen leitete. Er kam meiner Vorstellung von einem preußischen Junker recht nahe. Sein gewaltiger runder Schädel war kahlrasiert bis auf den buschigen Schnurrbart, dessen Enden in Kaisermanier nach oben gedreht waren. Er hielt sich kerzengerade, wohl um sein Embonpoint zu kaschieren, und streckte sein Kinn so sehr in die Höhe, daß er trotz seiner nur eben mittelgroßen Statur sein Gegenüber von oben herab anzusehen schien. Nur bei Holmes wollte ihm das nicht so recht gelingen. Als er uns die Hand gab, schlug er seine Hacken zwar nicht wie erwartet zusammen, aber alles in allem erinnerten mich seine betont militärische Haltung und sein zackiges Auftreten an einen schottischen Drillsergeanten in meinem alten Regiment. Offensichtlich hatte er bei seinem Eintreten die letzten Worte von Holmes mitgehört. Und er schien nicht sehr erfreut über die Konkurrenz zu sein.

»Offen gesagt, Mr. Holmes, bin ich etwas verwundert darüber, Sie hier anzutreffen. Daß sich ein so berühmter Detektiv wie Sie eigens auf eine so weite Reise begibt, nur um bei einem simplen Einbruch hinzugezogen zu werden! Werden Ihre Dienste in London denn nicht mehr benötigt?«

»Sie müssen hier in Köln ein aufregendes Leben führen, Herr Kommissar.« Holmes ignorierte den impertinenten Tonfall und lächelte sanft. »Ich wenigstens würde in diesem Fall nicht von einem einfachen Einbruch reden. Nicht, wenn zwei Diebe unter Einsatz von Leib und Leben in eine Schatzkammer eindringen und dann unter Kostbarkeiten, die jeden Vergleich mit den legendären Diamanten König Salomons bestehen, ausgerechnet drei Totenschädel als Beute wählen. Nein, die Arbeit von gewöhnlichen Dieben sieht anders aus. Und deren Motive auch. Meiner Meinung nach haben wir es hier mit einer sehr ernsten Angelegenheit zu tun, Herr Kommissar, hinter der viel mehr steckt, als es den Anschein hat, und –«

»Ich habe es geahnt!« fiel ihm der Kommissar ins Wort und hob theatralisch beide Hände. »Erst hat mir Dr. Jones stundenlang in den Ohren gelegen, und jetzt fangen Sie auch noch damit an! Bei Jones wundert mich das nicht, schließlich redet er ja auch sonst kaum von etwas anderem als von irgendwelchen okkulten Geheimgesellschaften. Nebenbei gesagt: ein seltsames Forschungsgebiet, wenn Sie mich fragen. Aber von Ihnen, Mr. Holmes, hätte ich doch etwas mehr gesunden Menschenverstand erwartet!«

Von Stamm klemmte ein Monokel ins Auge und starrte Holmes herausfordernd an. Wohl ohne den gewünschten Erfolg, denn er nahm das Glas wieder in die Hand und fuchtelte damit herum. »Selbstverständlich weiß ich, woher der Wind weht. Sie spielen auf die Tätowierungen mit dem Drachenmotiv an.« Er stemmte die Arme in die Seite und holte tief Luft. »Eine Tätowierung, ich bitte Sie! Sie hat nicht das geringste zu bedeuten. Das einfache Volk liebt so etwas, warum auch immer. Und vergessen Sie nicht, Köln hat einen Hafen. Einen Seehafen, wohlgemerkt. Zeigen Sie mir einen Seemann, der nicht stolz auf seinen ›Körperschmuck‹ ist. Gehören die etwa deshalb alle einem finsteren Geheimbund an, wie Dr. Jones bestimmt behaupten würde? Überhaupt, ›Geheimbund‹ – als ob wir nicht schon genug Ärger hätten mit Sozialisten und Jesu– ... äh ... anderen.«

Von Stamm räusperte sich laut und setzte sein Monokel wieder ein. »Was ich damit sagen wollte«, fuhr er dann leiser fort, einen vorsichtigen Seitenblick auf den Pater werfend, der ihn hinter seinen runden Brillengläsern harmlos anblinzelte. »Das sind alles Hirngespinste. Und für den Raub der Schädel gibt es eine ganz einfache Erklärung. Die Könige trugen wertvolle, mit Juwelen besetzte Kronen, auf die hatten es die Diebe abgesehen. Wenn sie nicht während ihrer Tat gestört worden wären, hätten sie noch viel mehr mitgenommen, nicht nur den Kelch. So etwas kommt vor, der Schrein wurde ja schon öfter geplündert. Denken Sie nur an den großen Raub von 1820. Nein, Mr. Holmes, ich bleibe dabei, das Ganze war nichts weiter als ein schändlicher Diebstahl. Und um den aufzuklären, brauche ich keine Hilfe von Amateuren!«

Holmes lehnte sich gegen den Tisch und verschränkte die Arme. »Also haben Sie schon eine Theorie, Herr Kommissar?«

»Theorie, Mr. Holmes? Ich bin ein Mann der Praxis, ich halte mich an Fakten. Aber wenn Sie wissen wollen, wie diese Ganoven hier hereingekommen sind, obwohl alle Eingangstüren verschlossen und die Schlösser völlig intakt waren – das haben wir natürlich alles überprüft, reine Routine –, so ist die Antwort doch wohl offensichtlich: Entweder sie besaßen einen Schlüssel, oder jemand hat sie hereingelassen. Beides läuft auf dasselbe hinaus, nicht wahr: Sie müssen einen Komplizen im Dom gehabt haben!«

»Ja«, nickte Holmes, »in diesem Punkt stimme ich Ihnen zu.«

»Tatsächlich? Nun, dann darf ich Ihnen versichern, daß wir diesen Kerl schon noch auftreiben werden!« Von Stamm warf einen grimmigen Blick auf Paffrath, der vor Empörung rot angelaufen war. »Auch wenn die Verhöre bisher noch nichts ergeben haben. Außerdem überwachen wir natürlich sämtliche Hehler, irgendwann muß die Beute ja dort auftauchen. Wenn das geschieht, schlagen wir zu!«

Der Pater sah schockiert vom Kommissar zu Holmes. »Ein Komplize? Hier bei uns? Das ist unmöglich, meine Herren, völlig unmöglich!«

»Jawohl!« assistierte der aufgebrachte Domschweizer.

»Ich glaube, Pater, ich kann Sie beruhigen, und auch Sie, Paffrath. Der Mann, den wir suchen, hatte keinen Zugang zu irgendwelchen Schlüsseln. Im Gegenteil.« Holmes hob abwehrend die Hand, als der Kommissar protestieren wollte. »Aber er muß gut mit den baulichen Gegebenheiten des Doms vertraut sein und sich hier frei bewegen können, ohne Aufsehen zu erregen. Sonst hätte er nicht so leicht und unauffällig eine Gelegenheit finden können, die beiden Wächter in der Sakristei zu betäuben.«

»Betäuben, Holmes?« fragte ich.

Der Kommissar lachte bellend auf und zwinkerte mir zu. »Selbstverständlich sind die Domschweizer betäubt worden! Wir wissen auch, womit. Aber fremde Hilfe hatten sie dabei gar nicht nötig. Diese Art von Selbstmedikation – ich hoffe, das ist der richtige Fachausdruck, Doktor – kommt hier im Rheinland mitunter vor, wissen Sie!«

Holmes sah ihn ruhig an. »Ich fürchte, Kommissar, Sie irren sich. Die Ausschaltung der Wachen war Teil eines umfassenden Plans. Das Vorgehen der Diebe verrät generalstabsmäßige Arbeit, und sicherlich hätten sie Erfolg auf der ganzen Linie gehabt, wenn nicht Bökers und Paffrath überraschend aufgetaucht wären. Mit einem solchem Zufall war nicht zu rechnen.« Er wandte sich an Paffrath. »Aus welchem Grund sind Sie eigentlich in den Dom gegangen, Sie hatten doch keinen Dienst mehr?«

»Das ist richtig. Bökers wollte auf dem Heimweg nur noch kurz bei den Kollegen vorbeischauen.« Wahrscheinlich auf ein Gläschen, aber das sagte Paffrath nicht. Trotzig sah er den Kommissar an. »Dazu ist es dann ja nicht mehr gekommen.«

»Traurige Sache, das Ganze!« brummte von Stamm. »Guter Mann, dieser Bökers, ehemaliger Wachtmeister bei den 87ern. Muß sich bei Sedan tapfer geschlagen haben, und hier auch. Hat diesen Kerlen ordentlich die Suppe versalzen und seinem Regiment alle Ehre gemacht!«

Holmes zog eine Braue hoch. »Gewiß. Und hätte er nur ein paar Minuten gewartet, wäre niemand zu Schaden gekommen und die Reliquien noch an Ort und Stelle. Sie mögen in solchem Verhalten soldatische Tugenden erkennen, Herr von Stamm, aber erlauben Sie mir, daß ich einen passenderen Ausdruck dafür habe.«

Als Zivilist hatte Holmes vom Militär eine ähnliche Meinung wie als eingefleischter Junggeselle von der Ehe. Wenn ich auch seine Meinung in beiden Punkten nicht teilte, gönnte ich von Stamm doch einen kleinen Dämpfer. Dem Kommissar war das Monokel aus dem Auge gefallen, und er schien nach den richtigen Worten für eine Entgegnung zu suchen. Ungerührt sprach Holmes weiter.

»Wie ich schon sagte, den Dieben standen keine Schlüssel zur Verfügung. Warum sonst sollte ein Schwerverletzter über ein hohes Gitter klettern, statt es einfach zu öffnen? Und dann ausgerechnet durch die Sakristei fliehen, in der sich immerhin die Wachstube befindet?«

»Was ist mit der Kapellentür, Holmes? Die wurde doch geöffnet.«

»Sehr richtig, Watson! Alle Türen, einschließlich der Chorgitter waren verschlossen, als die Wachen erschienen, nur die Tür zur Dreikönigskapelle stand offen. Das erschien mir ungereimt und gab mir den entscheidenden Hinweis. Kommen Sie, meine Herren, ich möchte Ihnen etwas zeigen.«

Holmes ging zurück in den Altarraum, und wir folgten ihm. Der Pater hatte dem Kommissar mit entwaffnender Freundlichkeit den Vortritt gelassen, und dieser mußte nun wohl oder übel Holmes' Demonstration über sich ergehen lassen. Holmes zog das Gitter des nördlichen Chorumgangs ins Schloß und bat Paffrath, abzuschließen. Ich konnte sehen, daß das schwere Gitter alt war, aber in das Schloß hatte man einen modernen Sicherheitszylinder eingesetzt.

»Watson, Ihre Uhr bitte. Nehmen Sie die Zeit.« Holmes hatte aus seiner Innentasche einen Dietrich gezogen, ging auf die Knie und führte das Werkzeug in das Schloß. »Paffrath wird Ihnen bestätigen, daß dieses Schloß weitgehend dem in der Kapellentür entspricht.« Der Schweizer nickte. »Wenn die Diebe die Kapelle öffnen konnten, wären sie also auch hier nicht auf ein unüberwindbares Hindernis gestoßen.«

»Was soll das Theater, Mr. Holmes? Selbst wenn Sie recht hätten, was sagt Ihnen denn, daß die Kerle nicht einfach das Gitter wieder hinter sich abgeschlossen haben?«

»Weil sie keine Tottel waren, Herr Kommissar. Und nur ein Trottel würde seinen eigenen Fluchtweg versperren.« Nachdem er eine Weile am Schloß herumhantiert hatte, richtete sich Holmes wieder auf, drückte die Klinke herunter und stieß das Tor auf. Verblüfft zog der Pater die Brauen hoch. Von Stamm brummte etwas Unverständliches und musterte Holmes mißtrauisch.

Holmes sah mich fragend an. »Wie lange, Watson?«

»Dreieinhalb Minuten!«

»Tja, offensichtlich bin ich etwas aus der Übung. Wir können annehmen, daß die Diebe nicht so lange gebraucht hätten, vielleicht drei Minuten. Warum also haben sie es nicht geöffnet? Darauf gibt es nur eine logische Antwort: weil es nicht nötig war! Sie sind gar nicht auf diesem Weg zur Kapelle gelangt.«

Irritiert sah ich mich um. Ringsum war alles vergittert. »Aber es gibt keinen anderen Weg, Holmes!«

»Sehr richtig, Dr. Watson!« Der Kommissar wippte auf seinen Fußballen und lächelte spöttisch. »Es sei denn, die Einbrecher waren übernatürliche Wesen und sind wie Engel vom Himmel geschwebt. Ich muß zugeben, diese Möglichkeit bisher noch nicht in Erwägung gezogen zu haben.«

»Aus diesem Grund bin ich ja hier, Herr Kommissar.« Holmes erwiderte sein Lächeln. »Nun, vom Himmel sind die Diebe wohl kaum gekommen, aber aus der Höhe schon. Präziser ausgedrückt, von dort.« Er wies auf das Triforium. »Wie Sie sehen können, folgt dieser Gang dem Grundriß des Chorraums und verläuft genau oberhalb der Gitter. Von dort oben haben sich die Männer bis zur Spitze der Chorgitter abgeseilt und sind dann an deren Außenseite heruntergeklettert. Und den gleichen Weg wollten sie auch wieder zurück nehmen. Deshalb brauchten sie die Gitter nicht zu öffnen.«

Wir starrten nach oben und dann auf Holmes. Dem Kommissar war die Skepsis deutlich anzumerken, und nicht nur ihm. Ich mußte daran denken, wie mir eben auf dem Triforium beinahe schwindelig geworden war, nur weil ich mich über die Brüstung gelehnt hatte. Von dort sollte sich jemand abgeseilt haben, in völliger Dunkelheit? Die Tiefe mußte ihm wie ein finsterer Abgrund erschienen sein.

»Sind Sie sicher, Holmes? Warum sollten die Diebe erst nach oben steigen und sich dann abseilen, ist das nicht etwas umständlich?«

»Im Gegenteil, Watson! Nicht, wenn sie von noch weiter oben gekommen sind. Nicht, wenn sie vom Dach aus in den Dom herabgestiegen sind. Sehen Sie, es gibt mehrere Wendeltreppen, die vom Altarraum auf das Triforium führen und die alle durch Türen gesichert sind. Das gilt auch für die Dachaustritte der Seitenschiffe, die auf einer Höhe mit dem Triforium liegen und von diesem aus über die Speicher erreicht werden können. Alle diese Eingänge waren in der Nacht des Einbruchs verschlossen, was den Gedanken nahelegte, die Diebe hätten Schlüssel benutzt. Aber die Treppen führen ja noch weiter nach oben, in die Speicherräume des Mittelschiffs, und auch hier gibt es Dachaustritte auf einen Außengang hinaus. Ich habe mich vorhin selbst dort umgesehen, und diese Tür war nicht verschlossen. Paffrath sagte mir, daß dies normal wäre. Anscheinend rechnet niemand damit, daß jemand über diesen Weg in den Dom einsteigen könnte. Doch genau das haben die Diebe getan.«

»Aber Mr. Holmes, die Dachhöhe beträgt fünfundvierzig Meter!« wandte der Pater mit ungläubiger Miene ein.

»Das ist mir bekannt.«

»Wollen Sie damit sagen, daß jemand nachts, bei eisiger Kälte und starkem Wind außen am Dom hochklettert, auf fünfundvierzig Metern Höhe in das Dach einsteigt und sich dann in den Altarraum abseilt?« Von Stamm reckte sein Kinn vor. »Hören Sie, Holmes! Mir ist in meiner Laufbahn schon so manche Fassadenkletterei untergekommen, und einige davon waren akrobatische Meisterleistungen, aber so etwas noch nicht. Niemand kann den Dom besteigen. Das wäre Selbstmord!«

»Ich behaupte nicht, daß es ein Kinderspiel ist, aber durchaus möglich. In Nepal habe ich Alpinisten weit schwierigere Aufgaben meistern sehen.«

»Nepal!« mokierte sich der Kommissar. »Noch steht der Dom in Köln! Und ich bin nach wie vor der Überzeugung, daß jemand die Kerle durch eine Tür hereingelassen haben muß. Ihre Theorie, Mr. Holmes, ist doch reine Spekulation und sehr weit hergeholt, zu weit für meine Begriffe. Da halte ich mich lieber an die Fakten!«

»Eine löbliche Maxime, Herr Kommissar. Allerdings muß man Fakten erst einmal bemerken, um aus ihnen Schlußfolgerungen ziehen zu können. Ich fürchte, Ihnen ist da einiges entgangen. Wenn Sie das Chorgitter genauer untersuchen, werden sie feststellen, daß dessen Spitzen an einer Stelle frische Kratzer aufweisen, an der Stelle nämlich, an der die Diebe daran heruntergeklettert sind. Und genau oberhalb dieser Stelle habe ich das hier auf dem Triforium gefunden.« Holmes griff in die Tasche und hielt dem verdutzten Kommissar zwei lange Fäden vor das Gesicht. »Sie stimmen mir doch sicher zu, daß es sich hierbei um Hanffasern handelt, die von einem Seil stammen.«

Von Stamm klemmte sein Monokel ins Auge, nahm Holmes die Fäden aus der Hand und musterte sie eingehend. Dann sah er hoch zum Triforium. »Zeigen Sie mir den Fundort, Holmes!« Seine Stimme hatte einiges von ihrer Schärfe verloren.

Wir alle folgten Holmes auf das Triforium und ein Stück den Gang entlang. Ungefähr am Anfang der Biegung blieb er stehen und wies auf einen Arkadenbogen. »Hier in dieser Mauerfuge waren die Fasern eingeklemmt. Der Pfeiler ist zweifellos stabil genug, um das Gewicht eines Mannes auszuhalten, und bietet eine gute Gelegenheit, ein Seil sicher zu vertäuen. Was auch geschah. Als die Einbrecher sich daran heruntergelassen haben, muß das Seil an der Kante hier hin- und hergescheuert sein, daher die Fasern.«

Der Kommissar sah vorsichtig in den Chorraum hinunter. Er schien unsicher geworden zu sein. »Wenn Sie recht hätten – ich sage: wenn! –, wo ist dann das Seil? Es kann sich ja nicht in Luft aufgelöst haben. Selbst die Domschweizer hätten so etwas schlecht übersehen können. Als meine Leute hier aufgetaucht sind, gab es jedenfalls kein Seil.«

»Der dritte Mann, Holmes! Jetzt verstehe ich, was Sie damit meinten.«

»Genau, Watson, der dritte Mann. Hier oben muß er gestanden haben, während seine Komplizen den Schrein aufbrachen. Als dann überraschend Bökers erschien und es zum Kampf kam, war ihm natürlich klar, daß es im Dom jeden Moment von Wächtern und Polizisten wimmeln würde. Also hat er das Seil hochgezogen, um nicht entdeckt zu werden, und ist auf dem gleichen Weg geflohen, auf dem sie eingestiegen sind. Niemand hat auf das Triforium oder gar das Dach geachtet.«

»Möglich wäre es, das muß ich zugeben.« Nachdenklich drehte von Stamm an seinem Schnurrbart. »Unwahrscheinlich, aber möglich. Langsam fange ich an, Gefallen an ihrer Theorie zu finden, Mr. Holmes. Vielleicht sind die Diebe tatsächlich von oben gekommen und nicht durch die Türen. Sagen Sie, Pater, wer noch außer den Domleuten im engeren Sinn hat Zutritt zu dem Gebäude?«

»Alle, die mit den Bauarbeiten zu tun haben, nehme ich an, Architekten, Steinmetzen, Dachdecker. Der Dom ist ja immer noch eine große Baustelle und wird es wohl auch bleiben. Dauernd muß irgendwo etwas erneuert und ausgebessert werden. Aber unsere

Handwerker sind über jeden Verdacht erhaben, das versichere ich Ihnen. Der Dom ist ihre Lebensaufgabe, sie würden ihm nie schaden!«

»Das mag für die Meister und ihre Gesellen zutreffen, die schon seit langem hier arbeiten, Pater, aber was ist mit den anderen?« warf Holmes ein. »Legen Sie für die auch Ihre Hand ins Feuer?«

»Nun, Mr. Holmes«, begann der Pater zögernd, »vermutlich gibt es Gehilfen und Handlanger, die nur für kurze Zeit angestellt werden und die man nicht so genau kennt. Aber ich kann mir nicht vorstellen –«

»Überlassen Sie das mir, Pater!« fiel der Kommissar ihm ins Wort. »Ich werde mir die Burschen vorknöpfen, und zwar sofort! Dann wissen wir Bescheid. Wo finde ich die Bauarbeiter?«

»Einige von ihnen sind bestimmt oben auf der Baustelle«, sagte Paffrath.

»Also vorwärts!«

Was Paffrath mit »oben auf der Baustelle« gemeint hatte, sollte ich gleich erfahren. Der Domschweizer führte uns zurück auf die Wendeltreppe, die wir weiter nach oben stiegen. Sie endete auf dem riesigen kreuzförmigen Speicherraum, der sich über Längs- und Querschiff erstreckte und als Lagerraum für Gerätschaften und Baumaterial diente. Über uns wölbte sich die moderne Eisenkonstruktion des Dachstuhls und bildete einen scharfen Kontrast zu den noch aus dem Mittelalter stammenden gewaltigen Schlußsteinen der Kreuzgewölbe zu unseren Füßen. Vom Boden der Kathedrale aus hatten die Deckengewölbe eher zierlich gewirkt, aber das war auch fünfundvierzig Meter tiefer gewesen, jetzt befanden wir uns auf Dachhöhe.

Wir hielten uns nicht lange mit dem Speicher auf und traten durch eine Tür ins Freie auf einen schmalen Gang, der um das Chordach herumlief. Nur eine filigrane Steinbalustrade trennte uns von der Tiefe.

Überwältigt blieb ich stehen. Ein grandioses Panorama bot sich uns. Unter uns lag das Kölner Häusermeer ausgebreitet, und die klare, eiskalte Winterluft gab den Blick frei bis zu den fernen Hügeln der Eifel. Weit im Süden, den Rhein stromaufwärts, konnte ich das berühmte Siebengebirge sehen. Pater Hieronymus machte mich auf einen markanten Berg und die Ruine auf seinem Gipfel aufmerksam.

Vom legendären Drachenfels, dem Inbegriff der Rheinromantik, hatte ich natürlich schon gehört.

Von Stamm schien den Ausblick nicht zu genießen. Als er in der Tür auftauchte, prallte er zurück und holte tief Luft. »Um Gottes willen!« ächzte er mit gepreßter Stimme. Dann reckte er sein Kinn womöglich noch höher als sonst, aber diesmal entsprang seine groteske Haltung nicht einem Dünkel, sondern dem krampfhaften Bemühen, nur ja nicht nach unten zu schauen. Offenbar litt er unter einem akuten Anfall von Höhenangst. Seine Reaktion brachte auch mir die schwindelnde Höhe deutlich zu Bewußtsein. Hier sollte wirklich jemand hochgeklettert sein?

Ich sah mir die Dachlandschaft genauer an. Auf halber Höhe unter uns befanden sich die Dächer der Chorkapellen. Sie wurden von einer doppelten Reihe Strebepfeiler weit überragt, bis hinauf zu uns, wo sie sich in Ziergiebel und schlanke Säulen und Säulchen auflösten, die sich nach oben hin immer mehr verjüngten und an den Spitzen mit Kreuzblumen geschmückt waren. Untereinander und mit dem Mittelschiff waren die Pfeiler durch jeweils zwei Strebebögen verbunden, die den Bau stützen und den enormen Winddruck abfangen sollten.

Der Pater sprach mit leuchtenden Augen von »Fialen« und »Wimpergen«, von »Helmen«, »Krabben« und »gotischem Maßwerk«, aber den Grundgedanken verstand ich auch so. Und hier, hoch über dem Boden, inmitten einer Unzahl von großen und kleinen Pfeilern, die alle nach oben wiesen, war auch die symbolische Botschaft der gotischen Architektur klar erkennbar.

Für die Menschen, die hier oben ihrer Arbeit nachgingen, gehörten Dom und Panoramablick zum Alltag. Ihre gegenwärtige »Baustelle« schien zwischen Himmel und Erde zu schweben und wirkte auf den Kommissar wahrscheinlich wie ein Alptraum. Vor ein paar Tagen waren bei einem heftigen Sturm einige steinerne Zierstücke heruntergefallen, berichtete Pater Hieronymus, und nun mußten die kritischen Stellen überprüft und gesichert werden. Man hatte deshalb an mehreren der äußeren Strebepfeiler Gerüste angebracht. Ich konnte nicht genau erkennen, wie sie befestigt waren, sie schienen lediglich an starken Tauen aufgehängt zu sein. Und trotz der Beteuerung, alles sei vollkommen gesichert, machten sie auf mich den Eindruck waghalsiger Behelfsmäßigkeit. Das galt erst recht für den schmalen Steg, der vom Dach aus zur Gerüstplattform des ersten Pfeilers führte und anscheinend nur mit zwei Seilen anstelle eines Geländers versehen war. Ähnlich wacklige Brücken verbanden die Pfeiler untereinander und weiter hinten, schon in der Chorbiegung, auch wieder mit dem Dachgang. Auf ihnen bewegten sich die Handwerker so flink und sicher, als hätten sie festen Boden unter den Füßen.

Wie in einer Prozession näherten wir uns der Gruppe, Holmes voran und hinter ihm von Stamm, blaß und steif. Plötzlich blieb er abrupt stehen.

»Moment mal, den kenne ich doch … aber natürlich!«

Inzwischen waren einige der Bauarbeiter auf uns aufmerksam geworden und sahen zu uns herüber. Einer von ihnen stutzte, als er die funkelnde Uniform des Kommissars bemerkte. Er sprang auf, blickte gehetzt um sich und rannte dann über einen der Verbindungsstege auf den nächsten Pfeiler zu. Es war eine Flucht, kein Zweifel.

»Halt! Bleiben Sie stehen, Mann!« brüllte von Stamm hinter ihm her und fuchtelte in hilfloser Wut mit seiner freien Hand in der Luft herum. »Holmes, das ist unser Mann! Halten Sie ihn auf!«

Seine Aufforderung war unnötig, Holmes hatte schon reagiert. Mit einem Sprung war er über die Balustrade geflankt und lief jetzt behende über das schwankende Brett auf die verdutzten Handwerker zu. Die Höhe und der labile Boden, auf dem er sich bewegte, schienen ihm nicht das geringste auszumachen. Kaum war er auf der Plattform angekommen, wechselte er auf den Steg des Flüchtenden und setzte ihm nach. Er kam aber nur bis zum nächsten Pfeiler, hier endete der Weg. Der Mann hatte einfach ein Verbindungsstück zwischen zwei Stegen hinter sich eingezogen. Vor Holmes lag nur gähnende Tiefe. Er drehte sich zu mir und wies nach vorne.

»Schnell, Watson, schneiden Sie ihm den Weg ab!«

Dann ging er zwei, drei Schritte zurück, mehr Anlauf brauchte er nicht, und sprang mit einem Riesensatz über den Abgrund. Sicher landete er auf der anderen Seite und rannte weiter. Mit einem Pfeifen stieß von Stamm den angehaltenen Atem aus. Das löste auch mich aus meiner Erstarrung. Ich drängte mich an ihm vorbei und lief den Gang am Dach entlang, Paffrath folgte mir dicht auf den Fersen. Holmes hatte recht, der Mann wollte offensichtlich über den zweiten Steg weiter hinten wieder zurück auf das Dach, um dann im Speicher eine der Treppen nach unten zu erreichen. Das war seine einzige Fluchtmöglichkeit.

Sein Vorsprung war mittlerweile beträchtlich, aber da er den längeren Weg auf der Außenbahn nehmen mußte, holten wir auf. Auch Holmes verringerte seinen Rückstand. Der Mann konnte uns nicht mehr entkommen, und das schien er auch selbst erkannt zu haben. Als er seinen Fluchtweg versperrt sah, zögerte er kurz, um dann um so entschlossener zu handeln. Er nahm ein Seil vom Boden der letzten Plattform, schlang es um eine Gerüstverstrebung, packte das freie Ende und sprang in die Tiefe. Hinter mir hörte ich den erschrockenen Ausruf des Kommissars, mir selbst stockte der Atem.

Aber wir hatten es hier nicht mit einem Selbstmörder zu tun, so haarsträubend die Aktion auch war. Der Mann hatte nur kaltblütig seine letzte Chance ergriffen. Ich sah ihn einige Meter unterhalb des Gerüstes frei in der Luft pendeln. Dann fand er mit einem Fuß Halt an einer steinernen Verzierung, und es gelang ihm, sich so weit an den Pfeiler heranzuziehen, daß er mit den Händen zugreifen konnte. Sofort begann er mit dem riskanten Abstieg.

Holmes erreichte vor uns die Plattform. Er ging in die Hocke, nahm das Seil in beide Hände und schwang sich über die Kante. Er war ein erfahrener Bergsteiger, und ich konnte nur hoffen, daß er wußte, was er tat. Als wir kurz darauf keuchend bei dem Gerüst ankamen, hatte er sich schon die halbe Länge des Seils heruntergelassen. Tief unter ihm hing der Mann an den Pfeiler geklammert und sah verblüfft nach oben. Er hatte sicher nicht damit gerechnet, daß ihm jemand auf seinem gefährlichen Weg folgen würde.

»Dr. Watson, sehen Sie nur! Da!« stieß in diesem Moment Paffrath hervor, aber auch ich hatte es bereits bemerkt. Der Knoten des Seils begann sich zu lösen!

»Vorsicht, Holmes!« rief ich und warf mich nach vorne auf den Boden. Keinen Augenblick zu früh, denn kaum hatte ich das Seil zu fassen bekommen, ging der Knoten vollends auf. Ein Ruck ging durch meine Arme, und ich wurde nach vorne gezogen, ließ aber das Seil nicht los. »Ich habe Sie, Holmes!« ächzte ich.

Hilflos baumelte er unter mir. Sein Leben lag nun buchstäblich in meinen Händen, aber wie lange noch? Wie lange konnte ich sein Gewicht noch halten? Meine Lage war alles andere als rosig. Ausgestreckt auf dem schwankenden Gerüst fand ich nirgendwo einen Widerstand zum Abstützen. Unaufhaltsam rutschte ich vorwärts und näherte mich erschreckend schnell der Kante des Podestes. In meiner Vorstellung sah ich uns schon beide zerschmettert irgendwo da unten, zwanzig Meter tiefer auf einem Kapellendach liegen. Abgestürzt am Kölner Dom, welches Ende für den großen Detektiv! Ich hatte die Kante schon fast erreicht, als Paffrath endlich reagierte und meine Beine packte. Das Rutschen wurde gestoppt. Kurz darauf spürte ich, wie der Zug an meinen Armen nachließ und das Seil leicht wurde. Befreit von dem lastenden Gewicht, atmete ich tief durch.

»Alles in Ordnung, Watson!« hörte ich Holmes' Stimme von unten. Ich robbte zur Kante und sah hinunter. Holmes hatte Halt am Pfeiler gefunden und nickte mir zu. »Danke, alter Freund!« Dann begann er, hinunterzuklettern.

Paffrath half mir auf die Beine. »Das war knapp, Dr. Watson!« Er beugte sich nach vorne. »Ich glaube aber nicht, daß Mr. Holmes ihn noch einholen kann, bevor er das Dach erreicht hat.«

»Sie haben recht. Aber es muß doch noch einen anderen, normalen Weg nach unten geben. Vielleicht sind wir auf ihm schneller und können ihn so abfangen.«

Wir liefen über den Steg zurück zum Dachgang. An der Speichertür trafen wir auf Pater Hieronymus und den Kommissar, die aus der anderen Richtung herangekommen waren. Von Stamm hielt sich dicht an das Dach gepreßt und war kreidebleich. Als er hörte, was wir vorhatten, gewann sein Gesicht etwas Farbe zurück. Die Aussicht, vom Dach herunterzukommen, schien ihn zu beleben. Er trat in den Eingang und winkte Paffrath zu sich.

»Vorwärts, Paffrath, zeigen Sie uns den Weg!«

Der Domschweizer folgte der Aufforderung, und die beiden verschwanden im Speicher. Mich hielt der Pater zurück.

»Was ist mit Mr. Holmes?« fragte er besorgt. »Vielleicht braucht er unsere Hilfe, Dr. Watson.«

»Nein, Pater, machen Sie sich keine Gedanken, Holmes kommt allein zurecht.« Ich warf einen Blick zurück. Weiter unten sah ich Holmes, wie er sicher und geschickt am Pfeiler hinabstieg und dabei die in den Stein gehauenen Verzierungen als Halt nutzte. Es wirkte fast mühelos, war aber lebensgefährlich. Der kleinste Fehltritt konnte zum Absturz führen. Von dem anderen Mann war nichts zu bemerken, er mußte an der von uns abgewandten Seite klettern. Ich wußte nicht, wie weit er schon gekommen war und ob von Stamm rechtzeitig den unteren Dachgang erreichen würde.

»Kommen Sie, Pater, hier oben können wir nichts mehr tun.« Ich hielt Pater Hieronymus die Tür auf, als wir plötzlich einen kurzen Schrei hörten. Mein erster Gedanke galt Holmes, die Sturmschäden kamen mir in den Sinn, von denen der Pater gesprochen hatte. Vielleicht war Holmes ja an einen locker sitzenden Stein geraten! Ich sprang auf den Außengang zurück und beugte mich über die Balustrade. Erleichtert sah ich Holmes, wie er stetig nach unten kletterte und bald das Kapellendach erreichen würde. Ihm schien nichts passiert zu sein. Aber was hatte der Schrei zu bedeuten?

Auf der Wendeltreppe holte ich von Stamm wieder ein. Paffrath lief voraus und führte uns zurück auf das Triforium über dem Chorumgang. Von hier aus zweigten unscheinbare Türen zu den kleineren Speicherräumen der Kapellen ab. Außer uns schien niemand hier oben zu sein. Es sah aus, als kämen wir noch rechtzeitig, um den Fliehenden aufzuhalten.

»Hier ist es, Herr Kommissar!« rief Paffrath und öffnete die Tür zum Dachboden der Dreikönigskapelle. Wir liefen hindurch zum gegenüberliegenden Austritt auf das Dach, die Tür stand offen. Draußen auf dem schmalen Gang erwartete uns Holmes. Er hatte sich auf die Brüstung gestützt und sah hinunter auf den tief unter ihm liegenden Sockel der Kathedrale. Ich wußte sofort, daß etwas nicht in Ordnung war.

»Was ist passiert, Holmes?« keuchte von Stamm kurzatmig. »Der Kerl ist Ihnen doch nicht etwa entwischt?«

»Nein, das nicht, aber ...«

»Ha! Also haben wir ihn endlich! Sehr gut! Wo ist der Bursche?«

»Er ist tot, Kommissar. Seine Leiche liegt da unten.«

Von Stamm sah Holmes entgeistert an, dann biß er die Zähne zusammen, machte einen Schritt auf die Balustrade zu und beugte sich so weit vor, daß er hinuntersehen konnte. An Courage fehlte es ihm nicht.

»Abgestürzt, wie? Na, das wundert mich nicht im geringsten! Verrückte Aktion, diese lebensgefährliche Kletterei – reiner Selbstmord, ich habe es ja gesagt!« Er richtete sich wieder auf und sah mich an. »Nichts mehr zu machen, was, Doktor?«

Ich trat neben ihn und mußte ihm recht geben. Der Mann war eindeutig tot. Niemand sonst hätte so mit grotesk verrenkten Gliedern daliegen können. »Wir hörten einen Schrei, Holmes. Haben Sie gesehen, wie es passiert ist?«

Holmes starrte düster auf den Toten herunter und schüttelte den Kopf. »Nein. Als ich hier unten ankam, war alles schon vorbei.«

Ich musterte die Strebepfeiler ringsum. Bei den gewaltigen Ausmaßen des Doms konnte man leicht übersehen, wie groß allein schon die Pfeiler waren, im Grunde selbst mächtige Türme, über zwanzig Meter hoch und mehrere Meter im Durchmesser. Der Abstieg mußte immer schwieriger geworden sein, je tiefer man gelangte. Die Verzierungen, die beim Klettern Halt bieten konnten, nahmen weiter unten immer mehr ab. Auf den letzten Metern gab es fast nur noch glatten Stein.

»Hier auf dem letzten Stück muß er abgerutscht sein. Ein schrecklicher Unfall, Holmes. Sein tollkühner Fluchtversuch hat ihm nichts genutzt.«

»Jedenfalls ist es sehr bedauerlich, daß er sein Wissen mit ins Grab nimmt. Ich hätte ihm gern einige Fragen gestellt.« Holmes kehrte der Brüstung den Rücken zu und ging auf den Speichereingang zu.

Der Kommissar folgte ihm. »Wissen Sie, Mr. Holmes, ein Gutes hat die Sache ja: Es war wenigstens kein Mord, sondern ein Unfall, ein natürlicher Tod! Und jetzt lassen Sie uns hinuntergehen, ich bin froh, wenn ich endlich wieder auf ebener Erde stehe, das kann ich Ihnen versichern.«

Holmes sagte nichts. Wir machten uns an den Abstieg.

Um die Unfallstelle zu erreichen, mußten wir den Dom durch die Sakristei verlassen und außen um den Chor herumgehen. In der Zwischenzeit hatte sich dort schon eine Handvoll Passanten versammelt, die ratlos und bestürzt um den Toten herumstanden. Ein Streifenpolizist näherte sich im Laufschritt über den Domplatz. Auf Befehl des Kommissars sorgte er dafür, daß die Leute mehr Abstand hielten und wir uns ungestört um die Leiche kümmern konnten. Während ich eine kurze Untersuchung vornahm, murmelte Pater Hieronymus ein leises Gebet.

»Armer Teufel!« brummte von Stamm. »Aber so mußte es ja einmal mit ihm enden.«

»Sie kennen den Toten also tatsächlich, Kommissar?«

»Das will ich meinen, Mr. Holmes, schließlich hatten wir schon oft genug Ärger mit ihm. Ein alter Bekannter, unser Wilhelm Schmitz hier – Dieb, Einbrecher und übler Schläger, wenn nicht gar noch Schlimmeres. Ein ganz normaler Gewohnheitsverbrecher eben. Aber daß er den Dom berauben würde, hätte ich trotzdem nicht von ihm gedacht. Daß er überhaupt hier gearbeitet hat, wundert mich.« Er wandte sich an einen der Handwerker, die ihre Baustelle verlassen und mit uns hinuntergestiegen waren. Der ältere Mann schaute auf seinen ehemaligen Kollegen und schüttelte immer wieder leicht den Kopf. »Meister, wie lange war Schmitz schon bei Ihnen?«

»Erst seit zwei oder drei Monaten, Herr Kommissar. Aber er hat einen anderen Namen angegeben. Er nannte sich Krüger, Paul Krüger. Über seine Arbeit kann ich mich nicht beschweren, er war ein recht geschickter Handlanger. Mehr weiß ich nicht von ihm.« Er seufzte. »Steht denn wirklich fest, Herr Kommissar, daß Krüger – oder Schmitz – an dem Mord an Bökers beteiligt war?«

»Zweifelsfrei, guter Mann – oder sind Sie anderer Meinung, Mr. Holmes?«

»Nein, alles deutet darauf hin.«

Ich sah zu von Stamm hoch. »Sein Genick ist gebrochen sowie ein Arm und beide Beine. Vermutlich hat er außerdem noch schwere innere Verletzungen. Er muß beim Aufschlag sofort tot gewesen sein.«

Holmes war neben mir in die Hocke gegangen und musterte die Leiche eingehend. Er hob den rechten Arm des Toten etwas an und schob den Rockärmel zurück. Ich wußte, wonach er suchte.

»Es gibt keinerlei Tätowierung, Holmes!«

»Natürlich gibt es die nicht, meine Herren! Meine Rede, von Anfang an. Jetzt werden Sie mir wohl zustimmen, daß diese Tätowierungen nicht das geringste zu bedeuten haben. Purer Zufall!« Von Stamm schien seine Höhenangst vergessen zu haben und schlug wieder seinen gewohnt forschen Ton an. »Nein, nein, ich kenne meine Pappenheimer, und Schmitz hier, also den kann ich mir beim besten Willen nicht als Mitglied eines ominösen Geheimbundes vorstellen. Warum auch? Der brauchte keinen besonderen Grund, um irgendwo einzusteigen, Hauptsache, es gab genug zu holen. Das ist alles. Bei der ganzen Angelegenheit geht es nur um einen dreisten und brutalen Raub, wie ich immer gesagt habe.«

Während er noch sprach, waren wir wieder aufgestanden. Holmes sah den Kommissar ruhig an, was diesen aus dem Konzept zu bringen schien. Von Stamm brach ab und räusperte sich.

»Nun, Mr. Holmes, Ich verkenne durchaus nicht, daß ich Ihnen Dank schulde. Ihr Einfall, daß die Diebe über das Dach gekommen sein könnten, hat mir immerhin geholfen, Schmitz als Komplizen entlarven und stellen zu können. Damit wird meine Beurteilung des ganzen Falles bestätigt.« Er hob sein Kinn. »Bedauerlicherweise kann der Mann uns jetzt keine weiteren Informationen mehr geben. Aber wir werden uns an seine Bekannten und Freunde halten, und bei den Verhören wird schon etwas herauskommen, da bin ich mir ganz sicher. Selbstverständlich trifft Sie keinerlei Schuld, Mr. Holmes, der Absturz von Schmitz war reines Pech.«

»Vielen Dank, Herr Kommissar!« antwortete Holmes mit einem kaum merklichen Lächeln. »Ich wünsche Ihnen viel Erfolg bei Ihren Ermittlungen und wäre Ihnen sehr verbunden, wenn Sie mich über Ihre Ergebnisse informieren könnten.«

Es gibt Momente, in denen ich Holmes uneingeschränkt bewundere.

»Selbstverständlich, Mr. Holmes! Aber jetzt entschuldigen Sie mich bitte, ich muß dafür sorgen, daß die Leiche weggeschafft wird. Meine Empfehlung an ihr Fräulein Nichte, Pater! Meine Herren!« Mit einer knappen Verbeugung entfernte er sich.

Paffrath hatte eine Decke geholt und breitete sie nun über den Toten. Wir konnten hier nichts mehr tun. Pater Hieronymus gab uns das Geleit bis zum Domhotel, in dem bereits unser Gepäck wartete. Der prunkvolle Neubau lag nur einen Steinwurf entfernt. Während ich die Kleider wechselte, sah ich immer wieder aus dem Fenster auf das gewaltige Bauwerk, das in den letzten Tagen Schauplatz von Gewalt und Tod gewesen war.

»Dieser von Stamm ist auch nicht besser als unser Inspektor Lestrade, Holmes«, rief ich durch die offene Verbindungstür, »er will allen Verdienst für sich beanspruchen: ›Geholfen‹ hätten Sie ihm! Und dabei ist er nicht einmal rot geworden. Na, wenigstens hat er zugegeben, daß Ihre Rekonstruktion des Einbruchs zutrifft und der gesuchte Komplize unter den Domhandwerkern zu suchen ist. Es stimmt doch, Holmes: Schmitz war unser dritter Mann, nicht wahr?«

»Ja, davon bin ich überzeugt«, hörte ich Holmes' Stimme aus dem anderen Zimmer. »Seine waghalsige Flucht läßt wohl keinen Zweifel daran.«

»Aber er hatte keine Tätowierung, nichts, was auf eine Verbindung zu den anderen Toten oder den Vorfällen auf Marble Hall hinweist. Könnte der Kommissar am Ende doch recht haben, und der Domraub war ein gewöhnlicher Einbruch, nichts weiter? Und es gibt gar keine mysteriöse Organisation im Hintergrund?«

»Wer hat dann Ihrer Meinung nach den Bauarbeiter umgebracht, Watson?«

»Umgebracht?« Ich trat in die Tür. »Wovon reden Sie, Holmes? Der Mann ist abgestürzt, es war ein Unfall!«

»Ah, Watson, würden Sie mir bitte die Manschettenknöpfe dort auf der Kommode herüberreichen? Danke!« Holmes stand vor dem Spiegel und war dabei, seine Toilette zu beenden. »Ich habe selten jemanden gesehen, der so geschickt und dabei so schnell klettern konnte wie Schmitz. Lange hätte ich mit seinem Tempo nicht mithalten können. Und als er schon beinahe sicheren Boden unter den Füßen hatte, da soll er abgestürzt sein, auf den letzten Metern? Nein, Watson, das halte ich für sehr unwahrscheinlich.« Er knöpfte seine Weste zu.

»Auch ein noch so gewandter Kletterer kann einen Fehltritt tun, Holmes. Was macht Sie so sicher, daß es kein Unfall war?«

»Ganz einfach, Watson: Ich habe mir seine Hände genau angesehen!«

»Sie sprechen in Rätseln, Holmes.«

Holmes drehte sich zu mir um. »Nun, Schmitz hat noch nie in seinem Leben einen Ring getragen – also auch nicht diesen hier!« Er zog einen kleinen Gegenstand aus seiner Westentasche und warf ihn mir zu. Ich fing ihn auf, es war ein goldener Siegelring. Mein Blick blieb an dem Siegel hängen.

»Mein Gott, Holmes, das Drachenzeichen!«

»Sie sagen es, Watson. Ich fand ihn auf dem Boden des Speichereingangs, unmittelbar an der Absturzstelle. Jemand muß ihn dort verloren haben, und dieser Jemand war mit Sicherheit nicht Schmitz, sondern sein Mörder. Ich glaube, daß Schmitz in der Tür bereits erwartet wurde und der Empfang alles andere als freundlich war. Es muß zu einem kurzen, aber heftigen Kampf gekommen sein, der damit endete, daß Schmitz in die Tiefe gestoßen wurde. Anscheinend wurde dabei der Ring abgestreift. Das Ganze kann nur zehn oder zwanzig Sekunden gedauert haben, denn ich war ihm ja dicht auf den Fersen. Aber länger brauchte der Mörder auch nicht. Selbstverständlich würde von Stamm das alles als Phantasterei abtun, aber der Ring beweist mir, daß wir auf der richtigen Spur sind, das Drachensymbol ist der Schlüssel zur ganzen Affäre. Und jemand versucht, diese Spur zu verwischen, Watson. Mit Schmitz wurde kaltblütig ein Mitwisser beseitigt. Der Mörder muß schon unterwegs gewesen sein, bevor wir auf dem Dach aufgetaucht sind, und hat dann geschickt die Situation ausgenutzt. Aber Schmitz hätte den heutigen Tag so oder so nicht überlebt, davon bin ich überzeugt«

»Sie meinen, er wurde ermordet, um zu verhindern, daß die Polizei ihn verhört?«

»Offen gesagt, Watson, habe ich dabei weniger an die Polizei gedacht.« Holmes hatte eine Braue hochgezogen und rückte seinen Krawattenknoten zurecht. »Ich glaube eher, daß ich die Person bin, die unter keinen Umständen mit Schmitz reden sollte. Aber kommen Sie, alter Freund, wir wollen den Pater nicht warten lassen. Sie sind doch sicher ebenso gespannt wie ich, die Bekanntschaft von Dr. Jones zu machen.«

Der letzte Wächter

Eine Droschke brachte uns in die »Neustadt«, wo der Pater zusammen mit seiner Nichte und einer Haushälterin ein schlichtes Haus in der Lütticher Straße, einer ruhigen, freundlichen Gegend, bewohnte. Die Fahrt dauerte nicht lange. An Londoner Verhältnisse gewohnt, kam mir Köln eher klein, ja geradezu beschaulich vor. Wie war das erst vor zwanzig Jahren gewesen, als die Stadt noch von ihrer berühmten Festungsmauer aus dem Mittelalter umgeben war! Damals hatten hier draußen auf dem freien Schußfeld vor den Toren lediglich Bauern ihren Kohl angebaut.

Davon war nun allerdings nichts mehr zu sehen. Als die Mauer erst einmal gefallen war, hatte es kein Halten mehr gegeben. In unglaublicher Geschwindigkeit hatten die Kölner ganze Viertel mit großzügiger, moderner Bebauung aus dem Boden gestampft, die »Neustadt« eben, die kreisförmig das alte Stadtgebiet umzog. Innerhalb weniger Jahre war Köln nach Berlin zur größten Stadt Preußens angewachsen. Bei den Plänen hatte Baron Haussmann Pate gestanden, der Schöpfer des neuen Paris. Und die prachtvolle Ringstraße, die jetzt in einer Länge von sechs Kilometern auf dem ehemaligen Festungsterrain um die alte Stadt herumführte, wurde nicht nur von den Einheimischen gern mit den berühmten Pariser Boulevards verglichen.

Ich nutzte die Fahrt, um meinen Begleiter ausführlich über diese Details der bewegten Kölner Stadtgeschichte zu informieren. »Wußten Sie, Holmes, daß die Kölner ihre eigene Stadtmauer von den Preußen kaufen mußten? Unglaublich, nicht wahr?«

»Sie sagen es, Watson, unglaublich. Wer hätte schon vermutet, welch gelehrte und vor allem reichhaltige Ernte die Lektüre eines Reiseführers bei Ihnen zeitigen kann! Übrigens scheinen wir unser Ziel erreicht zu haben. Dort liegt das Haus des Paters.«

Auf unser Klingeln hin wurde die Tür von einer stattlichen Frau um die Fünfzig geöffnet. Sie trug eine blendend weiße Schürze, hatte das Haar streng zu einem Knoten zurückgebunden und wirkte ungemein tüchtig. Ich hätte einiges darauf verwettet, daß sie eine vorzügliche Köchin war. Freundlich blickte sie uns an.

»Guten Tag, wir möchten zu Pater Hieronymus. Mein Name ist Holmes, Sherlock Holmes, und das …«

»… ist selbstverständlich Dr. Watson! Willkommen, meine Herren!«

Die angenehme Stimme gehörte einer jungen Frau von ungefähr zwanzig Jahren, die hinter der Haushälterin auf dem oberen Treppenabsatz erschienen war und nun die Stufen herunterlief. Für einen Augenblick vergaß ich, aus welch ernstem Anlaß wir hier waren, vergaß die Toten und die Heiligen Drei Könige. Noch heute steht mir das Bild klar vor Augen.

Ein fließendes grünes Samtkleid nahm die Farbe ihrer Augen auf und endete am Hals in einem Stehkragen. Oberteil und Säume waren mit Stickereien versehen, deren geschwungene Linien an Pflanzen erinnerten. Dieser neueste Stil in der Mode schien eigens für sie geschaffen und betonte unaufdringlich den schlanken Wuchs ihrer Gestalt. Unter der Fülle des hochgesteckten Haares von prachtvoll dunkelroter Farbe wirkte ihr fein geschnittenes Gesicht noch schmaler. Ein Gesicht, in dem vielleicht etwas zu viel Ausdruck lag, um ohne weiteres als hübsch zu gelten, das mich aber wünschen ließ, zehn Jahre jünger zu sein.

»Es tut mir leid, Frau Küppers, daß ich so langsam war!« Die letzten Stufen der Treppe sprang sie mit der Unbekümmertheit vollendeter Eleganz herunter und kam mit ausgestreckter Hand auf uns zu. Ich hörte, wie sogar Holmes sich räusperte.

»Sie müssen die Nichte des Paters sein, gnädiges Fräulein.«

»Ja, Mr. Holmes, ich bin Luzia Katharina von Bylandt. Bitte treten Sie doch ein, mein Onkel erwartet Sie schon.«

Mit einem Lächeln gab sie auch mir die Hand, und ich nahm fünf Jahre zurück. Luzia führte uns dann in die Bibliothek im ersten Stock des schmalen Hauses. Der langgestreckte Raum entsprach vollkommen dem Bild, das ich mir von der Studierstube eines deutschen Professors machte, der Pater Hieronymus ja auch war. Immer noch hielt er Vorlesungen am Priesterseminar, dem berühmten ehemaligen Jesuitenkolleg.

Die Regale und Vitrinenschränke an den Wänden waren mit Tausenden von Büchern gefüllt, hauptsächlich theologischen und philosophischen Werken, die offensichtlich eifrig benutzt wurden. Auch auf dem Schreibtisch am Fenster zum Garten hin türmten sich Bücher und Papiere. Oberhalb der Regale hingen Gemälde und Stiche, mit und ohne Rahmen, dicht an dicht und teilweise auch übereinan-

der. Meist waren es Porträts oder Ansichten von Kirchen. Am großen Erkerfenster zur Straße hinaus stand ein runder Tisch, auf dem
zum Tee gedeckt war.

Vor den Kamin in der Mitte der Längswand waren einige Sessel
gerückt, aus denen sich nun der Pater und ein weiterer Gast erhoben,
um uns zu begrüßen. Pater Hieronymus machte uns mit Dr. Henry
Jones bekannt, einem jungen amerikanischen Kollegen von ihm, der
sich schon seit einiger Zeit in Köln aufhielt, um in den Bibliotheken
und Archiven alte Urkunden und Handschriften zu studieren.

Neugierig sah ich mir den jungen Mann näher an, über dessen
Fachgebiet sich der Kommissar so abfällig geäußert hatte. Sein blas-
ses, ernsthaftes Gesicht, die hohe Stirn und die randlose Brille verrieten den Gelehrten. Sie standen allerdings in auffälligem Kontrast zu
der Figur eines soliden Rugbystürmers. Er wirkte sehr ruhig, fast
schüchtern, als er uns die Hand schüttelte.

»Ich freue mich, Ihre Bekanntschaft zu machen, Mr. Holmes!
Ihre Abhandlung über die Symbolik der chinesischen Triadenzeichen habe ich mit großem Interesse gelesen.«

»Nur eine kleine Untersuchung, Dr. Jones, die mir recht nützlich
war, als ich mit dem Fall der verschwundenen Peking-Ente befaßt
war. Ansonsten ist sie nicht weiter erwähnenswert.«

»Keineswegs, Mr. Holmes! Ich halte die Studie für eine bahnbre-
chende Arbeit auf ihrem Gebiet. Sie sind zu bescheiden!«

»Ein seltenes Kompliment, Holmes!« warf ich ein.

Bevor Holmes etwas erwidern konnte, nahm Luzia meinen Arm
und zog mich ein Stück beiseite. Dabei lachte sie leise. »Wirklich, Dr.
Watson, das war durchaus ernst gemeint. Henry meint alles ernst,
was er sagt.«

»Das glaube ich Ihnen aufs Wort, Fräulein Luzia.« Es war die an-
genehmste Entführung, die mir je widerfahren war. Vor einem großen Standglobus blieb Luzia stehen. Ein schönes Stück, das sofort
Erinnerungen an meine Kindheit in mir wachrief. Aus dieser Zeit
mußte er auch stammen, denn viele seiner weißen Flecken waren
mittlerweile erforscht. Luzia drehte die Weltkugel ein wenig und
hielt sie dann an. Mit dem Zeigefinger fuhr sie den Sambesi entlang.

»Waren Sie schon einmal in Afrika, Dr. Watson?«

»Nein, vor Jahren habe ich in der indischen Armee gedient, aber
in Afrika war ich noch nie.«

»Ich schon, meine halbe Kindheit habe ich dort verbracht. Afrika war die große Passion meines Vaters, wissen Sie, und meine Mutter hatte er damit angesteckt. Vielleicht war es auch umgekehrt, so genau weiß ich es nicht. Jedenfalls läßt sich ohne Übertreibung behaupten, daß sie ihr Leben dem schwarzen Kontinent gewidmet haben. Und für ihn sind sie auch gestorben.« Ein Schatten flog über ihr Gesicht, und sie seufzte leise, aber dann lächelte sie wieder. »Nun, das ist lange her, schon fast zehn Jahre, und ihnen war ein erfülltes Leben vergönnt. Wenn man Onkel Hieronymus Glauben schenken darf, ist das bereits eine große Gnade.«

»Es tut mir leid, Fräulein Luzia. Wenn es ein Trost für Sie ist, so kann ich als Arzt Ihrem Onkel nur beipflichten. Was ist geschehen, ein Unfall?«

»Wenn Sie einen brodelnden Kochtopf der Eingeborenen so bezeichnen wollen: Ja, dann war es ein Unfall«, sagte sie mit ernstem Gesicht.

»Grundgütiger! Das ist ja furchtbar!« Ich suchte nach den richtigen Worten. Wie hatte ich nur davon anfangen können? »Ich bin untröstlich, daß ich so schlimme Erinnerungen in Ihnen geweckt habe! Können Sie mir je verzeihen? Meine liebe –«

»Halten Sie ein, Dr. Watson, halten Sie ein! Ich bitte Sie!« fiel mir Luzia ins Wort, und dann konnte sie ihr Lachen nicht länger unterdrücken. »Ich bin es, die um Verzeihung bitten muß, Dr. Watson, aber Sie haben gerade so altväterlich und steif-würdevoll gewirkt, so … so honoratiorenhaft, daß ich einfach nicht widerstehen konnte und Ihnen ein Schauermärchen auftischen mußte!«

»Also wirklich, Fräulein Luzia, ich bin einigermaßen schockiert! In einer so ernsten Angelegenheit macht man doch keine Scherze!« Dann steckte ihr Lachen auch mich an. »Ein Kochtopf, ich muß schon sagen …«

»Ja, Sie haben natürlich vollkommen recht. Ungehörig. Frivol. Völlig inakzeptabel – ich muß mich wirklich schämen. Erzählen Sie nur ja meinem Onkel nichts davon!« Luzia schien wirklich etwas verlegen zu sein und fuhr ernsthaft fort. »Wie Sie richtig vermutet haben, Dr. Watson, war es ein Unfall, bei dem meine Eltern umgekommen sind. Mein Vater hatte eine Expedition ausgerüstet, die den Oberlauf des Sambesi näher erforschen sollte. Aber schon auf der Hinfahrt gerieten sie vor Sansibar in einen Sturm, und das Schiff sank. Es gab keine Überlebenden, wenn man von mir einmal absieht.«

Fragend sah ich sie an.

»O nein, ich war nicht auf dem Schiff. Mich hatten sie damals hier in ein Mädchenpensionat gesteckt, obwohl ich mich mit Händen und Füßen dagegen gewehrt habe, das können Sie mir glauben. Was wogen schon Handarbeits- und Klavierunterricht gegen Löwen und Krokodile! Aber ich konnte mich nicht durchsetzen, und meine Eltern sind ohne mich aufgebrochen. Das hat mir das Leben gerettet.«

Auf einmal sah ich sie vor mir als zehnjähriges Mädchen, wie sie von der schrecklichen Tragödie erfuhr. Und ich wußte, daß ihr makabrer Scherz nicht etwa Herzlosigkeit entsprang, sondern von der Tapferkeit zeugte, mit der das kleine Mädchen den Verlust ihrer Eltern zu ertragen gelernt hatte.

»Es muß eine schwere Zeit für Sie gewesen sein.«

»Ich hatte ja Onkel Hieronymus, der mich zu sich nahm, und die gute Frau Küppers hat für mich gesorgt, als wäre ich ihre eigene Tochter. Das tut sie noch heute. Sie sehen, ich kann mich nicht beklagen, Dr. Watson. Und eines Tages werde ich auch noch den Sambesi hinauffahren.« Jetzt lachte sie wieder.

»Sie waren seit damals nicht mehr in Afrika?«

»Nein, die Reise könnte ich mir nicht leisten, denn mit dem Schiff ist auch fast unser ganzes Vermögen untergegangen. Meine Eltern hatten alles in die Expedition gesteckt. Jetzt bin ich arm wie die sprichwörtliche Kirchenmaus und muß mir meinen Lebensunterhalt verdienen, indem ich als Lehrerin arbeite.« So vergnügt, wie sie mich anstrahlte, schien sie mit ihrem Los recht zufrieden zu sein.

»Also immer noch keine Löwen und Krokodile.«

»Aber auch keine Handarbeiten oder Klavierspiel!« Luzia lachte leise und wurde dann ernst. »Mathematik, Dr. Watson, wird in der Erziehung unserer Mädchen immer noch sträflich vernachlässigt, und ich gebe mein Bestes, um das zu ändern. Übrigens sehr zum Mißfallen des Kommissars von Stamm, der diese Beschäftigung als völlig unpassend für eine Dame ansieht. Um mich zu ›retten‹, will er den Dienst quittieren und mich als Gattin auf seine Güter heimführen, wo ich dann zwischen Hühnern und Schweinen das standesgemäße Leben einer Landadeligen führen soll.« Sie lächelte amüsiert und seufzte dann theatralisch. »Bis jetzt habe ich mich des Ansinnens

erwehren können, und zur Not bleibt mir immer noch der Stiftsplatz unserer Familie.«

»Also entweder von Stamm oder der Stiftsplatz. Meine liebe Luzia, jetzt schwindeln Sie aber wieder, geben Sie es zu!« In gespielter
Strenge hob ich den Zeigefinger. »Ich weigere mich zu glauben, daß
die jungen Herren in Köln eine so bezaubernde junge Dame dieser
Alternative aussetzen könnten.«

Luzia lachte auf. »So schnell sind Sie schon zu einem Urteil über
unsere ›jungen Herren‹ gekommen? Ich muß Ihre detektivischen Fähigkeiten bewundern, Dr. Watson!«

»Oh, in diesem Fall bedarf es keines Sherlock Holmes'.«

Jetzt wurde sie tatsächlich ein wenig rot. »Sie bringen mich in
Verlegenheit, Dr. Watson! Aber es stimmt schon, ich müßte lügen,
würde ich leugnen, daß Sie mit Ihrer Einschätzung dem Charakter
der hiesigen Kavaliere durchaus gerecht werden.« Dabei schaute sie
auf die Gruppe am Kamin, in der Holmes und der junge Jones über
Kryptographie fachsimpelten. Als sie nach einer winzigen Pause
weitersprach, hatte sich ihr Ton kaum merklich verändert. »Zumindest, was die Kölner angeht.«

In diesem Moment wurde die Tür geöffnet, und Frau Küppers erschien mit einem großen Tablett. Erleichtert über die willkommene
Unterbrechung, so hatte ich den Eindruck, sprang Luzia zu ihr und
half beim Servieren des Tees.

Wir nahmen Platz und kamen nun auf die ernsten Vorfälle zu
sprechen, die der Grund für unser Kommen waren.

»Dr. Jones«, wandte sich Holmes an den Amerikaner, »von Pater
Hieronymus hörte ich, daß Sie es waren, der die Tätowierung der
beiden Diebe kopiert hat. Und Sie haben ihm auch geraten, mich in
dieser Angelegenheit zu konsultieren.«

»Jawohl, das ist richtig. Als ich Kommissar von Stamm partout
nicht überzeugen konnte, in den Tätowierungen mehr als nur eine
Geschmacklosigkeit zu sehen, hielt ich es für das Beste, Ihre Hilfe zu
suchen, Mr. Holmes. Ich glaube nämlich, daß der Kommissar bei
diesem Diebstahl von völlig falschen Voraussetzungen ausgeht. Und
Sie wären wohl kaum hier, vermute ich, wenn Sie nicht meine Ansicht teilten, auch darüber, daß dieses Zeichen einen wichtigen Hinweis liefert, um den Raub und den Mord an Bökers aufzuklären.«

»Ihre Vermutung trifft zu, Dr. Jones, deshalb bin ich hier. Genaugenommen haben wir es mit drei Morden zu tun – drei, von denen wir wissen.«

Der Pater wollte gerade einen Schluck Tee nehmen und hielt nun überrascht in der Bewegung inne. »Drei, Mr. Holmes? Ich weiß, daß Sie das Schicksal des unglücklichen Mr. Marble mitrechnen, aber wer ist der dritte?«

»Nun, Schmitz selbstverständlich. Er ist nicht einfach abgestürzt, sondern wurde vom Dom gestoßen. Hier ist der Beweis!« Holmes hielt den Siegelring hoch, den er auf dem Speicher gefunden hatte, und reichte ihn weiter zu Luzia, die in einem zierlichen, mit grünem Chintz bezogenen Sessel neben ihrem Onkel saß. Beide beugten sich vor und sahen sich das Siegel genau an.

Während Holmes noch erklärte, warum der Ring dem Mörder gehört haben mußte, war Jones aufgestanden und sah dem Pater über die Schulter. »Dasselbe Zeichen, kein Zweifel! Das kann unmöglich Zufall sein. Jetzt muß von Stamm endlich zugeben, daß er unrecht hatte!«

»Lassen wir den Kommissar ruhig aus dem Spiel. Er hat genug damit zu tun, Nachforschungen über den toten Schmitz anzustellen, und vielleicht findet er dabei etwas heraus, das uns weiterhelfen könnte.« Holmes nahm den Ring zurück und betrachtete das Siegel. »Aber ich stimme Ihnen zu, Dr. Jones, und sehe in dem wiederholten Auftauchen des Drachenzeichens alles andere als einen Zufall. Im Gegenteil, hier scheint mir ein zwingender Beleg für eine Verbindung zwischen den drei Verbrechen vorzuliegen. Zu meinem Bedauern muß ich gestehen, daß ich bisher über die Natur dieser Verbindung nur spekulieren kann. Was halten Sie davon?«

Jones setzte sich wieder und sah Holmes ruhig an. »Kommissar von Stamm glaubt, ich sei von einer fixen Idee besessen, aber ich nehme an, Mr. Holmes, auch Ihnen ist schon der Gedanke gekommen, daß es sich bei diesem Zeichen um das Emblem einer Geheimgesellschaft handeln könnte.« Als Holmes nickte, fuhr er fort. »Daß beide Diebe in exakt gleicher Weise tätowiert waren, bestärkt mich in dieser Ansicht. Wie Sie selbstverständlich wissen, ist eine solche Art der Kennzeichnung, die den Mitgliedern bei ihrer Aufnahme in den Bund beigebracht wird, nicht unüblich, bei einigen asiatischen Gruppen sogar recht verbreitet.«

Jones' ruhige Gewißheit machte durchaus Eindruck, aber angesichts einer dubiosen Geheimgesellschaft, die Reliquien stiehlt, erschien mir die Skepsis des Kommissars nicht ganz unverständlich. »Denken Sie an einen dieser neumodischen okkultistischen Orden, die jetzt überall wie Pilze aus dem Boden schießen? An hermetische Freimaurer, Theosophen oder sonstige Schwärmer, die alle beanspruchen, über geheimes Ur-Wissen zu verfügen und natürlich Isis vollkommen entschleiert zu haben?«

»Es ist nicht ausgemacht, daß es sich um einen neuen Orden handelt, Dr. Watson.« sagte Jones langsam. »Zum einen ist das Drachen- oder Schlangensymbol ein sehr altes Motiv, das in nahezu allen frühen Kulturen der Menschheit eine wichtige Rolle spielt. Darüber hinaus ist mir exakt unser Zeichen hier schon einmal begegnet, auf Abbildungen in einigen alten Schriften aus dem siebzehnten Jahrhundert. Es gab keinen Zusammenhang mit der Gralslegende, meinem eigentlichen Forschungsgebiet, deswegen habe ich mich damals nicht näher damit befaßt. Soweit ich mich entsinnen kann, beschränkten sich die betreffenden Stellen weitgehend auf dunkle Andeutungen über einen bizarren Schlangenkult. Trotzdem ist mir das Zeichen deutlich in Erinnerung geblieben, und ich bin sicher, daß es mit dem Motiv der Tätowierungen identisch ist.«

»Das mag sein, aber ein Kult, der schon seit Jahrhunderten besteht ...« Unsicher sah ich Holmes an.

»Vielleicht hat jemand auch nur eine verschüttet geglaubte Tradition wiederbelebt, Watson.« Holmes hob leicht die Schultern. »Aber gleichgültig, ob wir es mit einem neuen oder alten Geheimbund zu tun haben, eines wissen wir bestimmt: Unsere Gegner sind keine harmlosen Exzentriker, die sich für die Lehren der Madame Blavatsky begeistern, sondern skrupellose Mörder, die blitzschnell zuschlagen können, wie der Tod von Schmitz beweist. Und wir wissen auch, daß sie riskante, perfekt geplante Einbrüche ausführen, die nicht auf materielle Beute abzielen. Weder im Dom noch seinerzeit bei Marble. Damals wurden zwar einige Bücher gestohlen, die wegen ihres Alters und ihrer Seltenheit durchaus einen gewissen Wert darstellten, aber das allein kann nicht der Grund gewesen sein, denn es gab in dem Raum wesentlich lohnendere Antiquitäten. Das kostbarste Stück der Sammlung wurde sogar mutwillig zerstört. Eine Ikone des Heiligen Georg.«

»Der Heilige Georg!« Pater Hieronymus hatte die Brauen hochgezogen und halblaut vor sich hingesprochen.

Holmes schaute ihn an und nickte. »Seien Sie versichert, Pater, die Bedeutung ist mir nicht entgangen: Georg der Drachentöter! Offensichtlich hat diese Legende bei den nächtlichen Besuchern auf Marble Hall wenig Zustimmung gefunden, und wir dürfen annehmen, daß dies etwas mit den Tätowierungen zu tun hat. Denn ich bin sicher, daß Marbles Mörder ebenfalls das Drachenmal trugen. Die scheinbar sinnlose Schändung der Ikone ist nur ein weiteres Indiz dafür, daß die Einbrüche nicht auf das Konto gewöhnlicher Krimineller gehen, sondern aus ganz anderen Motiven verübt wurden. Aus Motiven, fürchte ich, die alles andere als harmlos sind. Deshalb stimme ich Ihnen zu, Dr. Jones, und bin überzeugt, daß hinter diesen Verbrechen eine Art von Geheimbund steht.« Er hob den Ring hoch. »Und dies hier ist sein Zeichen!«

»Aber selbst wenn Sie recht haben, Holmes, warum sollte ein geheimnisvoller Drachenbund die Reliquien aus dem Dom rauben?«

»In der Tat, Sie stellen wieder einmal die entscheidende Frage, Watson! Wenn ich recht habe, dann muß es eine Verbindung zu den Heiligen Drei Königen geben!« Holmes trank einen Schluck Tee und lehnte sich dann zurück. »Meinen Sie nicht auch Pater, daß es nun an der Zeit ist, uns über diese Verbindung zu informieren?«

Nach Holmes' Worten herrschte für einige Sekunden Stille im Raum. Wir sahen alle Pater Hieronymus an, der langsam nickte.

»Ja, Mr. Holmes, das ist es wohl. Die Verbindung, von der Sie sprechen, gibt es tatsächlich, wenigstens muß ich nun annehmen, daß es sie gibt. Bisher habe ich geschwiegen, weil ich mir nicht sicher war und gehofft hatte, mich zu irren. Gehofft, daß es doch noch eine andere Erklärung für den Raub gibt. Schließlich bleibt auch ein Jesuit immer ein Kind seiner Zeit, nicht wahr. Und ich wollte niemanden unnötig beunruhigen.« Er wandte sich entschuldigend an seine Nichte. »Deshalb habe ich sogar dir nichts davon erzählt, meine Liebe!«

Nach einem verlegenen Räuspern warf er einen kurzen Blick in die Runde und fuhr fort. »Aber durch die jüngsten Ereignisse erscheint manches in einem anderen Licht, und das bereitet mir große Sorgen. Ich brauche Ihnen ja nicht zu sagen, welche Bedeutung der Schlange oder dem Drachen in der christlichen Symbolik zukommt. Natürlich ist der Schrein der Heiligen Drei Könige in seiner langen Geschichte schon häufig das Ziel von Anschlägen gewesen. Die kostbaren Goldschmiedearbeiten und Juwelen haben immer wieder die

Begehrlichkeit von Dieben geweckt, die sich weder um den Dom noch um die heiligen Reliquien geschert haben. So wurde etwa der große Ptolemäer-Cameo, eine berühmte Arbeit aus der Antike, im Jahre 1574 gestohlen. Noch schlimmer war freilich der Schaden, der während der Evakuierung in der Franzosenzeit angerichtet wurde. Damals ist sogar ein Teil des goldenen Zierwerks eingeschmolzen und verkauft worden! Der letzte große Raub fand 1820 statt, als goldene Figuren und Edelsteine vom Schrein abgerissen wurden. Glücklicherweise fand man später einen Großteil der Beute wieder, der Dieb hatte sie vor den Toren der Stadt vergraben. Man kann es dem Kommissar also nicht verdenken, wenn er den jüngsten Raub in diese Reihe einordnet. Immer hatten es die Diebe auf den unschätzbaren materiellen Wert des Schreins abgesehen, warum sollte es diesmal anders sein?«

»Aber das ist noch nicht die ganze Geschichte.«

»Nein, Mr. Holmes, das ist es nicht. Neben den Diebstählen hat es noch andere Vorfälle gegeben. Vorfälle, die man geheimgehalten hat, soweit das möglich war.«

Holmes hob das Kinn und kniff die Augen zusammen. Er schien etwas in der Art vermutet zu haben.

»Würdest du mir bitte das oberste Buch von dem Beistelltisch neben dir geben, Luzia? Danke.« Der Pater schob seine Tasse beiseite und legte das Buch auf den Tisch. Nach kurzem Blättern fand er die gesuchte Seite und wies auf eine Abbildung. »Sie sehen hier die Stirnseite des Schreins. Betrachten Sie den Giebel des oberen Aufsatzes. Die Figurengruppe stellt Christus auf dem Himmelsthron dar, umgeben von zwei Engeln, die Kelch und Krone halten, die Zeichen der Königs- und Priesterwürde Christi. Darüber befinden sich zwei weitere Engel als Halbfiguren und in der Mitte ein großer Edelstein, der strahlenförmig eingefaßt ist. Das war nicht immer so.«

Pater Hieronymus nahm seine Brille ab. »Bei der Szene handelt es sich um eine Darstellung des Jüngsten Gerichts. In den beiden oberen Engelsfiguren sehen Sie die Erzengel Gabriel und Raphael, und in der Mitte, über dem Haupt Christi, befand sich ursprünglich die Figur des Erzengels Michael. An ihre Stelle ist 1684 der Topas gesetzt worden.«

»Was war passiert?«

»Die goldene Figur ist abgebrochen worden. Aber – und das ist das Merkwürdige daran – sie wurde nicht etwa gestohlen, sondern man fand sie eines Morgens auf dem Boden vor dem Schrein. Jemand hatte die Figur von Erzengel Michael in Stücke geschlagen.«

»Erzengel Michael, der Drachentöter schlechthin! Die gleiche Symbolik wie bei der Georgs-Ikone!«

Pater Hieronymus sah mich bekümmert an. »Jawohl, Dr. Watson, ich fürchte, Sie haben recht. Und das ist nicht die einzige Parallele zu den Ereignissen auf Marble Hall. Es gab noch einen anderen Vorfall, der wesentlich gravierender war. Bis heute ist es gelungen, ihn geheimzuhalten. Vermutlich wissen Sie nicht, daß sich im Jahre 1766 ein äußerst seltsames Ereignis im Dom zugetragen hat, das schon auf die Zeitgenossen sehr befremdlich wirkte. Damals wurden nämlich in einer nächtlichen Aktion heimlich das berühmte gotische Sakramentshäuschen aus dem Hochchor zerschlagen und die Stücke anschließend in den Rhein geworfen. Und alles auf ausdrücklichen Befehl des Domkapitels!

Die offizielle Erklärung für diesen Vorfall wird auch heute noch aufrechterhalten. Danach seien es rein ästhetische Gründe gewesen, die das Domkapitel zu dieser rabiaten Maßnahme veranlaßt hätten. Das gotische Schnitzwerk habe nicht mehr in die barocke Kirche gepaßt, die dem Erzbischof vorschwebte. Wegen des zu erwartenden Protestes, immerhin war das Sakramentshaus ein berühmtes Kunstwerk, sei man so überfallartig vorgegangen. Anscheinend traut man dem Domkapitel wirklich eine derartige Barbarei zu, denn bis heute findet diese Version Glauben.

In Wahrheit jedoch gab es einen ganz anderen Grund für die Aktion. In der Nacht war jemand in den Dom eingedrungen und hatte das Sakramentshäuschen aufgebrochen. Es war über und über mit blasphemischen Zeichen beschmiert. Sogar die geweihten Hostien hatte man auf höchst lästerliche Weise besudelt. Nur um die Spuren dieser entsetzlichen Schändung zu beseitigen, wurde das schwer beschädigte Haus dann vollends zerlegt und im Rhein versenkt. Unter allen Umständen sollte die Entweihung verheimlicht werden. Bei einigen der Zeichen hat es sich um geflügelte Schlangen gehandelt. Abbildungen davon existieren nicht, aber die Beschreibung entspricht dem Ring und den Tätowierungen.«

»Alles wurde verheimlicht, sagten Sie. Aber Sie wußten davon, Pater!«

»Ja, Mr. Holmes, ich wußte davon«, seufzte Pater Hieronymus, »es gehört zu meinen Aufgaben, davon zu wissen. Deshalb hat mich auch das Domkapitel beauftragt, alles zu versuchen, die Reliquien wiederzuerlangen.«

»Ihre Aufgaben?«

»Um Ihnen das zu erklären, muß ich etwas weiter ausholen. Ich sagte Ihnen ja schon, daß mit der Überführung der Reliquien nach Köln eine kultische Verehrung der Heiligen Drei Könige einsetzte, die immer größere Ausmaße annahm. Aus dem ganzen Abendland kamen Pilger, oft in großen Wallfahrten zusammengeschlossen. Um den Andrang der Gläubigen bewältigen zu können, wurde schon sehr früh am Dom das Amt einer Kustodie der Heiligen Drei Könige eingerichtet. Zwei ›Custodes Regum‹, also zwei ›Wächter der Könige‹ sorgten für die Bewachung des Schreins, aber auch für die kostspielige Beleuchtung durch Kerzen und vor allem für die Bestätigung der Pilgerfahrt. Sie setzten ihr Siegel auf Handzettel, die über die Reliquien gehalten wurden und so mit ihnen Kontakt hatten. Diese ›Dreikönigszettel‹ galten als eine Art Talisman.

Das Wächteramt war Mitgliedern des Domkapitels vorbehalten, denen auch die reichhaltigen Stiftungen zu Ehren der Könige zuflossen. Mit der französischen Besatzung und der Auslagerung des Schreins ist die Kustodie erloschen.

Aber es gab noch andere Institutionen, die sich dem Schutz und der Verehrung der Reliquien verschrieben hatten, nämlich die Dreikönigsbruderschaften. Die älteste von ihnen wurde schon im zwölften Jahrhundert gegründet und hat sich in der Reformationszeit aufgelöst. Wir wissen nicht mehr viel über sie. Im Jahre 1671 hat dann der damalige Erzbischof eine neue Bruderschaft eingerichtet, die ihren Sitz am Dom hatte, mit einem eigenen Gottesdienst. Sie wurde von vier geistlichen und vier weltlichen Brudermeistern geführt und trat bei allen feierlichen Anlässen in Erscheinung. Eine hochoffizielle und recht pompöse Angelegenheit also. Auch sie bestand nur bis zur Besatzung.

Nur eine einzige Gesellschaft hat bis in unsere Zeit überdauert, die »Bruderschaft der Verkündigung Mariens und der Heiligen Drei Könige«. Sie wurde 1608 von meinem Orden gegründet und geleitet, stand aber Laien offen und auch den Frauen. Ihre Gottesdienste zu Ehren der Heiligen Drei Könige wurden nicht im Dom, sondern in der Jesuitenkirche abgehalten. Bis dann im Jahre 1794 die französischen Revolutionstruppen die Kirche entweihten und dort den Kult der Göttin der Vernunft einsetzten. Aber auch das haben wir überstanden, genau wie die zeitweilige Aufhebung unseres Ordens. Die Bruderschaft blieb während dieser Zeit bestehen und wurde sogar mit offiziellem Segen der Kirche von ehemaligen Jesuiten weitergeführt.

Natürlich hat es einen gewissen Niedergang gegeben, von den weit über tausend Mitgliedern aus den Hochzeiten der Bruderschaft im siebzehnten Jahrhundert sind nicht mehr viele übriggeblieben. Niemand kann sich schließlich der geschichtlichen Entwicklung entziehen. Die große Zeit der Wallfahrten und Heiligenverehrung ist vorbei. Und sogar im Bewußtsein der gläubigen Brüder werden die Reliquien nicht mehr die Bedeutung haben wie einst für Rainalds Zeitgenossen.«

Pater Hieronymus schwieg einen Augenblick und sagte dann nachdenklich, wie zu sich selbst: »Bisher jedenfalls habe ich das als selbstverständlich angenommen. Vielleicht liegt hier mein Fehler.« Mit einem leisen Seufzer setzte er seine Brille wieder auf und sah Holmes an. »Wie Sie wohl schon vermutet haben, gehöre ich dieser Bruderschaft an. Um die Wahrheit zu sagen, ich stehe ihr sogar vor. Und wenn ich bisher in dieser Funktion auch nicht viel mehr getan habe, als Messen zu Ehren der Heiligen abzuhalten, so bleibt es doch ein Amt, zu dessen Aufgaben mehr gehört, als nur die liturgische Verehrung der Reliquien zu betreuen. Deshalb hat sich auch das Domkapitel an mich gewandt, um sich mit Ihnen in Verbindung zu setzen.«

Der Pater setzte sich gerade. »Es muß Ihnen recht wunderlich erscheinen, Mr. Holmes, aber gewissermaßen bin ich der letzte Custos Regum, der letzte Wächter der Heiligen Drei Könige. Und in dieser langen ehrenvollen Reihe gewiß der unwürdigste, nämlich der einzige, der sie verloren hat.«

»Wie kannst du nur so etwas sagen, Onkel!« sagte Luzia empört und legte tröstend ihre Hand auf seinen Arm.

»Ihre Nichte hat völlig recht, Sie sollten sich keine Vorwürfe machen, Pater. Ich glaube nicht, daß Sie diesen Raub hätten verhindern können.« beruhigte auch Holmes den alten Herrn, schien aber in Gedanken schon bei einem anderen Thema zu sein. Nachdenklich legte er die Fingerspitzen aneinander. »Nach Ihren Ausführungen dürfte es wohl keinem Zweifel mehr unterliegen, daß es tatsächlich eine Verbindung unseres Drachenzeichens zum Dom und auch zum Schrein selbst gibt. Genau, wie ich es erwartet habe; aber das Motiv des Raubs gibt weiterhin Rätsel auf. Hier handelt es sich ja nicht um eine gewöhnliche Schändung, um blasphemische Schmierereien, sondern um Mord. Selbst wenn man einen alten Drachenkult annimmt, bleibt die Frage immer noch: Warum wollen sie die Heiligen Drei Könige? Wozu brauchen diese Leute die Reliquien so dringend, daß sie dabei über Leichen gehen?«

»Ich fürchte, Mr. Holmes, diese Frage kann ich Ihnen beantworten!« Pater Hieronymus hatte sich Tee eingeschenkt und rührte nun mit dem Löffel in der Tasse. »Dann werden Sie auch verstehen, warum ich so lange gezögert habe in der Hoffnung, daß es vielleicht doch noch eine andere Antwort gibt.«

Mit einer langsamen Bewegung legte er den Löffel hin und sah uns an. »Nach Napoleons Niederlage sind die Franzosen zwar wieder abgezogen, aber ihren Kult der Vernunft, den haben sie überall hinterlassen, auch wenn dieser »Göttin« jetzt nicht mehr auf Altären geopfert wird. Das ist gar nicht mehr nötig, sie beherrscht auch ohne Götzendienst unser modernes Denken. Ihr Sieg scheint vollkommen zu sein, jedenfalls gilt das für die meisten von uns. Seitdem leben wir in einem anderen Zeitalter.

Deshalb fällt es uns heute so schwer, das selbstverständliche Vertrauen des Mittelalters in die übernatürliche Qualität von Reliquien wirklich nachzuvollziehen. Und zu glauben, daß es auch heute noch Menschen geben könnte, für die diese magische Kraft weiterhin existiert, buchstäblich noch vorhanden ist, erscheint geradezu absurd. Dessen bin ich mir bewußt, das versichere ich Ihnen. Aber dennoch: Die Vorfälle im Dom zwingen uns zu einer solchen Annahme. Und wenn wir dies tun, meine Herren, dann gibt es durchaus einen triftigen Grund, warum ein Bund von Drachenanbetern die Heiligen Drei Könige stehlen sollte. Einen Grund, der mich beunruhigt, sehr beunruhigt.«

Holmes nickte leicht, sagte aber nichts.

»Als Erzbischof Rainald die Reliquien nach Köln brachte«, fuhr der Pater fort, »hatte das auch politische Konsequenzen. Natürlich war sich Rainald klar darüber, und solche Überlegungen dürften bei seinen Motiven bestimmt eine Rolle gespielt haben. Damit will ich nicht etwa behaupten, daß die Überführung allein oder auch nur hauptsächlich aus taktischen Gründen erfolgte, denn sicherlich war Rainald zutiefst von der Heiligkeit der Reliquien überzeugt. Nein, sie fügte sich nur ausgezeichnet in seine politischen Absichten ein.« Er machte eine kleine Pause und trank einen Schluck Tee. »Sie alle kennen die biblische Geschichte von den drei Weisen aus dem Morgenland, die das Jesuskind im Stall zu Bethlehem aufsuchen und als neugeborenen Erlöser anbeten. Diese Huldigung gilt als die erste Epiphanie, als das erste Aufleuchten der Gottesherrlichkeit Jesu. Man könnte sagen, daß die Heiligen Drei Könige so etwas wie Kronzeugen für die Göttlichkeit des Kindes sind, und genau hierin liegt ihre spirituelle Bedeutung: Sie bezeugen gewissermaßen, daß Jesus der Christus ist. Deshalb wird mit dem Dreikönigsfest am sechsten Januar zugleich das Fest der Epiphanie begangen und das Erscheinen Gottes auf Erden gefeiert.«

Pater Hieronymus wies auf die Abbildung des Schreins. »Wenn Sie sich die Stirnseite des Schreins näher ansehen, werden Sie feststellen, daß sie ausschließlich diesem Thema gewidmet ist. In den Figurengruppen ist die dreifache Epiphanie des Herrn dargestellt. Unten auf der linken Seite sehen Sie die Heiligen Drei Könige, wie sie dem Jesuskind huldigen. Auf der rechten Seite finden Sie die Darstellung der Taufe Jesu im Jordan. Sie erinnern sich bestimmt an die Stelle im Matthäus-Evangelium. Nach der Taufe durch Johannes den Täufer ertönte die Stimme Gottes vom Himmel und sprach: ›Dieser ist mein geliebter Sohn, an dem ich Wohlgefallen habe.‹ Nach der Anbetung durch die Könige ist dies die zweite feierliche Bestätigung Jesu als Messias.

Der obere Teil schließlich zeigt die zweite Ankunft Christi, seine Wiederkunft als Weltrichter beim Jüngsten Gericht. Ich sagte Ihnen ja bereits, daß sich über seinem Thron ursprünglich die Figur des Erzengels Michael befand, der die Seelen der aus den Gräbern Auferstandenen wiegt und die Guten von den Bösen scheidet. Die Verdammten stürzt er hinab in die Finsternis.« Nach einer kleinen Pause fügte der Pater leise hinzu: »Wie er es schon vorher getan hat mit Luzifer und seinen abtrünnigen Engeln.«

»Neben den Heiligen Drei Königen befindet sich hier unten noch eine Figur, Pater. Ich nehme an, auch ihr kommt eine genau bestimmte Bedeutung zu, nicht wahr?«

»Sie haben völlig recht, Dr. Watson. Und hier liegt möglicherweise das Motiv für die Verbrechen. Zumindest ist das meine Befürchtung. Diese Figur stellt nämlich einen weiteren König dar.«

»Ein vierter König«, sagte Holmes langsam. »Ich kann mich nicht erinnern, davon in der Bibel gelesen zu haben.«

»Ja, Mr. Holmes, wortwörtlich ist davon nicht die Rede, aber einen Zusammenhang gibt es schon. Sehen Sie, jetzt kommen die politischen Ambitionen Rainalds ins Spiel, die ich vorhin erwähnte.« Er schwieg einen Augenblick, um sich zu konzentrieren, und fuhr dann fort. »Nach dem Untergang des römischen Imperiums wurde das Erbe aufgeteilt in ein westliches und ein östliches. Fortan gab es also zwei getrennte Reiche, die die Nachfolge Roms für sich beanspruchten, das ›Heilige Römische Reich Deutscher Nation‹ und das Ostreich unter der Herrschaft von Byzanz. Beides Reiche mit einem Kaiser an der Spitze, der sich als Nachfahre der römischen Cäsaren verstand. Hier bei uns war es der deutsche König, dem das Recht zukam, sich in Rom vom Papst zum Kaiser krönen zu lassen. In Byzanz kam das natürlich nicht in Frage, da die oströmische Kirche die Autorität des Papstes nicht anerkannte. Dennoch gab es auch hier eine religiöse Legitimation des Kaisertums, und die muß Rainald sehr fasziniert haben.

Der byzantinische Kaiser galt nämlich bei seinen Untertanen als Zweiter Christus. In der Institution des Christus-Kaisertums sollte Gott sich ein weiteres Mal manifestieren, und diese Offenbarung der Gottesherrlichkeit des Kaisers wurde folgerichtig am Festtag der Epiphanie gefeiert. Anläßlich des gleichen Festes also, an dem bei uns die Epiphanie als Anbetung der Heiligen Drei Könige begangen wurde. Was lag nun näher als eine Verschmelzung beider Ideen, wie Rainald sie vornahm? Der Grundgedanke war ebenso einfach wie folgenreich: Indem die Heiligen Drei Könige dem Jesuskind als Messias huldigen, empfangen sie aus der Hand des Königs der Könige ihr Königtum zurück als göttliches Lehen.«

»Also ein Geschäft auf Gegenseitigkeit!« platzte ich heraus. »Ich bitte um Verzeihung, Pater, selbstverständlich ist der Ausdruck völlig unpassend.«

»Nun, Dr. Watson, ein Geschäft war es wohl nicht.« Mit einem leisen Lächeln nahm der Pater meine Entschuldigung an. »Aber in gewisser Weise könnte man tatsächlich von einer wechselseitigen Bestätigung sprechen. Man darf eben nicht vergessen, wie ungeheuer wichtig für das Mittelalter eine theologische Rechtfertigung von Ansprüchen war.

In Rainalds ›byzantinischer‹ Interpretation der Epiphanie müssen die Heiligen Drei Könige als die ersten und einzigen von Christus selbst eingesetzten Könige gelten. Es ist allein ihr sakrales Königtum, in dem Gott aufscheint, und nicht etwa in der byzantinischen Kaiserwürde. Uns mag das heute alles eher nebensächlich erscheinen, kurios womöglich, aber doch recht unverfänglich. Vielleicht hätte sich auch damals nur eine Handvoll Theologen darüber gestritten, wenn Rainald nicht noch einen entscheidenden Schritt weitergegangen wäre, indem er die Gebeine der Heiligen hierher nach Köln holte.« Pater Hieronymus sah uns mit großen Augen an. »Das hat natürlich alles verändert.«

Selbst noch so ruhige und besonnene Köpfe sind nicht immer gegen lokalpatriotischen Eifer gefeit. Mein Gesichtsausdruck mußte recht beredt gewesen sein, denn Pater Hieronymus hob abwehrend beide Hände.

»Nein, nein, ich halte meine Heimatstadt nicht für den Nabel der Welt, verstehen Sie mich bitte nicht falsch! Aber um die wahre Bedeutung von Rainalds Handeln zu erkennen, müssen Sie wissen, daß dem Kölner Erzbischof ein besonderes Privileg zukam. Er war es nämlich, – und wohlgemerkt: nur er! –, der im Kaiserdom zu Aachen den deutschen König krönen durfte! Diesem traditionellen Krönungsrecht wurde nun durch die Reliquien eine neue sakrale Grundlage verliehen. Denn mit ihrer Hilfe versuchte Rainald, den spirituellen Gehalt des byzantinischen Kaisergedankens auf das deutsche Königtum zu übertragen.

Kurz gesagt: Bezeugt durch die Reliquien, sollte der deutsche König zum legitimen Nachfolger der Heiligen Drei Könige werden, gewissermaßen zum Vierten Heiligen König, dessen einzigartige Würde auf die Inthronisation durch Christus selbst zurückgeht. Damit nahm Rainald nicht nur eine spektakuläre Aufwertung des deutschen Königtums vor, sondern steigerte auch dramatisch die Machtfülle des Kölner Stuhls. Denn der Kölner Erzbischof nahm ja die Krönung vor und handelte dabei als Stellvertreter Christi, ein Amt, das eigentlich dem Papst vorbehalten war. Zweifellos lag hierin ein offener Affront gegen Rom, und der Papst versuchte dann auch mit aller Gewalt, die Überführung der Reliquien nach Köln zu verhindern.«

Der Pater lehnte sich zurück. »Freilich hatte er keinen Erfolg. Deshalb finden Sie in der Darstellung auf dem Schrein auch vier Könige, die dem Jesuskind huldigen, Dr. Watson. Den drei Weisen aus dem Morgenland hat sich der deutsche König Otto IV. angeschlossen.«

»Wenn ich Sie recht verstanden habe, Pater, so soll die Kraft der Reliquien darin liegen, daß sie einen Nachfolger der Heiligen Drei Könige legitimieren.« Holmes betrachtete nachdenklich die Abbildung des Schreines. Der Pater nickte. »Und Sie vermuten in genau dieser Funktion auch das Motiv für den Raub, nicht wahr?« Wieder nickte der Pater. »Dann besteht wirklich Grund zur Besorgnis, fürchte ich!«

Irritiert schaute ich in die Runde. Auch Jones und Luzia schienen den beiden folgen zu können, obwohl Luzia eher nachdenklich als besorgt aussah. »Es tut mir leid, aber ich vermag hier keinen Zusammenhang zu erkennen! Selbst wenn wir unterstellen, daß Rainalds ›byzantinische‹ Auffassung der Heiligen Drei Könige heute für irgend jemanden noch eine Bedeutung haben könnte, warum sollten deswegen die Reliquien gestohlen werden? Und welche Verbindung gibt es zu den Drachenzeichen?«

»Nun, das liegt doch auf der Hand! Wer auch immer die Reliquien gestohlen hat, verfolgt allem Anschein nach damit ein ähnliches Ziel wie seinerzeit Erzbischof Rainald: Ein Nachfolger der Heiligen Drei Könige soll in Amt und Würden eingeführt werden. Ein vierter König, Watson, dessen Reich von dieser Welt ist. Deshalb auch der Drache.«

»Völlig richtig, Mr. Holmes«, bestätigte Jones ernst, »sein Reich ist von dieser Welt. Hier liegt der entscheidende Punkt. Denken Sie nur an die gnostischen Lehren, nach denen unsere materielle Welt gar nicht von Gott geschaffen ist, sondern zum Reich der Finsternis gehört. Wenn nun mit Hilfe der Reliquien der vierte König als Fürst dieser Welt legitimiert werden soll, ist das eine blasphemische Pervertierung von Rainalds Gedanken.«

»Das vierte Tier aus der Prophezeiung Daniels«, murmelte Pater Hieronymus und begann zu zitieren. »›Nach ihnen aber wird ein anderer aufkommen, der wird gar anders sein denn die vorigen und wird drei Könige demütigen. Er wird den Höchsten lästern ... und wird sich unterstehen, Zeit und Gesetz zu ändern.‹« Er schwieg einen Moment und nickte düster vor sich hin. Dann sah er mich an. »Der Antichrist, Dr. Watson, dessen Erscheinen das Ende der Welt ankündigt.«

»Und der geschickt wird vom ›großen Drachen, der alten Schlange, die da heißt der Teufel und Satanas, der die ganze Welt verführt‹«, ergänzte Jones ruhig. »Manchmal wird er auch selbst als Drache beschrieben, die Bibelstellen sind da nicht ganz eindeutig. Aber in beiden Fällen ist die Bedeutung unseres Drachenzeichens wohl offenkundig, denke ich.«

Nach Jones' Worten legte sich eine beklemmende Stille auf den Raum. Nur das Ticken der Standuhr war zu hören. Ich wußte nicht recht, was ich sagen sollte. Jones und der Pater machten einen beunruhigend nüchternen und ernsthaften Eindruck. Sie schienen wirklich zu meinen, was sie gerade angedeutet hatten. Auch Holmes war keine große Hilfe, er hatte den Kopf zurückgelehnt und die Augen geschlossen. Luzia rührte angelegentlich in ihrer Tasse. Schließlich wurde mir das Schweigen zuviel.

»Pater, ich bitte Sie! Wollen Sie etwa allen Ernstes behaupten, daß irgendeine obskure Sekte von Teufelsanbetern die Reliquien gestohlen hat, um durch sie die Ankunft des Antichristen herbeizuführen? Hier in Köln, an der Schwelle zum zwanzigsten Jahrhundert? Holmes, ich kann nicht glauben, daß Sie dem zustimmen! Wo kommen wir denn hin, wenn wir derartigen Aberglauben ernst nehmen? Das ist doch völliger Unfug!«

»Sagen Sie das nicht, Dr. Watson!« antwortete Luzia. »Immerhin gibt es hier in Köln mehrere Zirkel, die spiritistische Séancen abhalten. Von einigen Damen der Gesellschaft weiß ich sogar zuverlässig, daß sie in ständigem Kontakt mit früheren Inkarnationen ihres Selbst stehen.« Ihre Augen blitzten auf. »Sie wären überrascht, meine Herren, wie viele altägyptische Prinzessinnen es an den Rhein verschlagen hat.«

Damit war der Bann gebrochen, sogar Jones mußte lachen.

»Ich wünschte wirklich, du hättest recht, mein Kind«, sagte Pater Hieronymus, »und unsere Drachenverehrer wären nichts weiter als harmlose Spiritisten.«

»Meiner Meinung nach sollte man auch den Okkultismus nicht so ohne weiteres auf die leichte Schulter nehmen.« Jones war wieder ernst geworden. »Bestimmte Aspekte, Luzia, halte ich für sehr bemerkenswert –«

»Ja, Henry, von Ihnen habe ich auch nichts anderes erwartet!« unterbrach ihn Luzia lächelnd und legte ihre Hand auf seinen Arm. »Ich werde sehen, ob ich Sie nicht bei den Prinzessinnen einführen kann.« Dann wandte sie sich an Holmes. »Aber über Sie muß ich mich doch wundern, Mr. Holmes! Einen Anhänger des Spiritismus hätte ich in Ihnen nicht vermutet.«

»Nun, noch wissen wir nicht, ob die Leute, mit denen wir es zu tun haben, Geister beschwören, und noch weniger, ob sie damit auch Erfolg haben. Ich kann Ihnen aber versichern, Fräulein Luzia, daß ich letzteres stark bezweifle.«

»Wie beruhigend, Mr. Holmes.« In diesem Moment schlug die Uhr an, und Luzia sprang auf. »O je, schon so spät! Fräulein von Mevissen wird mir ordentlich die Leviten lesen, wenn ich schon wieder unpünktlich bin! Es hat mich sehr gefreut, Ihre Bekanntschaft zu machen, meine Herren, aber jetzt müssen Sie mich bitte entschuldigen. Ich darf schließlich meinen eigenen Geheimbund nicht warten lassen!« Bevor wir uns erheben konnten, war sie schon zur Tür hinausgelaufen.

»Noch ein Geheimbund?« fragte ich ihren Onkel mißtrauisch.

»Gewissermaßen, Dr. Watson, aber finstere Kräfte sind hier nicht im Spiel, sie stehen höchstens auf der anderen Seite. Vor drei oder vier Jahren ist in der Stadt von einigen Damen ein Verein zur Förderung der Mädchenbildung ins Leben gerufen worden. Nachdem ein Gericht ihn verboten hat, finden jetzt vertrauliche Treffen statt, um eine Neugründung vorzubereiten.«

»Verboten, sagen Sie?«

»Eine Schande, nicht wahr?« Der Pater seufzte. »Aber was soll man von diesen Preußen schon anderes erwarten! Sie haben ja sogar schon einmal unseren Erzbischof ins Gefängnis gesteckt!«

»Wissen Sie, Pater, ich habe den Eindruck, daß sich die Herrschaften in Berlin noch über Ihre Nichte wundern werden«, tröstete Holmes ihn mit einem leisen Lächeln, und ich konnte ihm nur zustimmen.

Jones räusperte sich. »Wenn ich Sie eben richtig verstanden habe, Mr. Holmes, dann sind Sie auch der Meinung, daß die Diebstähle etwas mit Teufelsanbeterei zu tun haben könnten?«

»Ja, das nehme ich an, die Indizien deuten darauf hin, Dr. Jones. Das hilft uns zwar nicht viel weiter, solange wir nicht mehr über diese Leute wissen, es ist allerdings im Moment unsere einzige Spur. Anders sähe es aus, wenn Schmitz noch lebte. Über ihn wären wir vielleicht an die Täter herangekommen. Ich bin überzeugt, daß er deshalb sterben mußte. Merkwürdig ist nur der Zeitpunkt seines Todes.«

»Was stört Sie daran, Holmes? Wenn verhindert werden sollte, daß Sie Schmitz verhören können, paßt der Zeitpunkt doch genau. Wie Sie gesagt haben: Jemand muß Sie erkannt haben und Ihre Nachforschungen fürchten.«

»Das ist schon richtig, Watson, aber darauf wollte ich nicht hinaus. Die Frage ist doch, warum der dritte Mann sich überhaupt noch am Dom aufgehalten hat! Mit einem Verhör durch die Polizei war doch zu rechnen, auch wenn von Stamm in der Beziehung eine sträfliche Nachlässigkeit an den Tag gelegt hat. Nein, es wäre viel vernünftiger gewesen, sofort unterzutauchen. Und sollte von vornherein geplant gewesen sein, mit Schmitz einen Mitwisser zu beseitigen, was ich annehme, so hätte auch das schon viel früher geschehen können. Hier liegt das Problem, Watson! Es fällt mir schwer, unsere Gegner für so leichtsinnig zu halten. Das paßt nicht zu ihrem sonstigen Verhalten, das auf perfekte Planung hinweist. Schmitz' Anwesenheit am Tatort nach dem Raub war ein großes Risiko. Entweder liegt hier ein kapitaler Fehler vor, oder es steckt etwas anderes dahinter.«

Holmes runzelte die Stirn und sah nachdenklich über unsere Köpfe hinweg. »Und dann wäre da immer noch das Boot«, fügte er leise hinzu. Dann zuckte er mit den Schultern. »Nun, fürs erste bleibt uns also nur der geheimnisvolle Drachenbund, an den wir uns halten können. Wir müssen mehr über ihn und seine Mitglieder herausfinden: Wer sie sind, was sie wollen, und wo wir sie suchen müssen. Und dabei sollten wir uns von den okkultistischen Zutaten nicht täuschen lassen, diese Leute sind in einem ganz handgreiflichen Sinn sehr gefährlich!«

»Ich werde mich mit einem Kollegen in Verbindung setzen, der zur Zeit in Rom lehrt. Vielleicht kann er uns weiterhelfen. Ich kenne ihn zwar nicht persönlich, aber er genießt einen ausgezeichneten Ruf als Autorität auf dem Gebiet der okkulten Irrlehren.«

»Gut, Pater. Wir werden morgen früh zu von Stamm gehen. Ich glaube zwar nicht, daß er über Schmitz irgend etwas Bedeutsames herausfindet, aber mehr können wir im Augenblick nicht tun, fürchte ich.«

»Da fällt mir ein, Mr. Holmes, ich vergaß, Ihnen mitzuteilen, daß nicht nur im Dom Reliquien gestohlen wurden. Bei meiner Ankunft heute habe ich eine Nachricht vorgefunden, daß auch die Domkirche zu Hildesheim beraubt worden ist. Man kann nur hoffen, daß das nicht Schule macht.«

Holmes richtete sich auf. »Was ist gestohlen worden?«

»Drei Finger, Mr. Holmes, und sie stammen von den Heiligen Drei Königen! Rainald hat sie damals seiner alten Stiftskirche als Geschenk überlassen.«

»Wann ist das geschehen?« fragte Holmes schnell.

»Während ich Sie in London aufgesucht habe.«

»Also nach dem Domraub!« Holmes kniff die Augen zusammen. »Das ist interessant, sehr interessant!«

»Sie nehmen einen Zusammenhang an, nicht wahr?«

»Alles andere wäre doch sehr unwahrscheinlich, Pater.«

»Aber wozu sollte jemand auch noch die Finger der Könige stehlen, Holmes?«

»Eine gute Frage, Watson. Warum sollte jemand wohl so etwas tun?« wiederholte er nachdenklich. »Die Tat mag sinnlos erscheinen, aber ich bin überzeugt, daß es einen guten Grund für sie gibt. Und wenn ich mit einer bestimmten Vermutung recht habe, müssen wir uns noch auf einiges gefaßt machen.«

Als er schwieg, sah ich ihn fragend an, wurde aber enttäuscht. Holmes stand auf.

»Wollen wir hoffen, daß der Kommissar wenigstens diesmal seine Arbeit erledigt.« Mehr schien er nicht dazu sagen zu wollen. »Kommen Sie, alter Freund, wenn mich nicht alles trügt, würden auch Sie eine anständige Mahlzeit nicht ausschlagen.«

Wir verabschiedeten uns von Pater Hieronymus und brachen auf. Dr. Jones schloß sich uns an, der junge Mann schien noch etwas auf dem Herzen zu haben.

Der stumme Hund

Jones übernahm die Rolle des Fremdenführers, und wir folgten ihm in ein Brauhaus in der Nähe der ehemaligen Stadtmauer. Dies sei der beste Ort, meinte er, um nach dem heiligen Köln nun auch dessen irdische Seite kennenzulernen. Außerdem serviere man dort einheimische Spezialitäten, die sich vielleicht etwas rustikal ausnähmen, aber vorzüglich schmeckten. Dem konnte ich nur zustimmen, als ich das empfohlene Eisbein probierte. Dazu gab es ein hiesiges obergäriges Bier, offensichtlich das einzige Getränk im Ausschank. Zu meinem Erstaunen tauschte der Kellner unaufgefordert die leeren Gläser gegen frisch gezapfte neue aus, aber Jones versicherte uns, dies gehöre zu den üblichen Gepflogenheiten.

Das Lokal war gut besucht, und es herrschte eine auffallende gesellschaftliche Zwanglosigkeit. Standesunterschiede schienen hier keine Rolle zu spielen. Büroangestellte, Ladendiener und gutgekleidete Herren standen nebeneinander und tranken ihr Bier, das wohl nicht zufällig genauso hieß wie der rheinische Dialekt, in dem sie sich verständigten.

Wir hatten Glück gehabt und einen freien Tisch für uns allein gefunden, an dem wir trotz des lärmenden Betriebs ungestört reden konnten. Es war angenehm, sich wieder einmal in der Muttersprache unterhalten zu können. Einem Semester in Heidelberg verdanke ich zwar ein recht annehmbares Deutsch, kann mich aber nicht mit Holmes vergleichen, der sogar mit dem eigentümlichen Sprechgesang der Kölner keine Probleme zu haben schien.

Nach dem Essen kam die Rede wieder auf die Vorfälle im Dom.

»Ich sagte Ihnen ja schon, meine Herren, daß ich das Drachenzeichen der Tätowierungen bereits früher gesehen habe«, begann Jones zögernd, »und obwohl es nichts mit meinem Fachgebiet zu tun hat, ist es mir doch deutlich in Erinnerung geblieben. Dafür gibt es einen Grund, denn was ich über das Zeichen in Erfahrung bringen konnte, war merkwürdig genug.

Vermutlich wissen Sie, daß während der französischen Revolution die Klosterbibliotheken in ganz Frankreich geplündert wurden. Die konfiszierten Bestände hat man nach Paris geschafft und in der berühmten Bibliothèque de l'Arsenal gelagert. Später hat Napoleon fast das gesamte Archiv des Vatikan dorthin verschleppt. Einiges wurde zwar zurückgegeben, aber im Arsenal befindet sich immer noch die wohl größte Sammlung magischer und alchemistischer Schriften. Diese Bibliothek ist eine wahre Schatzkammer, deren Bestände noch längst nicht völlig erschlossen sind. Ihre Bedeutung können Sie ermessen, wenn Sie bedenken, daß Eliphas Levy hier seine Quellenstudien betrieben hat und so zum Gründervater des modernen Okkultismus geworden ist. Niemand weiß, welche Geheimnisse dort noch auf ihre Entdeckung warten!«

»Aus Ihnen spricht die Begeisterung des Forschers, Dr. Jones«, sagte Holmes lächelnd, »aber Sie wollten uns von dem Drachenzeichen erzählen.«

»Das Zeichen, ja«, nickte Jones. »Als ich selbst in Paris war und dort in den Archiven nach Dokumenten suchte, bin ich in der Arsenal-Bibliothek darauf gestoßen. In einigen alten Schriften war von einem Geheimbund die Rede, dessen Emblem in Kupferstichen abgebildet war. Dabei handelte es sich um unser Zeichen, ohne jeden Zweifel. Wie gesagt, mit der Gralslegende hatte diese Gesellschaft nichts zu tun. Nur durch reinen Zufall bin ich an jene etwas abseitigen Bücher geraten und hätte die Geschichte sicher längst vergessen, wäre da nicht ein störendes Moment gewesen.

Es mag Sie überraschen, aber nach meiner Erfahrung neigen okkultistische Autoren zur Geschwätzigkeit. Je hermetischer das behauptete Wissen ist, desto eifriger plaudern in der Regel die ›Eingeweihten‹ auch noch die geheimsten Lehren aus. Das war damals nicht anders als heute. Und die Berichte über den Drachenorden standen nun in auffallendem Gegensatz zu dieser Praxis. Sie beschränkten sich auf vage Andeutungen obskurer Rituale, die wohl alle etwas mit Schlangen und Drachen zu tun hatten, aber über die eigentlichen Lehren des Ordens und seine Mitglieder schwiegen sie sich aus.

Nicht einmal über das mutmaßliche Ende des Kultes zu Anfang des siebzehnten Jahrhunderts gaben sie nähere Auskunft, obwohl es recht spektakulär gewesen sein muß. Zumindest habe ich das aus den spärlichen Informationen geschlossen. Wie es scheint, hatten sich die Mitglieder an einem geheimgehaltenen Ort versammelt, um eine nicht näher erläuterte blasphemische Zeremonie zu vollziehen. Dabei wurden sie wohl von einer bewaffneten Truppe unter Führung eines Inquisitors überrascht. Niemand von ihnen soll überlebt haben, der Orden ist regelrecht ausgerottet worden.«

Jones zuckte leicht mit den Achseln. »Natürlich sind das weitgehend nur Vermutungen, aber die so untypische Zurückhaltung in den Schriften vermittelte den Eindruck, als hätten die Autoren Angst gehabt, mehr zu sagen. Das machte mich stutzig. Deshalb erinnerte ich mich auch noch daran, als ich später in dem berüchtigten Werk über ›Unaussprechliche Kulte‹ Passagen über ein grauenhaftes Ritual fand, die sich auf den Drachenorden beziehen müssen, auch wenn der Autor das nicht ausdrücklich behauptet. Und wenn ein sonst so unerschrockener Forscher wie von Junzt davor zurückschreckt, ins Detail zu gehen und sogar den Namen verschweigt, Mr. Holmes …«

Er ließ den Satz unvollendet und sah uns eindringlich an. Holmes hatte ihm ruhig zugehört und dabei hin und wieder einen kleinen Schluck Bier getrunken. Das ärgerliche Brummen des Kellners, der immer nur mein Glas austauschte, ignorierte er.

»Ich verstehe Ihre Sorgen, Dr. Jones, und bis zu einem gewissen Grad teile ich sie auch. Wenn ich Sie richtig verstanden habe, vermuten Sie, daß der Drachenorden entweder nicht vollständig ausgerottet oder wieder reaktiviert wurde.«

Jones nickte nur.

»Und daß die Reliquien der Heiligen Drei Könige genau für dieses ›unaussprechliche‹ Ritual benötigt werden, welches die alten Autoren so entsetzt hat, daß sie nicht einmal davon reden wollten.«

»Völlig richtig!«

»Von dem wir aber nach allem, was wir vom Pater gehört haben, getrost annehmen können, daß es wohl der Inthronisation des ›Vierten Königs‹ dienen soll, nicht wahr?«

»Jawohl, Mr. Holmes, das ist meine Vermutung, und ich bin erleichtert, daß Sie nicht so darüber denken wie der Kommissar. Allerdings habe ich von Ihnen auch nichts anderes erwartet. Von Stamm –«

»Der Kommissar hat sicherlich seine Qualitäten!« fiel Holmes milde ein, aber Jones war nicht zu bremsen.

»Mag sein, aber außerdem ist er ein borniert Kommißkopf!«

»Nun, vermutlich haben Sie recht.« sagte Holmes leichthin, offensichtlich dachte er schon an etwas anderes. »Sehr bedauerlich, daß sich in den alten Schriften keine präziseren Angaben finden. So können wir nur hoffen, daß Pater Hieronymus' Kollege mehr darüber weiß. Vielleicht benötigen die Drachenanbeter ja bestimmte Räumlichkeiten, oder das Ritual kann nur zu einem gewissen Zeitpunkt stattfinden. Alle Informationen könnten uns weiterhelfen.«

»Morgen früh geht ein Schnellzug nach Paris, Mr. Holmes. Der größte Teil meiner Unterlagen befindet sich noch dort. Ich werde hinfahren und sie nach möglichen Hinweisen durchsehen und dann noch einmal in die Arsenal-Bibliothek gehen. Damals hat mich der Drachenorden ja nur am Rande interessiert, und ich habe nicht weiter über ihn recherchiert. Das will ich jetzt nachholen.«

Jones rutschte auf seinem Sitz hin und her, und ich hatte den Eindruck, daß er am liebsten sofort aufgebrochen wäre.

»Übrigens besteht die Möglichkeit, daß auch in London Material über den Orden zu finden ist. Wenn ich mich recht erinnere, gab es irgendwo einen Verweis auf Schriften, die im Britischen Museum gelagert sind. Ganz sicher bin ich mir nicht, aber ich werde dem nachgehen, und sobald ich auf etwas Wichtiges stoße, gebe ich Ihnen Nachricht.«

»In London«, wiederholte Holmes, »nun, da Dr. Watson sowieso zurück nach England muß, kann er auch selbst diese Aufgabe übernehmen. Nicht wahr, alter Freund, Sie haben doch nichts dagegen einzuwenden?«

»Wie? Selbstverständlich nicht, wenn Sie das für nötig halten, Holmes. Aber was ist der andere Grund für meine überraschende Heimreise?«

»Eine Nachlässigkeit von mir, Watson, ich habe vor unserer Abreise nicht daran gedacht. Sie sollen herausfinden, welche Bücher damals aus Marbles Bibliothek von den Mördern gestohlen worden sind. Ich habe den starken Verdacht, daß sie ...«

»... etwas mit unserem Orden zu tun haben!«

»Ganz recht, Watson. Möglicherweise waren sie sogar der Grund für den Einbruch. Nach allem, was seither geschehen ist, müssen wir das wohl annehmen.«

»Wenn Sie meine Meinung hören wollen, Holmes, so glaube ich, daß Sie diesem esoterischen Hokuspokus zuviel Gewicht beimessen. Wenn diese Leute, aus welchen Gründen auch immer, mit Hilfe der Heiligen Drei Könige ein uraltes Ritual vollziehen wollen – na, dann sollen sie es doch tun! Viel passieren kann ja nicht dabei!«

»Ich fürchte, jetzt irren Sie sich, Dr. Watson«, sagte Jones ruhig.

»So zurückhaltend in den Quellen auch über das Ritual berichtet wird, wir müssen davon ausgehen, daß dessen Vollzug ein Menschenopfer erfordert.«

»Sie sehen, Watson, Eile ist geboten!« Holmes war aufgestanden, und wir folgten seinem Beispiel. »Mir bleibt nur zu hoffen, daß Sie in Paris Erfolg haben, Dr. Jones. Wenn Sie herausgefunden haben, wonach Dr. Watson im Britischen Museum suchen soll, schicken Sie bitte ein Kabel in die Baker Street. Gute Reise!«

Jones gab uns die Hand. »Danke Mr. Holmes. Was werden Sie in der Zwischenzeit hier in Köln unternehmen? Haben Sie schon einen Plan?«

»Oh, ich werde nachdenken und dem Kommissar ein wenig zur Hand gehen.«

Wir brachen auch auf und beschlossen, für den Rückweg zu unserem Hotel auf eine Droschke zu verzichten. Nach der verqualmten Atmosphäre im Brauhaus genoß ich den kleinen Spaziergang in der frischen, eiskalten Nachtluft. Jones' ungeheuerliche Behauptung ging mir nicht mehr aus dem Kopf.

»Glauben Sie nicht auch, Holmes, daß unser junger Freund etwas übertreibt? Ein Menschenopfer! Selbst wenn es in einem jahrhundertealten Ritual so vorgesehen ist, kann ich mir einfach nicht vorstellen, daß Menschen heute noch zu etwas so Barbarischem in der Lage sein sollten, jedenfalls nicht hier in Deutschland!«

»Sie haben recht, das klingt wirklich sehr abwegig. Aber bedenken Sie, diese Leute sind gefährlich und skrupellos. Offensichtlich hat ein Menschenleben für sie keinen großen Wert. Und eines hat mich meine Erfahrung gelehrt, Watson, das Böse ist das Böse, ob mit oder ohne okkulte Dekoration.«

»Hm, ich hoffe doch, daß Sie am Ende nicht auch noch an einen möglichen Erfolg dieses obskuren Rituals glauben?«

»Nein, alter Freund, in diesem Punkt kann ich Sie beruhigen«, lächelte Holmes, »zu glauben, daß ein besonderes Ritual nötig ist, um den Teufel erscheinen zu lassen, scheint mir doch allzu naiv.«

»Wissen Sie, Holmes, ich frage mich, ob unser Dr. Jones großes Verständnis für solche Scherze aufbringen würde, was meinen Sie? Er wirkt so ernst und würdevoll. Man sollte nicht glauben, daß er noch so jung ist. Was halten Sie von ihm?«

»Ein bemerkenswerter junger Mann. Vor ihm liegt noch eine große Zukunft als Wissenschaftler, davon bin ich überzeugt. Kommen Sie, Watson, wir kürzen den Weg ab, hier geht es durch zur Breite Straße.« Holmes bog in eine schmale Gasse ein. »Übrigens ist er nicht ganz so ruhig und bedächtig, wie Sie denken. Als wir vorhin über die Unterschiede in den Triadenzeichen bei den kantonesischen und Hongkonger Banden sprachen, schien er sich nur mit Mühe konzentrieren zu können.«

»Das ist wirklich verblüffend, Holmes, bei einem derart faszinierenden Thema!«

»Nicht wahr? Der Grund für seine Ablenkung waren natürlich Sie, alter Freund, genauer gesagt: Ihre Plauderei mit der reizenden Baroneß. Jones wirkte doch einigermaßen beunruhigt, was ich ihm nicht verdenken kann. Schließlich geht Ihnen ein gewisser Ruf voraus, Watson!«

»Holmes!« Ich blieb stehen und drehte mich zu ihm um, eine passende Antwort auf den Lippen. Ich sollte sie für mich behalten. Möglicherweise hat meine Bewegung damals unser Leben gerettet. Aus den Augenwinkeln bemerkte ich huschende Schatten hinter uns und sah genauer hin. Drei oder vier Gestalten kamen auf uns zu, die Mützen tief in die Stirn gezogen. Offensichtlich waren sie uns gefolgt, und ihre Absichten lagen nur allzu klar auf der Hand, die enge und dunkle Gasse war der ideale Ort für einen Überfall.

Als sie sich entdeckt sahen, stürmten sie auf ein lautes Kommando hin auf uns zu. Holmes reagierte sofort. Bevor ich ihm noch eine Warnung zurufen konnte, war er bereits zur Seite gesprungen und hatte mit seinem Stock die erste Attacke pariert. Er mußte gut getroffen haben, der Angreifer stöhnte auf und ließ scheppernd ein großes Messer zu Boden fallen. Blitzschnell zerschmetterte Holmes mit einem zweiten Schlag dessen Knie und setzte mit einem wuchtigen Fußtritt nach, der den Mann nach hinten gegen seine Spießgesellen schleuderte und sie so daran hinderte, in den Kampf einzugreifen.

Holmes hatte den heimtückischen Angriff gestoppt, bevor er überhaupt richtig angelaufen war. Damit durften sie wohl kaum gerechnet haben. Beim zweiten Versuch würden sie es auch mit mir zu tun bekommen. Leicht gebückt ging ich in Kampfposition und packte meinen Stock fester. Neben mir hörte ich ein metallisches Schaben, als Holmes seinen Stockdegen blankzog. Auch die Angreifer mußten das Geräusch gehört haben. In diesem Moment wurden hinter uns Stimmen laut. Ich warf schnell einen Blick über die Schulter und sah am anderen Ende der Gasse zwei Männer stehen. Einer von ihnen hielt eine Laterne hoch und leuchtete mit ihr in unsere Richtung. Der Lichtstrahl streifte uns und fiel kurz auf den Degen, dessen kalter Stahl aufblitzte.

Vielleicht hielten unsere Angreifer die beiden Männer für eine Polizeistreife, vielleicht war es aber auch die Befürchtung, mit Holmes' Klinge nähere Bekanntschaft machen zu müssen, die sie zum Rückzug bewog. Nach einem winzigen Zögern machten sie kehrt und packten ihren stöhnenden Kameraden, der so schnell mithumpelte, wie es seine Verletzung erlaubte. So plötzlich, wie sie aufgetaucht waren, verschwanden sie auch wieder. Der Spuk war vorbei. Holmes steckte seinen Degen wieder ein und blickte suchend umher.

»Ich muß schon sagen, Holmes, dieses Köln scheint ein gefährliches Pflaster zu sein! Haben Sie die Gesichter der Männer erkennen können?«

»Nein, dazu war es zu dunkel, aber ich glaube kaum – ah, hier ist es ja!« Holmes bückte sich und hob das Messer vom Boden auf, das der Angreifer fallengelassen hatte. »Würden Sie mir bitte leuchten, Watson!«

Ich zündete ein Streichholz an und trat zu ihm. Holmes hielt das Messer in den Lichtschein und beugte seinen Kopf darüber.

»Ein hübsches Stück«, nickte er befriedigt und sah hoch, »schauen Sie selbst!«

Ich erkannte, was er meinte. Im Ansatz der Klinge war ein Drache eingraviert. Wir waren gerade knapp einem Mordanschlag entgangen.

»Das ist ein gutes Zeichen, Watson! Jemand will uns ausschalten!«

»Das soll gut sein? Manchmal kann ich Ihrem Humor nicht ganz folgen!« Das Streichholz flackerte. Bevor es verlosch, bemerkte ich das Blut an Holmes' Ärmel. »Meine Güte, Sie sind ja verwundet!«

»Ach, was, Watson«, wehrte er ab. »Ich war wohl ein wenig zu langsam eben. Aber es ist nur ein Kratzer, nicht der Rede wert.«

»Das zu beurteilen überlassen Sie besser mir. Kommen Sie ins Licht, Holmes, ich will mir die Wunde näher ansehen.« Wir gingen auf das Ende der Gasse zu.

»Überlegen Sie doch«, setzte Holmes ungerührt zu einer Erklärung an, »das waren keine Straßendiebe, die es auf unsere Geldbörsen abgesehen hatten. Auch ohne die Gravierung auf dem Dolch wäre diese Folgerung unausweichlich. Nein, erst wird der dritte Mann den Dom hinunter in den Tod gestoßen, jetzt der versuchte Überfall: Jemand will uns unbedingt aus dem Fall heraushalten! Jemand, dem wir offenbar zu nahe gekommen sind.«

»Aber wodurch? Sie haben doch selbst gesagt, daß durch den Tod von Schmitz die einzige konkrete Spur wertlos geworden ist.«

»Das stimmt. Trotzdem werden wir verfolgt«, sagte Holmes nachdenklich, »jemand scheint uns auf Schritt und Tritt zu überwachen. Dafür muß es einen Grund geben.«

»Der nicht schwer zu erraten ist, Holmes: Sie sind erkannt worden, wie Sie schon vermutet haben. Die Drachenleute fürchten Sie.«

»Damit mögen Sie ja recht haben, Watson, aber das hilft uns nicht weiter. Es sei denn …« Holmes ließ den Satz unvollendet und brummte vor sich hin.

Wir hatten unterdessen die Breite Straße erreicht, und ich steuerte auf die nächste Gaslaterne zu, die nur ein paar Schritte entfernt stand. Ein Stück weiter gingen die beiden vermeintlichen Polizisten ihrer Arbeit nach und klebten Plakate an die Hauswände. Sie schienen gar nicht bemerkt zu haben, in welch brenzliger Situation wir uns eben befunden hatten.

Im Schein der Straßenlampe verband ich Holmes' Stichwunde mit meinem Taschentuch. Es war tatsächlich nur ein kleiner Schnitt, und die Blutung hatte schon von allein aufgehört. »Fertig, Holmes. Nichts Ernstes, aber der Ärmel ist wohl ruiniert, fürchte ich.«

»Es muß noch eine andere Spur geben, Watson.« Offensichtlich hatte er mir gar nicht zugehört. Er hob sein Kinn und legte einen Finger an die Nase. »Das ist die einzige stichhaltige Erklärung für den Überfall. Warum sollte mich jemand so dringend beseitigen wollen, wenn er nicht befürchten müßte, daß ich ihm zwangsläufig auf die Spur komme? Also muß es einen deutlichen Hinweis auf die Täter geben!« Plötzlich lachte er auf. »Einen Hinweis, der für den Kommissar zwar nichtssagend bliebe, der aber Sherlock Holmes unmöglich entgehen könnte.«

»Nun, wenn Sie ihn trotzdem übersehen haben, scheint dieser Hinweis sogar noch exklusiver zu sein!«

»Oh, ich habe ihn nicht übersehen, das konnte ich gar nicht, denn er ist gerade erst aufgetaucht!« Wie gewöhnlich war Holmes nicht zu schlagen. »Endlich haben wir eine Spur, der wir nachgehen können, Watson. Drehen Sie sich nur um!«

Verblüfft folgte ich seiner Aufforderung. Holmes zeigte triumphierend auf die Hauswand. Im Lichtkegel der Lampe konnte ich nichts weiter als ein großes Plakat erkennen, das noch feucht schimmerte. Anscheinend hatten die beiden Männer es erst vor wenigen Minuten geklebt. In schreienden Lettern wurde für die Attraktionen eines Jahrmarktes auf den Rheinwiesen geworben.

»Tut mir leid, Holmes, ich verstehe nicht, was Sie meinen.«

»Aber denken Sie doch nach, alter Freund! Wer könnte wohl geeigneter sein für die Fassadenkletterei und das Abseilen im Dom als Hochseilakrobaten und Trapezkünstler? Und hier finden wir sie!«

»Sie haben recht, Holmes!« rief ich und sah mir das Plakat genauer an. Alles, was zu einem richtigen Jahrmarkt gehört, wurde aufgeführt: Clowns, Dompteure, Zauberer, Feuerschlucker – alle, mit einer Ausnahme.

»Aber Holmes, hier steht kein Wort von Hochseilartisten.«

»Gratuliere, Watson, Sie haben es erfaßt: Keine Akrobaten.«

Es dauerte einen Moment, aber dann verstand ich die Pointe. Tote haben keinen Auftritt mehr. Wenn die Einbrecher wirklich zur Jahrmarkttruppe gehört hatten, war das Fehlen der Artisten auf den Plakaten nicht weiter verwunderlich. Offensichtlich hatte man in der kurzen Zeit noch keinen Ersatz für sie gefunden. Daß in dem Programm von Anfang an keine Akrobaten vorgesehen gewesen sein sollten, war sehr unwahrscheinlich. Nein, ich konnte Holmes nur zustimmen, diese auffällige Ungereimtheit hatte etwas zu bedeuten. Das Plakat mußte der Hinweis sein, den Sherlock Holmes nicht hatte finden sollen.

»Glauben Sie, daß die Zirkusleute mehr über die Einbrecher wissen?«

»Davon bin ich überzeugt, Watson. Wenn die Toten aus der Jahrmarkttruppe stammten, muß es dort auch Spuren von ihnen geben, wenn nicht sogar noch weitere Mitglieder des Drachenbundes. Weshalb sonst der Anschlag?«

»Dann sollten wir besser den Kommissar verständigen.«

»Auf keinen Fall, Watson! Wenn sich die Polizei dort blicken läßt, sind die Leute gewarnt und tauchen unter. Außerdem glaube ich nicht, daß der gute von Stamm das Plakat hier entsprechend zu würdigen weiß. Ich werde mich selbst darum kümmern.«

»Allein, Holmes? Aber das ist gefährlich! Die Leute kennen Sie, vielleicht warten sie nur auf Sie, und stellen Ihnen eine Falle!«

»Das ist gut möglich, Watson. Diese Leute scheinen mich sogar sehr gut zu kennen, was seltsam ist, wenn man es recht bedenkt. Bisher hatte ich in meiner Arbeit noch nie etwas mit Okkultismus zu tun, wie sollten Satanisten also an ihr Wissen über mich kommen? Es muß noch etwas anderes im Spiel sein. Wie dem auch sei, wir sind hier nicht mehr sicher. Sie werden weiterhin versuchen, mich auszuschalten.«

»Das denke ich auch, Holmes. Deshalb halte ich es für besser, wenn ich bei Ihnen bleibe.«

»Danke für ihr Angebot, alter Freund, aber ich brauche Sie in London. Und ich kann Sie beruhigen, ich habe einen Plan. Wie der Überfall gezeigt hat, ist der Orden auf uns aufmerksam geworden. Wenn wir jetzt auf dem Jahrmarkt erscheinen und Nachforschungen anstellen, kann ihnen das nicht verborgen bleiben, und sie werden entsprechend reagieren. Aber dazu lassen wir es gar nicht erst kommen.«

»Und wie stellen wir das an?«

»Sie werden zurück nach London fahren, Watson, und Sherlock Holmes wird Sie begleiten.«

»Mich begleiten? Aber sagten Sie nicht eben – ah, jetzt verstehe ich! Sie wollen inkognito hierbleiben!«

»So ist es. Eine andere Möglichkeit, an die Drachenleute heranzukommen, sehe ich nicht. Und niemand sonst darf von meiner Anwesenheit hier wissen, auch nicht der Pater oder von Stamm. Dafür müssen Sie sorgen, Watson!«

Am nächsten Morgen informierten wir den Pater von unserer Abreise. Er machte einen leicht enttäuschten Eindruck auf mich. Wahrscheinlich hatte er sich mehr von Holmes' Aufenthalt versprochen, sah aber ein, daß wir in Köln zur Zeit nichts mehr ausrichten konnten und die Nachforschungen in England sinnvoller waren, als hier auf gut Glück zu warten. Was hier zu tun war, konnte die Polizei genauso gut erledigen. Holmes tröstete ihn damit, daß er nicht mit einer langen Abwesenheit rechne. Der Pater seufzte und begleitete uns zum Bahnhof.

Auf dem Weg dorthin machten wir einen Abstecher zum Polizeirevier. Kommissar von Stamm war mit seinen Ermittlungen noch nicht weitergekommen. Schmitz hatte keinerlei Familie gehabt, und die meisten seiner Freunde und »Kollegen« saßen im »Klingelpütz«, wie die Kölner ihr Gefängnis nannten. Es gab noch keinen Hinweis auf die gestohlenen Reliquien, und natürlich auch nicht auf den Drachenorden, wie von Stamm süffisant hinzufügte. Aber er gab sich zuversichtlich, man überwache die Hehler, und das Diebesgut würde schon noch auftauchen.

Als er von Holmes' Vorhaben hörte, lächelte er herablassend und wünschte ihm viel Erfolg, schließlich schade es nicht, jeder Spur nachzugehen, sei sie auch noch so obsolet. Holmes parierte solche Unverschämtheit mit entwaffnender Freundlichkeit. Hochzufrieden ließ von Stamm es sich nicht nehmen, aus kollegialem Respekt den »großen Detektiv aus London« persönlich zu begleiten. Im stillen mußte ich Holmes recht geben, es hätte nichts genützt, dem Kommissar von dem Plakat zu berichten, wir wären nur ausgelacht worden. Also durften wir auch getrost den Überfall und das Messer unerwähnt lassen, das hatte von Stamm verdient. Auch, daß Holmes ihn so en passant für sein Ablenkungsmanöver einspannte.

»Bravo, Holmes!« raunte ich ihm zu, als wir vor dem Bahnhof aus der Droschke stiegen. »Ihre Abreise hätten Sie kaum auffälliger inszenieren können. Es fehlt höchstens noch eine Blaskapelle.«

»Nun ja, Watson, dazu war keine Zeit!« Er sah mich unschuldig an und ging dann mit dem Pater und von Stamm auf das große Gebäude zu. Bevor ich ihnen folgte, warf ich einen letzten Blick zurück auf den Dom.

Unser Zug stand bereits unter Dampf auf dem Gleis, bis zur Abfahrt blieben uns nur noch wenige Minuten. Unauffällig sah ich mich in dem Gedränge auf dem Bahnsteig um. Wenn Holmes recht hatte, wurden wir auch jetzt beobachtet. Irgendwo in der Menge mußte ein Mitglied des Drachenbundes stecken. Als ich ihn sah, erkannte ich ihn sofort: ein Gepäckträger, der mitten im dichtesten Betrieb untätig herumstand und zu uns herüberstarrte. Etwas Lauerndes lag in seiner Haltung. Für einen kurzen Moment begegnete ich einem stechenden Blick aus einem schlecht rasierten, bleichen Gesicht, dann wandte ich mich ab. Liebend gern wäre ich auf den Kerl losgestürzt, ich brauchte nur daran zu denken, daß er vermutlich zu denen gehörte, die uns gestern in der Gasse überfallen hatten. Seine Anwesenheit auf dem Bahnhof bewies, wie notwendig Holmes' List war, und der Gedanke, daß sie zu funktionieren schien, gab mir ein Gefühl grimmiger Zufriedenheit.

Ohne noch einmal in die Richtung des Gepäckträgers zu sehen, stieß ich Holmes leicht in die Seite. Er nickte kaum merklich und sagte leise: »Ja, Watson, ich habe ihn bemerkt! Die beiden anderen auch.« Dann wandte er sich mit lauter Stimme an unsere Begleiter und schüttelte ihre Hände. Meine Verabschiedung fiel etwas unaufmerksam aus, zu sehr war ich mit dem Versuch beschäftigt, aus den Augenwinkeln heraus die restlichen Beschatter zu identifizieren, von denen Holmes gesprochen hatte. Erfolg hatte ich allerdings nicht.

Der Schaffner drängte uns zum Einsteigen. Nach einem letzten Gruß gingen Pater Hieronymus und der Kommissar den Bahnsteig hinunter zum Ausgang. Wir nahmen unsere Fensterplätze ein und achteten darauf, von außen gut sichtbar zu sein. Langsam fuhr der Zug an. Der Gepäckträger war an seinem Platz geblieben und schaute uns nach. Er schien sichergehen zu wollen, daß wir auch tatsächlich abreisten. Erst als wir den Bahnhof verließen, geriet er aus meinem Blickfeld. Ich lehnte mich zurück in das Polster. Außer uns war niemand im Abteil.

»Sind Sie wirklich sicher, Holmes, daß da noch andere –«

»Haben Sie Feuer, Watson?« unterbrach mich Holmes brüsk und hielt mir seine Pfeife vor die Nase.

Ich griff in meine Westentasche. »Also, ich konnte niemanden –«

»Und das Wetter, Watson! Glauben Sie, daß es in London auch so kalt ist wie in Köln?« Wieder war er mir ins Wort gefallen, und wieder mit demselben schneidenden, bestimmten Tonfall. Ärgerlich holte ich meine Zündhölzer hervor und reichte sie ihm.

»Holmes, ich muß schon sagen! Was zum Donnerwetter soll denn das?« Und dann verstand ich ihn. Ich riß fragend die Augen auf, und Holmes nickte bestätigend. Mit dem Kinn wies er auf die Tür zum Gang. Nach wenigen Sekunden tauchte dort ein Mann auf und musterte uns eindringlich, bevor er weiterging. Der Schaffner folgte ihm. Wir hörten einen kurzen Wortwechsel, in dem es um die Fahrkarten ging, dann entfernten sich die Stimmen. Offensichtlich eskortierte der schimpfende Beamte den Fahrgast aus der ersten

Klasse hinaus. Holmes war aufgesprungen und sah den Gang hinunter. Dann schloß er die Tür und schob den Vorhang vor.

»Die Luft ist rein, Watson, das war unser Aufpasser!« Rasch legte er seine Mütze und den karierten Reisemantel ab. Darunter trug er einen unauffälligen, schon etwas abgetragenen Anzug von kontinentalem Schnitt. »Ich habe natürlich damit gerechnet, daß jemand von ihnen mit in den Zug kommt. Wollen wir hoffen, daß er auch in Ehrenfeld wieder aussteigt, sonst werde ich Ihnen noch etwas länger Gesellschaft leisten müssen.«

Holmes öffnete seinen Koffer und holte eine Reihe Utensilien heraus, die er sorgfältig in einer bestimmten Reihenfolge auf der Sitzbank ablegte. »Bitte den Spiegel, Watson.«

Ich kam seiner Aufforderung nach und hielt den aufklappbaren Schminkspiegel vor ihn. Schon öfter war ich Zeuge von Holmes' bemerkenswerten Verwandlungskünsten geworden, die er zu den unverzichtbaren Fertigkeiten seines Berufes zählte und perfekt beherrschte. Diesmal mußte er unter enormem Zeitdruck arbeiten. In wenigen Minuten würden wir den Bahnhof Köln-Ehrenfeld erreichen. Sein Plan sah vor, daß er dort den Zug wieder verlassen und dann unerkannt in die Stadt zurückkehren sollte.

Die knapp bemessene Zeit schien Holmes keine Probleme zu bereiten. Mit schnellen und konzentrierten Handgriffen begann er seine Arbeit. Zuerst bestäubte er sein Haar sorgfältig mit weißem Puder, dann trug er Schminke auf die Stirn- und Augenpartie auf und zeichnete Falten und Runzeln ein. Die untere Gesichtshälfte verschwand unter einem prächtigen grauen Vollbart.

Das Ergebnis war verblüffend. Innerhalb weniger Augenblicke hatte sich Holmes' Erscheinung völlig verändert. Er sah nun um Jahrzehnte gealtert aus. Zu guter Letzt holte er aus der Innentasche seiner Jacke noch einen altmodischen Kneifer und setzte ihn sich auf die Nase. Nach einem abschließenden prüfenden Blick in den Spiegel nickte er befriedigt.

»Das muß reichen! Jetzt fehlt nur noch ihr Mantel, Watson.«

»Großartig, Holmes! Der Kerl dürfte Sie nicht erkennen, selbst wenn Sie ihn nach der Uhrzeit fragen!«

Wir zogen den Vorhang des Fensters ein Stück weit zu und drapierten Holmes' Mantel so auf dem Sitz, daß es von außen aussehen mußte, als säße Holmes dort auf seinem Platz. Natürlich wirkte die

Täuschung nur aus der Distanz, aber unser Beschatter würde seine Nase schon nicht an das Fenster pressen.

Mittlerweile hatte der Zug seine Fahrt verlangsamt, und wir fuhren in den Bahnhof des Kölner Vorortes ein. Auf dem Bahnsteig herrschte lebhafter Betrieb. Ich lehnte mich aus dem Fenster und winkte einen Zeitungsverkäufer heran. Dabei hielt ich so unauffällig wie möglich Ausschau nach unserem Mann, konnte ihn in der Menge aber nirgends entdecken. Das Lächeln des Zeitungsjungen wurde immer breiter, als er mir nach und nach einen Großteil seines Sortiments hochreichte. An Lesestoff würde es mir bis London nicht mangeln.

Holmes stand sprungbereit an der Abteiltür. »Sehen Sie ihn?«

Ich schüttelte den Kopf. »Bis jetzt noch nicht.«

Langsam ließ das Gedränge auf dem Bahnsteig nach. Eine Dame mit einer Unmenge Koffer verursachte einen kleinen Aufruhr und verzögerte damit die Abfahrt. Als ich schon nicht mehr damit rechnete, stieg aus einem der vorderen Wagen ein Mann und drehte sich in meine Richtung. Ich erkannte ihn sofort. Er mußte bis zum letzten Augenblick gewartet haben, um auch ganz sicher zu gehen.

»Endlich, da ist er! Beeilen Sie sich, Holmes, der Zug muß jeden Moment abfahren!«

»Reden Sie, Watson!« Holmes stieß die Tür auf und lief los. Wenig später hörte ich seine Stimme im Gang und die ärgerlich klingende Antwort des Schaffners. Also hatte es Holmes noch geschafft.

Ein Ruck ging durch den Wagen. Hastig bezahlte ich meine Zeitungen bei dem Jungen, schloß das Fenster und setzte mich. Mit einem rhythmischen Stampfen, das immer schneller wurde, nahm die Lokomotive Fahrt auf. Langsam rollten wir aus dem Bahnhof. Unser Überwacher war auf dem Bahnsteig stehengeblieben und starrte auf unser Fenster. Den würdigen alten Herrn, der in letzter Sekunde mühsam aus dem Zug gestiegen war, beachtete er nicht.

Ich lehnte mich zurück und begann ein lebhaftes Gespräch mit Sherlock Holmes. Zumindest sollte es so aussehen, und ich gab mir alle Mühe, daß die Täuschung gelang. Auf Kommando ein Selbstgespräch zu führen, ist nicht so einfach, wie es scheinen mag. Mir half die Erinnerung an die Schulzeit, als wir auf unserer Stube mit verteilten Rollen Shakespeares Dramen gelesen hatten. Über mein Gedächtnis kann ich nicht klagen, und so bereitete mir die große Rede des Mark Anton aus »Julius Cäsar« keine nennenswerten Schwierigkeiten.

Kaum hatte ich das Schicksal des Brutus besiegelt, als ein lautes Räuspern ertönte. »Darf ich um Ihre Fahrkarte bitten, mein Herr!« Ich schaute auf. Wir hatten den Bahnhof längst hinter uns gelassen. In der Abteiltür stand ein Schaffner, der offensichtlich meinem Vortrag schon seit geraumer Zeit gefolgt war. Mit einem unverschämten Grinsen stempelte er nun mein Billett ab. Neben ihm stand ein kleiner Junge aus einem der Nachbarabteile und starrte mich offenen Mundes an. Ich machte die Tür vor seiner Nase zu und widmete mich den Rest der Fahrt über meiner Lektüre.

Das Buch der Großen Schlange

Zu Hause gab es unerwartete Arbeit, die mich in der ersten Zeit nach meiner Ankunft völlig in Anspruch nahm. Eine Grippe-Epidemie grassierte in London, und mehrere meiner Patienten hatten sich angesteckt. Mein Vertreter war schon mit seiner eigenen Praxis überlastet, also mußte ich mich selbst um die Kranken kümmern. Für irgendwelche Nachforschungen über den Drachenorden blieb mir keine Zeit.

Nach einigen Tagen war das Ärgste überstanden, und ich konnte allmählich daran denken, Holmes' Auftrag auszuführen. Zum ersten Mal seit meiner Rückkehr hatte ich Zeit für ein anständiges Frühstück gefunden und überlegte nun bei meiner dritten Tasse Kaffee, wie ich mich mit dem jungen Marble in Verbindung setzen sollte. Bevor ich zu einem Entschluß kam, brachte mir Mrs. Hudson ein Telegramm von Dr. Jones aus Paris an den Tisch.

Über den Geheimbund wußte er noch nichts Neues zu berichten, konnte mir aber nähere Angaben über die Schriften machen, die sich im Britischen Museum befinden sollten. Bei den fraglichen Dokumenten handelte es sich um den Briefwechsel des Inquisitors, der seinerzeit den Orden ausgerottet hatte, mit einem irischen Kollegen. Jones versprach sich von den Briefen einigen Aufschluß über die geheimen Praktiken des Ordens.

Zwar teilte ich seine Hoffnungen nicht, denn an mehr als eine bloß oberflächliche Beziehung der Drachenleute zu dem alten Kult zu glauben fiel mir schwer. Aber ich suchte das Britische Museum auf und bat um Einsicht in die Dokumente.

Das erwies sich als unmöglich. Der Bibliothekar, dem ich mein Anliegen vorgetragen hatte, brauchte ungewöhnlich lange und kam schließlich mit leeren Händen zurück. Peinlich berührt teilte er mir unter wiederholten Entschuldigungen mit, daß die Briefe nicht aufzufinden seien. Er wirkte schockiert und konnte sich den Vorfall nicht erklären. Etwas Derartiges sei ihm während seiner langen Dienstzeit in dieser ehrwürdigen Institution noch nicht begegnet. Das Wort »Diebstahl« kam nicht über seine Lippen, aber genau davon sprach er. Die Dokumente waren verschwunden, und eine bestimmte Vermutung lag nur allzu nahe.

Wer die Heiligen Drei Könige aus dem Kölner Dom stehlen konnte, für den war das Entwenden eines weiter nicht erwähnenswerten Briefwechsels aus der Bibliothek des Britischen Museums wohl nur eine Fingerübung.

Beim Abschied verwies mich der Bibliothekar an ein ehemaliges Kloster, in dessen Archiv immer noch Teile einer alten papistischen Bibliothek gelagert seien. Der Briefwechsel stammte aus diesen Beständen, und vielleicht gebe es dort noch eine Kopie davon.

Noch am selben Nachmittag nahm ich den Zug nach Kent und besuchte das ehemalige Kloster in der Nähe von Canterbury. Vom Bibliothekar wußte ich, daß ein reicher Eigenbrötler vor Jahren das Gebäude gekauft hatte; Besucher waren nicht willkommen. Um die immer noch recht umfangreiche Bibliothek kümmerte sich ein Kustos, der ähnlich unzugänglich sein sollte wie sein Hausherr. Der Bibliothekar hatte mir ein Schreiben mitgegeben, aber nicht zu behaupten gewagt, daß mir damit bereits die alten Klostertüren offenstehen würden.

Seine Skepsis war berechtigt. Ich wurde von einem älteren Angestellten empfangen, der sich als Sekretär des Kustos vorstellte. Ausgesprochen kurz angebunden zeigte er sich von der Empfehlung des Britischen Museums nicht im mindesten beeindruckt. Er gab mir das deutliche Gefühl, lediglich ein lästiger Eindringling zu sein. Als er gar von meinen speziellen Wünschen erfuhr, kühlte sein vormals schon reichlich unfreundliches Verhalten noch mehr ab, und er wurde direkt abweisend. Sie führten schließlich keine öffentliche Bibliothek, außerdem seien die betreffenden Schriften bereits alle weggegeben. Aber selbst wenn es noch einen Restbestand gäbe, stünde derartiges Material unter Verschluß im Magazin und könnte nur auf ausdrückliche Anordnung des Kustos eingesehen werden. Und Reverend Abercrombie sei ein sehr alter Herr, dessen Mittagsschlaf er auf keinen Fall stören dürfe. Ich solle mich schriftlich an ihn wenden, er könne mir allerdings keine großen Hoffnungen machen. Damit wollte er mich unmißverständlich zur Tür hinauskomplimentieren.

Ich unternahm einen letzten Versuch. »Reverend Abercrombie, sagten Sie? Doch nicht etwa George F. Abercrombie, früher Lehrer am Wellington-College in Hampshire? Das ›F‹ steht für ›Flavius‹?«

Der Sekretär zog verwundert die Brauen hoch. »Sie kennen ihn, Sir?«

Täuschte ich mich, oder war sein Ton nicht mehr ganz so schroff? »Das will ich meinen! Jemanden, der einem die unregelmäßigen Verben im wahrsten Sinne des Wortes eingebleut hat, vergißt man nicht so leicht. Meine Güte, er muß doch längst achtzig sein!«

»Achtundachtzig im Mai, aber das sieht man ihm wirklich nicht an.«

Nein, ich hatte mich nicht geirrt, der Sekretär taute sichtlich auf. Ich nutzte die günstige Gelegenheit und gab ihm meine Karte. »Würden Sie mich bitte bei Reverend Abercrombie anmelden und ihm sagen, daß ein ehemaliger Schüler von ihm aus Wellington ihn dringend zu sprechen wünscht!«

Es dauerte nicht lange, bis der Sekretär zurückkehrte und mich in das Arbeitszimmer des Reverends führte. Er war es wirklich. Nach dreißig Jahren stand ich wieder meinem alten Lateinlehrer gegenüber. Die Zeit hatte ihre Spuren auf seinem zerfurchten Gesicht hinterlassen, aber seine hellen Augen blickten völlig wach, und nach der Art, wie er begeistert meine Hände schüttelte, schien er auch körperlich noch gut beisammen zu sein. An mich konnte er sich sogar noch erinnern, wie ich geschmeichelt feststellte.

»Sie gehörten zu den paar Ausnahmen, Watson, die wenigstens einigermaßen mit den Verben zurechtkamen!«

»Nur durch Ihre tatkräftige Hilfe, Sir, das kann ich Ihnen versichern! Ich bin überrascht, Sie immer noch im Dienst zu sehen.«

»Die Stelle hat mir Boscombe angeboten, als er damals das Anwesen gekauft hat. Hilft mir, meine Pension aufzubessern!«

»Die Arbeit scheint Ihnen gut zu bekommen, Sir! Sie haben sich kaum verändert seit Wellington.«

»Ach was, die ganze Arbeit macht natürlich Jenkins, mein Sekretär. Meine Stelle ist die reinste Sinekure. Nein, Watson, ich sage Ihnen, was mir hier gut bekommt: ein anständiger Port nach dem Essen.« Lachend legte er mir die Hand auf die Schulter. »Sie bleiben selbstverständlich zum Dinner!«

Ich nahm die Einladung an. Beim Essen tauschten wir alte Schulgeschichten aus. Dann wollte der Reverend wissen, wie es mir als Militärarzt der indischen Armee ergangen war, und ich erzählte ihm vom Afghanistan-Feldzug.

Er nickte befriedigt. »Wußte immer, daß Sie einen guten Offizier abgeben würden, mein Junge!«

Als wir anschließend wohlversorgt mit Zigarren und Portwein am Kamin saßen, brachte ich mein Anliegen vor. Eine Weile blieb es still, der Reverend starrte in die Flammen und drehte bedächtig das Glas in seiner Hand. Das geschliffene Kristall ließ den Port wie einen Rubin glitzern. Auf einmal wirkte Abercrombie uralt.

»Ich fürchte, Watson, ich kann Ihnen nicht weiterhelfen«, begann er zögernd. »Es stimmt, es gab tatsächlich Aufzeichnungen über eine alte Sekte von Teufelsanbetern in unseren Beständen, und einen Teil davon haben wir damals dem Britischen Museum übergeben.« Langsam schüttelte er den Kopf. »Wissen Sie, kein Bibliothekar trennt sich gern von alten Büchern, aber in diesem Fall ist mir das leicht gefallen, ausgesprochen leicht. Gräßliche Sachen waren dabei, einfach scheußlich.«

»Was ist mit dem Rest geschehen, den Sie behalten haben?«

»Den Rest«, er trank einen Schluck, »nun, den Rest habe ich verbrannt! Das schien mir die beste Lösung zu sein, und der Meinung bin ich noch immer. Glauben Sie mir, Watson, als ich diese Berichte über ihre grauenhaften Rituale lesen mußte, war ich zum ersten Mal froh über das barbarische Wirken der Inquisition, die Gleiches mit Gleichem vergolten hat. Alle Anhänger des Satanskultes sind damals auf dem Scheiterhaufen gelandet. Die Inquisition hat dem Spuk ein für allemal ein Ende bereitet.«

Mittlerweile war ich mir dessen nicht mehr so sicher. »Genau darum geht es! In letzter Zeit ist –«

»Warten Sie, Watson!« unterbrach mich der Reverend und hob die Hand. »Mir ist gerade wieder etwas eingefallen! Ich habe gar nicht alles verbrannt, einiges fehlte schon. Sie sind nämlich nicht der erste Interessent, Watson. Vor Jahren hat sich schon einmal jemand nach Material über diesen Orden erkundigt, ein Sammler und Privatgelehrter. Ein komischer Kauz, machte aber ansonsten einen seriösen Eindruck. An den Namen kann ich mich nicht mehr erinnern. Irgend etwas Kurzes.«

Etwas Kurzes. Ich richtete mich auf. »Vielleicht ein gewisser Marble, David Marble?«

»Jawohl, genau so hat er geheißen: Marble! Schien sich ausgiebig mit magischen und okkulten Studien befaßt zu haben, kannte sich jedenfalls auf dem Gebiet gut aus. Sagte mir, daß er an einer ›Geschichte der schwarzen Magie‹ arbeite. Und dieser Drachenorden interessierte ihn ganz besonders. Es sei nur wenig über ihn bekannt, und man müsse dem Himmel für jede Information danken.« Abercrombie sah mich kurz an. »Habe ihn natürlich gefragt, ob er überhaupt wisse, wovon er da rede! Na ja.« Er zuckte mit den Schultern. »Marble hat damals in unseren Beständen noch einige einschlägige Schriften aufgestöbert, von einer war er völlig begeistert. Er war der Meinung, daß es sich dabei um den einzigen noch erhaltenen Druck des berüchtigten ›Liber Draconis Magni‹, des ›Buchs der Großen Schlange‹ handelte, in dem das ›Große Ritual‹ beschrieben sei. Damit meinte er wohl irgendeine Teufelsbeschwörung. Er war so begeistert von seinem Fund, daß ich ihm das Buch mitgegeben habe, obwohl mir nicht ganz wohl dabei war. Ich hätte es besser verbrennen sollen.«

Mit einem tiefen Zug leerte er sein Glas und wandte sich zu mir. »Wenn Sie also mehr über diese Brüder wissen wollen, müssen Sie sich an Marble halten. Jenkins hat bestimmt noch seine Anschrift.«

»Marble kann uns keine Auskunft mehr geben. Er wurde ermordet, und die Umstände seines Todes waren reichlich mysteriös.«

Der Reverend riß seine Augen auf. »Ermordet? Mein Gott, das ist ja furchtbar!« Dann sah er mich scharf an. »Aber woher wissen Sie das alles? Raus mit der Sprache, Watson! Sie sind doch nicht hier, um kulturhistorische Studien zu betreiben. Da steckt doch mehr dahinter!«

»Leider haben Sie recht!« Ich berichtete vom Verschwinden der Bücher aus dem Britischen Museum, von Marbles Tod und auch von den Ereignissen in Köln. Als ich ihm vom Diebstahl der Heiligen Drei Könige erzählte, brummelte er etwas von »papistischem Aberglauben« vor sich hin, aber sein Gesichtsausdruck wurde immer besorgter.

»Hätte nie gedacht, daß jemand solchen Unsinn heute noch glauben könnte.« Nachdenklich schüttelte er den Kopf. »Aber es sieht wohl tatsächlich so aus, als wäre dieser Drachenorden wiederauferstanden! Natürlich bin ich sehr skeptisch, was die angebliche Wirkung der Heiligen Drei Könige angeht. Alles Aberglaube, wissen Sie. Trotzdem wäre mir wohler, wenn Sie die Reliquien schnell wieder sicherstellen könnten, und zwar – eh – unbenutzt, sozusagen. Je eher, desto besser.«

»Wir tun alles, was in unserer Macht steht!«

»Na, wenigstens ist die Sache bei Ihnen und Sherlock Holmes in den richtigen Händen! Habe Ihre Berichte über ihn natürlich verfolgt, mein Junge. Tüchtiger junger Mann, ihr Freund! Etwas exzentrisch vielleicht – diese Fiedelei sollten Sie ihm wirklich abgewöhnen! –, aber tüchtig. Das Empire bräuchte mehr von seiner Sorte.«

Ich versprach ihm, das Kompliment weiterzugeben, und brach auf, um noch den Spätzug zu erreichen. Die herzliche Einladung, doch über Nacht zu bleiben, schlug ich aus. Ich wollte so schnell wie möglich zurück nach London. Das »Buch der Großen Schlange« ließ mir keine Ruhe. Zwar machte ich mir wenig Hoffnungen, daß es sich noch in Marbles Nachlaß befinden könnte, wollte aber ganz sicher gehen. Reverend Abercrombie würde sich bei mir melden, falls ihm noch etwas dazu einfallen sollte.

Während der Heimfahrt hatte ich das unbestimmte Gefühl, unter Beobachtung zu stehen. Überall schienen mich finstere Drachenverehrer zu belauern. Selbstverständlich war mir bewußt, daß es sich nur um eine nervöse Einbildung handelte. Schließlich hatte ich in letzter Zeit genügend Schauergeschichten gehört, um am Ende selbst noch anzufangen, Gespenster zu sehen. Trotzdem war ich einigermaßen erleichtert, als ich kurz nach Mitternacht die Baker Street erreichte und endlich die Haustür hinter mir schließen konnte.

Am nächsten Morgen setzte ich mich an den Schreibtisch, um für Holmes einen ausführlichen Rapport abzufassen. Seit er in Köln den Zug verlassen hatte, war ich ohne Nachricht von ihm. Ich konnte nur hoffen, daß sich die fehlenden Seilartisten auf dem Jahrmarkt nicht als falsche Fährte entpuppt hatten. Für den Fall, daß ich nichts von ihm hören sollte, hatten wir vereinbart, daß ich ihm meine Berichte postlagernd nach Köln schickte, adressiert an einen Mr. Sigerson. Auch an Jones setzte ich einen Brief auf. Ich teilte ihm mit, daß die fraglichen Briefe des Inquisitors wohl aus dem Britischen Museum gestohlen worden waren, und informierte ihn über Marbles »Liber Draconis Magni«. Vielleicht konnte er in Paris Näheres über das Buch in Erfahrung bringen.

Zufrieden verschloß ich die Briefe und überlegte, was ich als nächstes unternehmen sollte. Ob es nötig wäre, persönlich nach Marble Hall herauszufahren, oder ob eine telegraphische Nachfrage reichte. Ich trat ans Fenster, um nach dem Wetter zu sehen. Zufällig blieb mein Blick an einem Mann hängen, der auf der gegenüberliegenden Straßenseite stand. Es war weiter nichts Auffälliges an ihm zu bemerken, aber er kam mir bekannt vor, ich wußte nur nicht, woher. Plötzlich fiel es mir wieder ein: War dieser Mann nicht auch gestern abend mit im Zug gewesen? Wurde ich sogar hier in London beobachtet? Eine Droschke hielt unten, der Mann stieg ein und fuhr fort. Ein harmloser, ganz normaler Vorfall also. Wahrscheinlich war nur meine Einbildung mit mir durchgegangen. Holmes hätte wohl mit Bestimmtheit sagen können, daß der Mann Linkshänder war und seine Schwester seit Jahren unglücklich verheiratet, und ich wußte nicht einmal sicher, ob ich ihn vorher schon irgendwo gesehen hatte.

Während ich noch aus dem Fenster starrte und krampfhaft versuchte, mich genau zu erinnern, betrat Mrs. Hudson das Zimmer und brachte die Morgenpost. Von Holmes war nichts dabei, nur ein Brief des Paters aus Köln, den ich sofort öffnete.

In der Zwischenzeit hatte sich in der Gestalt von Monsignore Castelli eine unverhoffte Unterstützung in Köln eingefunden, berichtete Pater Hieronymus. Sein berühmter Kollege habe auf sein Schreiben prompt reagiert und sei sogar selbst angereist. Der Pater schien hocherfreut, endlich seine persönliche Bekanntschaft zu machen. Monsignore Castelli würde seinem Ruf als ausgewiesener Experte für Okkultes gerecht werden, schrieb er. Und anders als der Kommissar nehme er die Sache ernst, deshalb sei er auch sofort gekommen.

Als der Pater ihm von den Zeichen und Jones' Theorie des Geheimbundes berichtete, hatte er nur genickt. Er gab ihnen recht, auch er kannte das Drachenzeichen in dieser besonderen Ausführung und hatte schon von dem mysteriösen, hermetischen Orden gelesen. Er war sich sicher, daß es sich um denselben Kult handelte, von dem Jones gesprochen hatte.

Aber das war noch nicht alles. Die schlimmsten Ahnungen des Paters schienen wahr geworden zu sein, als er hören mußte, daß der Orden nur scheinbar seit Jahrhunderten verschwunden war. Die Satanisten waren immer noch oder zumindest wieder aktiv. Die Ereignisse im Dom und damals auf Marble Hall waren nämlich nicht die einzigen Anzeichen dafür. Daneben hatte es noch andere alarmierende Hinweise auf ein Wiederaufleben des Kultes gegeben, über die der Monsignore aber nichts weiter sagen wollte. Nur, daß nach allem, was passiert war, der neue Bund wohl kaum weniger gefährlich zu sein schien als der alte. Man mußte mit dem Schlimmsten rechnen.

Monsignore Castelli bestätigte nämlich auch die Vermutungen von Holmes und Jones über die Ziele des Geheimbundes. Zentraler Inhalt der Teufelsverehrung war tatsächlich die Erwartung eines »Vierten Königs«, der im Namen Satans über die Welt herrschen würde. Sein Erscheinen sollte durch bizarre, unaussprechliche Rituale herbeigeführt werden, über die nicht viel bekannt war. Aber daß sie Menschenopfer mit einschlossen, wußte man sicher, und daß die Reliquien der Heiligen Drei Könige dabei eine entscheidende Rolle spielten.

Seit Jahrhunderten galt das »heilige« Buch des Drachenordens mit den geheimen Anweisungen zur Durchführung der blasphemischen Zeremonien als verschollen. Wie der Monsignore aber aus zuverlässigen Quellen erfahren hatte, wurde seit einiger Zeit wieder fieberhaft nach dem berüchtigten Buch gesucht. Deshalb war er auch so besorgt, als er von dem Diebstahl der Reliquien hörte, denn das konnte womöglich bedeuten, daß die Satanisten das Buch wiedergefunden hatten und nun im Begriff waren, das »Große Ritual« zu vollziehen.

Ich ließ den Brief sinken. Bei dem Buch konnte es sich nur um das »Liber Draconis Magni« handeln, auf das der begeisterte Marble bei Reverend Abercrombie in den Beständen der alten Bibliothek gestoßen war. Diese Entdeckung hatte ihm kein Glück gebracht, im Gegenteil, er hatte seinen Fund mit dem Tod bezahlen müssen. Dessen war ich mir sicher, auch ohne Bestätigung aus Marble Hall, daß dieses Buch damals gestohlen worden war. Das bedeutete, daß die Drachenleute jetzt sowohl die Anleitungen zu den Ritualen als auch die Reliquien in ihrem Besitz hielten und daß die Befürchtung des Monsignore nur allzu berechtigt war.

Wie Pater Hieronymus weiter schrieb, gab es bei den polizeilichen Ermittlungen bisher noch keine Fortschritte. Von Stamm ließ weiterhin alle Hehler überwachen und war überzeugt, daß irgendwann demnächst etwas von den erbeuteten Juwelen auftauchen würde. Er ging immer noch von einem gewöhnlichen Diebstahl aus und maß den Reliquien selbst keine besondere Bedeutung zu.

Da nutzte es auch nichts, daß der Kommissar vom Monsignore ordentlich zurechtgestutzt wurde, wie Luzia auf einem beigelegten Blatt leicht amüsiert berichtete. Überhaupt schien ihr der Monsignore gut zu gefallen. Sie ließ sich so wohlwollend über seine charismatische Ausstrahlung und seinen Scharfsinn aus und wie froh sie doch sei, die Angelegenheit in so kompetenten Händen zu wissen, daß es Holmes gegenüber beinahe schon unhöflich wirkte. Mein Unmut verflog aber sofort, als ich das Postskriptum las, in dem Luzia in reizenden Worten ihrer Hoffnung auf ein baldiges Wiedersehen mit Holmes und mir in Köln Ausdruck gab.

Mittlerweile war mein Kaffee kalt geworden. Nach kurzer Überlegung entschloß ich mich, doch persönlich den jungen Marble aufzusuchen. Es ging ja nicht nur um das eine Buch, vielleicht barg der Nachlaß seines Onkels noch anderes Material über den Drachenorden. Ich stand bereits in Hut und Mantel, als mich die dringende Nachricht meines Kollegen erreichte. Einer meiner Patienten, den ich bereits auf dem sicheren Weg der Besserung glaubte, hatte einen Rückfall erlitten. Auf der Stelle eilte ich zu ihm. Sein Zustand war ernst, er wurde von einem schweren Fieber geschüttelt und halluzinierte stark.

An eine Fahrt nach Marble Hall war jetzt natürlich nicht mehr zu denken. Ich fand gerade noch die Zeit, die Briefe für Holmes und Jones aufzugeben, und sandte ein Telegramm an Marble. Das Befinden des Patienten verschlechterte sich weiter und erforderte meine ständige Anwesenheit. Sogar in der Nacht wurde ich mehrmals zu ihm gerufen. Die Krisis kam in den frühen Morgenstunden. Eine Stunde lang ging es um Leben und Tod, dann war es glücklich überstanden, das Fieber ließ rasch nach, und der Patient fiel in einen tiefen, gesunden Schlaf. Zufrieden, aber erschöpft und müde nahm ich eine Droschke in die Baker Street.

Dort wartete bereits Marbles Antwort auf mich. Wie ich es erwartet hatte, war damals bei dem Einbruch das »Buch der Großen Schlange« gestohlen worden, auch alle Aufzeichnungen des Gelehrten über den Orden fehlten. Die Drachenleute waren wirklich gründlich gewesen. Marble wollte wissen, ob es nach so langer Zeit endlich einen Hinweis auf die Mörder seines Onkels gebe, und bot Holmes seine uneingeschränkte Hilfe an. Ich nahm mir vor, ihn über die Ereignisse zu informieren, aber zuerst wollte ich nur schlafen.

Zur Teezeit wurde ich von Mrs. Hudson geweckt. Mit der Tagespost war ein Brief aus Köln gekommen. Es gab Neuigkeiten: Einem Hehler, der zugleich als Polizeispitzel arbeitete, war ein wertvoller Edelstein angeboten worden. Von Stamm hatte ihn dem Pater gezeigt, der ihn identifizieren konnte. Zweifelsfrei gehörte er zur Verzierung des Kelches, der zusammen mit den Reliquien geraubt worden war. Also war tatsächlich ein Teil der Beute aufgetaucht! Genau, wie der Kommissar es prophezeit hatte. Seinen Triumph konnte ich mir gut vorstellen.

Immerhin: In den Fall kam endlich Bewegung. Nach den Angaben des Hehlers war der Verkäufer ein Ausländer, vielleicht ein Zigeuner, der zum fahrenden Volk vom Jahrmarkt gehörte. Er hatte noch mehr Steine in Aussicht gestellt, und die Polizei wollte ihm nun eine Falle stellen. Für den Kommissar schien der Fall bereits so gut wie gelöst, schrieb der Pater und äußerte die Hoffnung, daß von Stamm mit seiner Theorie vielleicht doch recht habe.

Seinen Optimismus teilte ich nicht, und wahrscheinlich glaubte er selbst auch nicht daran. Es gab einfach zu viele Hinweise auf das Wirken einer geheimen Organisation. Die Heiligen Drei Könige gingen nicht auf das Konto von einfachem Diebesgesindel. Es waren dieselben Leute, die schon Marble auf dem Gewissen hatten und mit ihren Taten einen finsteren Plan verfolgten. Nach allem, was ich über sie wußte, fiel es mir schwer zu glauben, daß von Stamm sie wirklich in eine Falle locken könnte.

Zwischen den Zeilen ließ Pater Hieronymus durchblicken, daß er unsere schnelle Rückkehr nach Köln begrüßen würde, und in diesem Punkt stimmte ich ihm völlig zu. Nur dort war der Fall zu lösen. Hier in London hatte ich alle Aufträge erledigt und konnte jetzt weiter nichts unternehmen, als untätig herumzusitzen. Langsam wurde ich unruhig, von Holmes hatte ich noch immer nichts gehört. Nicht zum ersten Mal fragte ich mich, was er eigentlich in Köln trieb. Sollte der Kommissar tatsächlich die Diebe stellen können, wäre Holmes besser mit von der Partie. Aber ich wußte ja nicht einmal, ob und inwieweit er über den Hehler und den aufgetauchten Stein informiert war.

Mißmutig lief ich vor dem Kamin auf und ab, als es an der Tür klingelte. Kurz darauf brachte mir Mrs. Hudson ein Telegramm, das mich aus meiner unbefriedigenden Situation erlöste: »*Lage spitzt sich zu. Brauche dringend Ihre Hilfe. Nehmen Sie nächsten Zug. Vergessen Sie R. nicht! Sigerson.*«

Ich verlor keine Zeit und packte sofort meine Tasche. Schlafen konnte ich auch im Zug und während der Überfahrt. Das Kabel war deutlich genug, es wurde ernst. Holmes benutzte einen Code, den wir schon öfter verwandt hatten. Das »R.« stand für »Revolver«.

Um die Mittagszeit des nächsten Tages betrat ich wieder den Boden der Domstadt, bereit, es mit allen Gegnern aufzunehmen, wenn ich dadurch Holmes behilflich sein konnte. Unauffällig schaute ich mich um, aber niemand schenkte meiner Ankunft erkennbare Beachtung. Die Empfangshalle war festlich geschmückt, genau wie der Bahnhofsvorplatz und die Straßen. Überall hingen Wimpel und Fahnen, meist das Kölner Stadtwappen mit den drei Kronen oder die schwarzrotgoldene Reichsflagge. Anscheinend hatten die Kölner einen Grund zum Feiern gefunden.

Mit einiger Mühe arbeitete ich mich durch das lebhafte Gedränge ins Freie. Einen Gepäckträger brauchte ich nicht, meine Tasche war nicht allzu schwer, und den Weg zum Domhotel kannte ich inzwischen. Trotz der eisigen Kälte genoß ich den kurzen Spaziergang. Vor dem strahlendblauen Winterhimmel bot der Dom einen imposanten Anblick.

Holmes hatte ein Zimmer für mich reserviert, was sich als kluge Vorsorge erwies, wegen der bevorstehenden Feierlichkeiten war das Haus nämlich vollständig ausgebucht. Jetzt erfuhr ich vom Portier auch den Grund für die Festbeflaggung: Das Jubiläum der Kaiserproklamation stand kurz bevor.

Meine Erwartung, Holmes selbst vorzufinden, wurde enttäuscht. Statt dessen war an der Rezeption eine Nachricht für mich hinterlegt. Während ich auf mein Zimmer ging, überflog ich kurz das Billett. Holmes wollte mich erst im Laufe des Abends treffen und bestellte mich zum Jahrmarkt auf der anderen Rheinseite. Dort sollte ich das Zelt einer »Madame Fatima« aufsuchen und auf ihn warten. Also war er den fehlenden Akrobaten auf dem Plakat nachgegangen und mußte etwas herausgefunden haben. Das erklärte den gewählten Treffpunkt. Eine Wahrsagerin – an solche ominösen Verabredungen mit ihm war ich gewöhnt, aber seine letzte Zeile irritierte mich doch ein wenig: »Kommen Sie unrasiert!« Was hatte das zu bedeuten? Nun, ich würde es erfahren.

Nachdem ich mich umgezogen und dabei schweren Herzens auf meine Rasur verzichtet hatte, suchte ich den Pater auf. Die Haushälterin Frau Küppers führte mich in sein Arbeitszimmer, wo er über seinen Büchern saß. Er war allein, und das war mir ganz recht. Mit meinem Stoppelbart fühlte ich mich nicht sehr wohl und wäre nur ungern seiner Nichte begegnet. Pater Hieronymus schien erleichtert über meine Rückkehr und begrüßte mich herzlich. Ich berichtete ihm von den wenig erfreulichen Ergebnissen meiner Nachforschungen in England.

»Also kann es wohl keinen Zweifel mehr daran geben, daß dieser Geheimbund wieder aktiv ist.« Er hatte mir mit bekümmerter Miene zugehört. »Monsignore Castelli hat mir schon von jener schändlichen ›Bibel‹ erzählt, dem ›Liber Draconis Magni‹, das angeblich verschollen sein soll. Aber wie wir jetzt wissen, trifft das bedauerlicherweise nicht zu. Ein Exemplar muß die Verfolgung des Ordens überstanden haben.«

»Ja, und seine Entdeckung verdanken wir dem unglücklichen Marble. Deshalb mußte er sterben. Hier liegt die Verbindung zum Domraub. Es waren dieselben Leute, Pater: Sie wollten das Buch, und sie wollten die Reliquien, und zwar aus einem einzigen Grund!«

»Das ›Große Ritual‹!« Pater Hieronymus nickte und sah mich bedrückt an. »Vermutlich haben Sie recht, Dr. Watson.«

»Wissen Sie, Pater, ich glaube, daß Marble wußte, wer ihn überfallen hat und worum es dabei ging. Sicherlich hatte er das Buch eingehend studiert. Es muß ein ungeheurer Schock für ihn gewesen sein, als die Satansjünger leibhaftig bei ihm auftauchten. Denken Sie nur an sein angstverzerrtes Gesicht!«

»Der arme Marble, ein schrecklicher Tod!«

Einen Moment sahen wir uns ernst in die Augen.

»Wir müssen wohl davon ausgehen, daß sich das furchtbare Buch in den Händen des Drachenordens befindet. Genau, wie es der Monsignore befürchtet hat.«

»Ja, und die Heiligen Drei Könige haben sie auch.« Der Pater schüttelte niedergeschlagen den Kopf und seufzte. »Alles, was sie für ihr blasphemisches Ritual benötigen! Und ich wüßte nicht, was wir jetzt noch dagegen tun könnten.«

»Aber was ist mit dem Kommissar? Mit dem Hehler? Sie haben mir doch geschrieben, daß die Polizei der Beute auf der Spur sei und kurz vor einer Verhaftung stehe. Wie steht es damit?«

Pater Hieronymus sah mich überrascht an. »Oh, Sie wissen es noch gar nicht! Dann haben Sie meinen zweiten Brief also nicht mehr erhalten?«

»Nein, er muß erst nach meiner Abreise in der Baker Street eingetroffen sein. Es war wohl keine gute Nachricht, nehme ich an?«

»Alles andere als das, Dr. Watson, es hat schon wieder einen Toten gegeben: Der Hehler ist ermordet worden! Seine Frau fand die Leiche spätabends in seinem Laden. Kommissar von Stamm vermutet, daß man ihn zum Schweigen bringen wollte, damit er nichts über die Steine und die Diebe ausplaudern kann. Wahrscheinlich hatte man erfahren, daß er auch als Spitzel tätig war.«

Die Aktion war also fehlgeschlagen. Die Nachricht kam nicht ganz unerwartet. Anscheinend hatte von Stamm immer noch nicht begriffen, von welchem Kaliber unsere Gegner waren. Ich fragte mich, wo Holmes gesteckt haben mochte und ob ich womöglich zu spät gekommen war.

»Wollen Sie damit sagen, Pater, daß praktisch vor den Augen der Polizei ein Informant umgebracht wird, ohne daß sie eingreift? Das ist wirklich unglaublich. Ich denke, darauf hat von Stamm doch nur gewartet, um dann sofort zuzuschlagen und die ganze Bande auszuheben! Wollte er ihnen nicht eine Falle stellen?«

»Ja, so war es geplant, aber erst für den nächsten Tag. Als der Mord geschah, war die Polizei noch gar nicht auf Posten. Der Hehler hatte ein Treffen mit den Dieben vereinbart, um sich auch die restliche Beute anzusehen. Darauf wollte von Stamm warten und hat alles dafür vorbereitet.«

»Aber die Leute haben Verdacht geschöpft und sind früher gekommen! Und sie wollten auch nichts mehr verkaufen.«

»Das ist zu vermuten. Es war eine große Enttäuschung für den Kommissar, seine Hoffnungen auf einen schnellen Erfolg haben sich zerschlagen. Trotzdem hält er weiter an seiner Theorie fest und glaubt nicht an das Wirken eines Geheimbundes. Auch der Monsignore konnte ihn nicht überzeugen.«

»Wer auch immer die Reliquien geraubt hat, ob es nun unsere Teufelsanbeter oder gewöhnliche Diebe waren, der Verkäufer hätte uns zu ihnen führen können. Mit seinem Dilettantismus hat von Stamm alles verpatzt. Der angebotene Stein war doch ein handfester Hinweis, der einzige bisher. Jetzt stehen wir wieder mit leeren Händen da.«

»Sie haben recht, Dr. Watson, unsere Aussichten sind düster. Darüber sollten wir uns keine Illusionen machen. Die Reliquien sind vielleicht für immer verloren.« Bekümmert zog Pater Hieronymus die Schultern hoch. »Auch wenn der Kommissar anderer Meinung ist, trotz seines Mißerfolges. Man hat nämlich am Abend des Mordes einen Mann im Laden des Hehlers gesehen. Auf diesen Verdächtigen konzentriert sich nun die Suche. Von Stamm vermutet in ihm den Mörder. Nach der Beschreibung glaubt er, daß der Mann zum Jahrmarkt gehört.«

Ich mußte an Holmes denken, genau dort hielt er sich auf. Auf dem Jahrmarkt schienen alle Fäden zusammenzulaufen. Dann fiel mir etwas ein. »Sagen Sie, Pater, wann genau ist der Mord geschehen?«

»Vor zwei Tagen.«

Also hatte Holmes gar nicht die geplante Polizeiaktion gemeint, als er mir kabelte, daß die Lage sich zuspitzen würde. Sein Telegramm war erst nach dem Tod des Hehlers herausgegangen. Er mußte etwas anderem auf der Spur sein. Ich legte meine Hand auf Pater Hieronymus' Arm.

»Geben Sie die Hoffnung noch nicht auf, Pater! Vielleicht sind wir der entscheidenden Wendung in diesem Fall näher, als wir glauben. Holmes hat meine Hilfe angefordert. Er scheint einen Schritt weiter zu sein als von Stamm!«

»Ihre Hilfe angefordert, Dr. Watson?« Der Pater rückte an seiner Brille und sah mich verständnislos an. »Was meinen Sie damit?«

»Daß unsere gemeinsame Abreise nach London nur zur Tarnung diente. Holmes ist heimlich zurückgekehrt, um inkognito den Fall weiterzuverfolgen. Er war die ganze Zeit hier in Köln.« Ich holte Holmes' Kabel aus meiner Westentasche und reichte es dem verblüfften Pater. »Gestern erhielt ich diese Nachricht von ihm. Offensichtlich hat er etwas herausgefunden.«

Der einarmige Geiger

Bis zu meiner Verabredung mit Holmes hatte ich noch den ganzen Nachmittag Zeit. Trotz der eisigen Kälte war prächtiges Wetter, der Himmel strahlend blau. Ich beschloß, die Gelegenheit zu nutzen und mich selbst etwas auf dem Jahrmarkt umzuschauen. Alle Spuren führten dorthin, und es konnte nicht schaden, wenn ich mir selbst einen Eindruck verschaffte. Also zog ich meinen dicken Wintermantel an und machte mich auf den Weg.

Nachdem ich den Brückenzoll gezahlt hatte, spazierte ich über die schwimmende Schiffsbrücke auf die andere Rheinseite nach Deutz. Dort hatte man am alten Schnellert, wie der tote Rheinarm genannt wurde, auf den Wiesen eine große und bunte Zeltstadt errichtet. War es auf der Brücke schon reichlich eng gewesen, so wurde das Gedränge und Geschiebe jetzt noch schlimmer. Ganz Köln schien auf den Beinen zu sein.

Die Luft war erfüllt von lautem Gelächter, Kinderlärm, den Klängen vieler Drehorgeln, von ständigem Trommelwirbel. Und zwischendurch immer wieder ein blecherner Tusch, gespielt von einer Viermannkapelle. Dazu kam der Duft von gebrannten Mandeln und gerösteten Kastanien. Einmal erhob sich ein gewaltiges Löwengebrüll und ließ für einen Augenblick alle anderen Geräusche verstummen. Es gab wirklich alles, was zu einem richtigen Jahrmarkt nur gehören konnte. Ich war überwältigt, seit meinen Kindertagen hatte ich so etwas nicht mehr erlebt. Bald waren alle Gedanken an die mörderischen Drachenbrüder in den Hintergrund gedrängt, und ich schlenderte mit nostalgischem Vergnügen an den Buden und Zelten vorbei, in der Hand eine große Portion Zuckerwatte.

Die bunte Bemalung und phantastische Dekoration verwandelte die dürftigen Bretterbuden in märchenhafte Orte. Man mußte nur durch den Vorhang gehen, und die gewöhnliche Welt lag hinter einem. So konnte man etwa in das Innere eines ägyptischen Tempels treten und »Echte Mumien aus dem Land der Pharaonen!« bestaunen, wie der Ausrufer vor der Tür, ein waschechter Ägypter mit rheinischem Akzent, lauthals verkündete. Gleich daneben hatte ein Photograph sein fliegendes Atelier aufgebaut und bot verschiedene Kulissen für seine Porträtaufnahmen an. Ein Stück weiter gab es einen Irrgarten, und gegenüber lockte ein orientalisches Zelt mit den »Geheimnissen des Harems, Eintritt nur für Erwachsene«. Wohin man auch blickte, überall gab es kuriose Attraktionen.

Ohne ein bestimmtes Ziel ließ ich mich von der Menge treiben. An einer Wurfbude blieb ich stehen und löste drei Bälle, die Versuchung war einfach zu groß. Als kleiner Junge hatte ich einiges Geschick in dieser Disziplin bewiesen und offensichtlich noch nicht alles verlernt. Zufrieden nahm ich vom Budenbesitzer ein großes Lebkuchenherz als Preis entgegen. Etwas verlegen, aber nicht ohne Stolz spazierte ich mit meiner Trophäe weiter, bis ich an der nächsten Ecke eine passende Verwendung dafür fand. Dort gab ein Puppenspieler seine Vorstellung. Ein halbes Dutzend Kinder stand mit aufgerissenen Augen vor dem Verschlag und feuerte eifrig den Kasperle an, der dem bösen Krokodil seine wohlverdiente Tracht Prügel verabreichte. Als der Vorhang zu ihrem großen Bedauern gefallen war, gab ich ihnen das Herz, und sie rannten begeistert davon.

Unschlüssig, wohin ich nun gehen sollte, hörte ich aus dem nächsten Zelt lautes Gelächter und trat näher. Der Anschlag am Eingang weckte meine berufliche Neugier. »Die Kunst der Hypnose in höchster Vollendung – demonstriert von Fausto, dem großen Magier!« wurde dort angekündigt, darunter klebte ein breiter Zettel: »Bejubelt in allen Hauptstädten Europas!« Das Lachen klang so verlockend, daß ich mir eine Eintrittskarte kaufte, obwohl die Vorstellung sich bereits dem Ende zuneigte.

Als ich in der hintersten Reihe Platz nahm, war es wieder still im Zelt geworden. Der ganz in Schwarz gekleidete, überraschend junge Magier hatte beide Arme erhoben und bat um absolute Ruhe. Die hypnotische Behandlung könne nur in äußerster Konzentration durchgeführt werden. Dann bat er einen Freiwilligen aus dem Publikum nach vorne und begann mit der Hypnose. Er ließ eine Münze vor dem Gesicht des Mannes hin und her pendeln und befahl ihm, sie nicht aus den Augen zu lassen. Dabei redete er mit leiser Stimme beschwörend auf ihn ein. Die Prozedur dauerte mehrere Minuten, dann steckte der Magier die Münze wieder ein und forderte den Mann auf, seinen Namen zu nennen.

Zur hellen Freude des Publikums erhielt er nur ein verwirrtes Stottern zur Antwort. So sehr er sich auch bemühte, der Hypnotisierte konnte sich nicht mehr darauf besinnen, wie er hieß. Als er dann auch noch seine in der ersten Reihe sitzende und zunehmend empörte Ehefrau nicht mehr wiedererkannte, konnte auch ich mich nicht mehr zurückhalten und fiel in das allgemeine Gelächter ein.

In der Zwischenzeit hatte sich der Magier bereits dem nächsten Kandidaten gewidmet. Sein Opfer, ein schmächtiger, kleiner Kerl, hielt sich nach der Behandlung für einen leibhaftigen Prinzen und verteilte sofort Backpfeifen an die Umstehenden. Offenbar hatte er aber deren demokratische Gesinnung unterschätzt, und die Geschichte drohte in ein allgemeines Handgemenge auszuarten, als die eben noch schimpfende, so schmählich verkannte Gattin die Gemüter besänftigte, indem sie auf ein Zeichen Faustos hin zum berühmten Schleiertanz der Salome ansetzte.

Natürlich hatte der Magier sie vorher ebenfalls einer Hypnose unterzogen, anders konnte ich mir das reichlich exzentrische Verhalten der armen Frau nicht erklären. Bevor Salome die Grenzen des Anstands allzusehr überschreiten konnte, klatschte Fausto einmal laut in die Hände und hob so den Bann auf. Die Leute wachten aus ihrer Trance auf und sahen erstaunt um sich. Unter heftigem Applaus verbeugte sich der Magier und verschwand hinter einem Vorhang. Die Vorstellung war beendet.

Während ich mich dem allgemeinen Gedränge wieder anschloß und weiterspazierte, dachte ich über den Magier nach. Seine Talente zur Manipulation waren in der Tat verblüffend. Ich konnte mich nicht erinnern, jemals eine so eindrucksvolle Demonstration hypnotischer Fähigkeiten gesehen zu haben. Trotz seiner Jugend mußte Fausto bereits ein Meister seines Faches sein. Die Ankündigung war nicht übertrieben gewesen.

Der Strom der Besucher führte mich in das Zentrum des Jahrmarktes, zum großen Zirkuszelt. Zwei Feuerschlucker flankierten den Eingang und spuckten lodernde Flammen in die Luft. Neben dem Kassenhäuschen hatte man eine kleine Bühne aufgebaut, um die Zuschauer anzulocken. Auf ihr gab ein Artist eine Probe seines Könnens und jonglierte mit brennenden Fackeln. Hinter ihm schlug ein dicker Clown die große Trommel und das Becken, während der Direktor in rotem Frack und Zylinder wie aufgedreht auf der Bühne hin und her sprang und dabei laut für die Sensationen warb, die sein Zirkus präsentierte.

»Nur zwanzig Pfennig Entrée, Kinder zahlen die Hälfte! Treten

Sie ein, verehrte Herrschaften, treten Sie ein! Besuchen Sie die größte Show der Welt! Hier sehen Sie tollkühne Dressurstücke mit den wildesten Bestien, den Königen der Wüste! Alle Löwen unter höchster Lebensgefahr von mir eigenhändig in Afrika gefangen! Hier gibt es die waghalsigsten Kunststücke und die lustigsten Clowns! Nur hereinspaziert, das müssen Sie gesehen haben! Einmalig auf der ganzen Welt! Und jetzt bieten wir Ihnen einen kleinen Vorgeschmack auf unser Programm, meine Damen und Herren! Aber denken Sie immer daran, dies ist nur ein Höhepunkt unter vielen! Applaus für Samsonia, die stärkste Frau der Welt!«

Ein Tusch begleitete den Auftritt der imponierenden Gestalt auf der Bühne. Die große, schwere Frau trug ein knappsitzendes, grünrotgestreiftes Ringertrikot und erinnerte mich bis auf den fehlenden Schnurrbart sehr an den Schmied aus meinem Heimatdorf. Kurzerhand packte sie den Jongleur an Kragen und Hosenbund und stemmte ihn scheinbar mühelos hoch über ihren Kopf. Unter dem lachenden Beifall der Zuschauer zappelte der Ärmste wild mit den Beinen.

»Samsonia, meine Damen und Herren! Habe ich Ihnen zu viel versprochen? Die stärkste Frau der Welt! Selbst härtester Kruppstahl wird in ihren Händen weich wie Wachs! Überzeugen Sie sich selbst!«

Nachdem Samsonia ihren Kollegen wieder abgesetzt hatte, nahm sie ein dickes Eisenrohr in beide Hände und hielt es in die Luft, um es dem Publikum zu zeigen. Dann bog sie es langsam zusammen. Allgemeines Raunen begleitete die wirklich bemerkenswerte Vorstellung. Die Frau mußte über Bärenkräfte verfügen.

»Applaus für diesen sensationellen Kraftakt, Applaus! Und jetzt, meine Damen und Herren: Wer zeigt Mut?« Leiser Trommelwirbel setzte ein. »Samsonia nimmt es mit jedem auf! Ich biete zehn Mark für denjenigen, der zum Zweikampf mit Samsonia antritt! Jawohl: Zehn Mark! Alles ist erlaubt, außer Kratzen und Beißen! Wo sind die mutigen Männer? Wer wagt den Kampf mit der fürchterlichen Samsonia, bisher ungeschlagen auf allen sechs Kontinenten? Niemand?«

Mit einer Hand beschirmte der Direktor seine Augen und blickte demonstrativ suchend ins Publikum. »Wo sind die tapferen Kölner? Was ist mit Ihnen, mein Herr, Sie haben doch sicher keine Angst vor einer Frau? Bravo!«

Zu meinem Schrecken zeigte er mit großer Geste auf mich. Der Trommelwirbel steigerte sich und endete in einem lauten Tusch. »Applaus für den todesmutigen Herausforderer, Herrschaften!« Nur mit Mühe konnte ich verhindern, daß mich hilfsbereite Hände auf die Bühne hoben. Ein baumlanger Kerl, der sich grinsend nach vorne drängelte, rettete mich schließlich aus der peinlichen Situation. Er wollte gegen Samsonia antreten und warf seinen Hut in den Ring. Gewettet hätte ich nicht auf ihn. Allerdings hatte ich den Verdacht, daß er selbst auch zum Zirkus gehörte und das Ganze ein abgekartetes Spiel war.

Die Leute strömten zur Kasse, um ihren Eintritt zu zahlen und sich einen guten Platz zu sichern. Mir war die Lust auf das Spektakel vergangen, ich rückte meine Kleidung zurecht und zog weiter.

Nicht weit entfernt hatte ein Restaurationsbetrieb ein geräumiges Zelt aufgebaut und servierte dort Bier und eine deftige Mahlzeit. Mit plötzlich erwachtem Appetit nahm ich das Angebot dankbar in Anspruch. Natürlich gab es auch hier musikalische Unterhaltung in Form einer Blaskapelle, die bekannte und im Publikum anscheinend sehr beliebte Melodien spielte. Bei dem einen oder anderen Lied wurde lauthals mitgesungen. Dann hakten sich die Gäste unter und wiegten sich im Takt hin und her, was den Gebrauch von Messer und Gabel mitunter etwas beschwerlich gestaltete.

Aber den Höhepunkt des Programms bildeten zweifellos stattliche Männer in Uniform, die unter begeisterter Anteilnahme des Publikums ihre Hinterteile aneinanderrieben. Eine böse Ahnung dämmerte mir auf einmal, und bevor mich jemand zum Mitmachen nötigen konnte, verließ ich eilig die gesellige Runde.

Als ich später von diesem bizarren Auftritt berichtete, erfuhr ich, daß es sich dabei um ein traditionelles Tanzritual der Einheimischen handelte, den sogenannten ›Stippeföttche-Tanz‹. Zu meinem Erstaunen blieb Pater Hieronymus bei der Erklärung völlig ernst.

Mittlerweile war der Abend angebrochen. Ich mußte langsam an meine Verabredung mit Holmes denken und begann, mich nach der Wahrsagerin umzuschauen. Die Leute vom Jahrmarkt gaben mir Auskunft. Schließlich fand ich Madame Fatimas Zelt. Es lag etwas abseits hinter den Zirkuswagen für die wilden Tiere und wirkte nach dem hektischen Treiben wie eine Oase der Ruhe.

Ein Vorhang verdeckte den Eingang. Ich schob ihn auseinander und trat ein. Zunächst konnte ich nicht viel sehen. Es brannte nur eine Petroleumlampe, die das Innere des Zeltes in einem dämmrigen Halbdunkel beließ. Schwaden von Weihrauch zogen durch den Raum und vermengten sich mit dem Qualm mehrerer Räucherkerzen. Hinzu kam ein durchdringender, süßlicher Geruch von exotischem Parfüm. Zusammen bildeten sie eine betäubende Mischung, die mir beinahe den Atem nahm. Auf dem Boden lagen Teppiche in mehreren Lagen übereinander, und auch die Wände des Zeltes waren mit schweren Decken verhangen, die kaum etwas vom Außenlärm hereindringen ließen und eine orientalisch anmutende Atmosphäre schufen.

Madame Fatima saß in der Mitte auf dem Boden und rauchte aus einer Wasserpfeife. Im schwachen Lichtschein konnte ich nicht viel mehr als eine zusammengekauerte Gestalt erkennen, die mit einer Unzahl von farbenprächtigen Tüchern verhüllt und verschleiert war. Vor ihr stand ein niedriger Tisch, auf dem einige Gegenstände lagen, die sie mit einem Tuch abgedeckt hatte. Sie winkte mich heran und deutete auf ein Kissen ihr gegenüber auf der anderen Seite des Tisches.

In der Geste lag eine merkwürdige Autorität, der ich unwillkürlich folgte. Nach kurzem Zögern ließ ich mich auf dem Boden nieder und schlug die Beine untereinander. Halb hatte ich befürchtet, daß mir ein Mundstück der Pfeife angeboten würde, aber Madame Fatima blieb reglos sitzen und starrte mich unverwandt an. Plötzlich fing sie leise an, vor sich hin zu summen. Sie verstand ihr Handwerk, gegen meinen Willen fühlte ich mich allmählich in den Bann des Exotischen und Geheimnisvollen gezogen.

Ich räusperte mich und wollte mich nach Holmes erkundigen, aber Madame Fatima fiel mir ins Wort. Ihre goldenen Ketten und Armreifen klimperten leise, als sie mit einer raschen Armbewegung das Tuch vom Tisch nahm. Zum Vorschein kamen ein Tarotspiel und eine große Kristallkugel.

Die Wahrsagerin legte die Pfeife beiseite und strich mit ihren Händen immer wieder kreisförmig über die Kugel, ohne sie dabei zu berühren. Ihr beschwörendes Summen wurde lauter, und ich ertappte mich dabei, daß ich den Blick nicht von dieser albernen Kugel wenden konnte. Das Summen schien den ganzen Raum zu erfüllen und brach dann ab. Madame Fatima begann zu sprechen.

»Alle Zeit ist in dieser Kugel. Deine Vergangenheit und deine Zukunft. Deine Geburt und dein Tod!« Ihre Stimme klang sehr heiser, fast krächzend und war auffallend tief für eine Frau.

»Ich fürchte, hier liegt ein Mißverständnis vor, gute Frau! Ich wollte nur …«

Sie achtete nicht auf mich, sondern ließ weiter unablässig ihre Hände über der Kugel kreisen.

»Du hast eine weite Reise hinter dir. Über ein großes Wasser.«

»Eh – ja, das stimmt. Aber –«

»Du bist dem Tod begegnet. Mehr als einmal.«

»Das ist richtig, meine Arbeit –«

»Aber du hast ihn besiegt. Du besitzt Macht. Große Macht. Macht über Leben und Tod. Du bist ein Heiler.«

»Nun, ich bin Arzt, ja. Aber das heißt doch nicht, daß –«

»Eine schwere Aufgabe liegt vor dir. Du …« Plötzlich brach sie ab und begann wieder zu summen.

»Was haben Sie denn, was ist passiert?«

»Deine Macht – sie wird nötig sein«, antwortete sie nach einem kurzen Zögern.

Ich beugte mich vor. »Was meinen Sie damit?«

»Ich sehe Gefahr voraus – und Tod.«

»Gefahr?«

»Ich sehe Gefahr für dich und deine Gefährten. Eine große Gefahr.«

»Wovon reden Sie da eigentlich?«

»Eine große Gefahr. Auch für die Frau. Besonders für die Frau.«

»Die Frau? Welche Frau denn, um Himmels willen?

»Die weiße Frau. Auf sie lauert der Tod.«

»Aber ich kenne keine weiße Frau! Das heißt, doch, natürlich kenne ich weiße Frauen! Ich will damit sagen –«

»Eine Krone. Noch eine. Ich sehe drei Kronen.«

Drei Kronen? Das konnte doch unmöglich Zufall sein! Langsam wurde ich stutzig. Niemand würde mir einreden können, daß in dieser ominösen Kristallkugel die Abbilder der Heiligen Drei Könige herumgeisterten. Woher also wußte die Zigeunerin von den gestohlenen Kronen und auch von mir, von meiner Reise und von meinem Beruf? Auf einmal fiel es mir wie Schuppen von den Augen, alles paßte zusammen: der seltsame Ort für eine Verabredung, die spärlich beleuchtete und fast völlig verhüllte Gestalt, deren wahre Statur und Aussehen man unmöglich erkennen konnte, die unnatürlich heisere Stimme, ihre kuriosen »Visionen«. Das konnte nur eines bedeuten: Ich war wieder einmal auf eine der raffinierten Verkleidungen hereingefallen!

Vor mir saß niemand anderes als Sherlock Holmes! Daran gab es nicht mehr den geringsten Zweifel. Ich beschloß, mir nichts anmerken zu lassen und auf sein Spiel einzugehen. Jetzt wollte ich auch noch den Rest der Prophezeiungen hören.

Die Wahrsagerin neigte sich nach vorne und brachte ihr Gesicht nahe an die Kristallkugel. »Eine vierte Krone. Ich sehe noch eine vierte Krone«, sagte sie langsam und stockend. Sie bot wirklich das volle Programm.

Plötzlich zuckte Madame Fatima mit einem heiseren Aufschrei zurück und zeigte mit gespreiztem Mittel- und Zeigefinger ihrer rechten Hand gegen die Kugel. Mit der anderen griff sie nach dem Tuch und warf es rasch über die Kugel. Dabei murmelte sie aufgeregt Unverständliches vor sich hin.

»Was haben Sie denn?«

»Ich habe das Tier gesehen«, flüsterte sie.

»Welches Tier?«

»Das Tier!« Sie bekreuzigte sich schnell dreimal hintereinander. »Die geflügelte Schlange.« Dann wiegte sie ihren Körper leicht hin und her und begann wieder mit dem Summen.

Ich klatschte in die Hände. »Bravo, Holmes, eine gelungene Vorstellung, ganz hervorragend! Und Ihre Verkleidung erst, Sie haben sich selbst übertroffen! Natürlich habe ich Sie gleich erkannt, aber ich war ja auch vorbereitet und brauchte nur zwei und zwei zusammenzuzählen. Wirklich, Holmes, Sie wären ein Gewinn für jede Bühne!«

»Vielen Dank, alter Freund!« antwortete Holmes mit normaler Stimme. »Ich weiß das Kompliment zu schätzen!«

Ich fuhr herum. Hinter mir stand Sherlock Holmes im Zelteingang. Er schien gerade erst durch den Vorhang getreten zu sein. Verblüfft sprang ich auf und sah mit offenem Mund zwischen Holmes und Madame Fatima hin und her. Dann war die Wahrsagerin also doch echt! Aber woher wußte sie so viel? Das konnte sie doch nicht wirklich in ihrer Kugel gesehen haben! Madame Fatima war ebenfalls aufgestanden, eine alte Frau, die mir kaum bis zur Schulter reichte.

Verstört sah ich ihr hinterher, als sie vor sich hinmurmelnd nach hinten verschwand. Anscheinend gab es dort noch einen Ausgang.

»Gratuliere, Watson! Ich hätte nicht für möglich gehalten, daß Sie mich so auf Anhieb bloß an meinem Schritt erkennen, noch dazu auf einem weichen Teppich.«

»Ich – eh – bemühe mich eben ständig, Ihre Methoden anzuwenden.«

»Tatsächlich? Dann habe ich in Ihnen wohl meinen Meister gefunden, Watson. Das war gerade eine ausgesprochen brillante Demonstration Ihrer Fähigkeiten!« In seinem arglosen Blick lag nicht die leiseste Andeutung von Spott, trotzdem fühlte ich mich nicht ganz wohl.

»Einen seltsamen Treffpunkt haben Sie ausgewählt, Holmes!« lenkte ich ab.

»Dafür hatte ich meine Gründe, Watson, das versichere ich Ihnen! Er mag Ihnen etwas exzentrisch vorkommen, aber hier sind wir wenigstens vor unliebsamen Beobachtern geschützt. Madame Fatima ist nämlich auch den Zirkusleuten nicht recht geheuer, und sie machen lieber einen großen Bogen um ihr Zelt. Vielleicht ist es sogar der einzige sichere Ort für uns auf dem ganzen Jahrmarkt.«

»Ist die Lage wirklich so gefährlich?«

»Ich fürchte ja, Watson. Und wir haben keine Zeit mehr zu verlieren. Ich bin Ihnen dankbar, daß Sie so schnell gekommen sind.«

»Ihr Telegramm klang ja dringlich genug, Holmes. Außerdem gab es in London nichts mehr für mich zu tun. Alle Aufgaben, die Sie mir aufgetragen haben, sind bereits erledigt. Leider ist das Ergebnis nicht sehr beruhigend.«

»Ja, Ihren Brief habe ich erhalten«, sagte Holmes, »gute Arbeit, Watson! Dadurch sind wir einen großen Schritt vorangekommen.«

»Vielen Dank, Holmes. Allerdings sehe ich nicht recht, wie uns durch meine Bemühungen viel geholfen sein sollte.«

»Sagen Sie das nicht, immerhin haben Ihre Nachforschungen unsere Theorien über Täter und Motiv des Reliquienraubes bestätigt: Hinter dem Diebstahl steckt ein obskurer alter Geheimbund von Teufelsanbetern, der als ausgerottet galt, den aber irgend jemand neu belebt haben muß. Das können wir nun als gesichertes Faktum annehmen, obwohl Kommissar von Stamm sich dieser Auffassung nicht anschließen dürfte. Und weiter wissen wir jetzt mit Bestimmtheit, daß die Heiligen Drei Könige benötigt werden, um eine bizarre kultische Handlung durchzuführen.«

»Sie meinen das ›Große Ritual‹, die Teufelsbeschwörung aus dem mysteriösen alten ›Buch der Großen Schlange‹, nicht wahr?«

»Jawohl, Watson, das meine ich. Dank Ihrer Hilfe wissen wir jetzt definitiv, was wir bisher nur vermuten konnten. Auch wenn dieses Wissen alles andere als erfreulich ist, wie Sie ganz richtig bemerkten, liegt darin ein Fortschritt.« Holmes zog die Brauen zusammen. »Wir müssen die Fakten akzeptieren, Watson, und sie lassen nur einen Schluß zu! Was Pater Hieronymus befürchtet hat, ist eingetroffen. Es geht hier tatsächlich um den ›Vierten König‹, und wir dürfen wohl annehmen, daß seine Herrschaft durch ein furchtbares Menschenopfer herbeigeführt werden soll.«

»Das ist grotesk, Holmes, aber ich muß Ihnen zustimmen. Vielleicht haben wir es mit Wahnsinnigen zu tun, das würde einiges erklären.«

Holmes zuckte leicht mit der Schulter. »David Marble hätte uns sicher mehr darüber sagen können. Es war sein Pech, daß er unter den Beständen in Reverend Abercrombies Bibliothek ausgerechnet auf dieses eine, angeblich längst verschwundene Buch gestoßen ist. Ich nehme an, daß sich in seinem Nachlaß kein Material mehr über den Drachenorden befand, schon gar nicht das bewußte ›Liber Draconis Magni‹?«

»Ihre Vermutung trifft zu, ich habe bei dem jungen Marble nachgefragt. Bei der Ermordung seines Onkels ist alles gestohlen worden, was mit dem Orden zu tun hatte.«

»Ich habe nichts anderes erwartet. Warum sollten sie die Reliquien stehlen, wenn sie nicht schon das Buch besaßen?«

»Also haben die Satanisten nun beides, das Buch und die Könige. Das befürchtet auch der Monsignore, aus diesem Grund ist er hier in Köln.«

»Ah ja, von Monsignore Castelli hörte ich schon«, sagte Holmes und nickte langsam. »Haben Sie seine Bekanntschaft gemacht, als Sie mit dem Pater sprachen?«

»Nein, wir waren allein. Holmes, was wollen Sie jetzt unternehmen? Wie sollen wir das Ritual verhindern? Am Ende ist es schon zu spät!«

»Nein, das glaube ich nicht.« Holmes holte eine Pfeife aus seiner

Manteltasche und begann, sie mit Tabak zu stopfen. »In diesem Punkt bin ich mir sogar absolut sicher, Watson. Das Ritual hat noch nicht stattgefunden.«

Verblüfft sah ich ihn an. »Was macht Sie so sicher?« In aller Ruhe zündete Holmes seine Pfeife an und paffte zufrieden den Rauch in die Luft. Ich kannte diesen Gesichtsausdruck bei ihm und wußte, was er bedeutete. Er mußte etwas Entscheidendes herausgefunden haben. »Sie sind ihnen schon auf der Spur, nicht wahr?«

»So ist es, Watson«, nickte er.

»Sie haben mir noch gar nicht erzählt, was genau Sie hier in Köln machen, Holmes. Was hat sich aus dem Zirkusplakat ergeben, den fehlenden Akrobaten?«

»Nun, wie ich vermutet habe, handelte es sich um den Hinweis, den ich nicht finden sollte. Tatsächlich war ursprünglich auf dem Jahrmarkt der Auftritt von Hochseilartisten vorgesehen. ›Die Fliegenden Marios‹ – ein Duo, Watson! –, aber sie sind kürzlich sozusagen über Nacht verschwunden.« Er nahm einen Zug. »Genauer gesagt, in der Nacht zum Dreikönigsfest.«

»Also in der Nacht des Diebstahls!«

»Ein merkwürdiger Zufall, nicht wahr? Angeblich haben sie ein lukratives Engagement in St. Petersburg erhalten, jedenfalls behaupten das die Zapanecks, ein Trupp Messerwerfer, die immer mit ihnen zusammengesteckt hatten.«

»Aber Sie trauen ihnen nicht?«

»Nein, die Geschichte ist erlogen. Ich habe mich telegraphisch in St. Petersburg erkundigt. Zur Zeit gastiert dort überhaupt kein Zirkus, und von den ›Fliegenden Marios‹ hat noch niemand in der Stadt etwas gehört.«

»Die beiden toten Einbrecher, Holmes, denken Sie, daß es sich dabei um die verschwundenen Artisten handelt?«

»Daran besteht wohl kein Zweifel. Ich bin überzeugt, daß der Drachenorden von diesem Jahrmarkt aus operiert.« Holmes nahm die Pfeife aus dem Mund und wies um sich. »Sie sind hier, Watson!«

»Wahrscheinlich haben Sie recht, Holmes. Sogar die Polizei nimmt inzwischen an, daß die Spur der Reliquiendiebe auf den Jahrmarkt führt.«

»Ach, tatsächlich?«

»Sie haben doch sicher schon von dem Mord an dem Hehler gehört. Aber was Sie wohl nicht wissen, ist folgendes: Dem Hehler wurde ein Edelstein zum Kauf angeboten, der einwandfrei aus der Beute des Domraubes stammt. Pater Hieronymus sagte mir, daß man dort zur Tatzeit einen verdächtigen Mann gesehen hat, der mit dem Jahrmarkt zu tun haben soll. Der Kommissar glaubt, daß er zu den Dieben gehört, und hält ihn für den Mörder. Deshalb will er den Zirkus unter die Lupe nehmen.«

»Das hatte ich befürchtet«, seufzte Holmes. »Der gute von Stamm zieht die richtige Folgerung aus einer falschen Voraussetzung.«

»Eine falsche Voraussetzung? Ich kann Ihnen nicht folgen, Holmes. Sie sagen doch selbst, daß die Drachenleute hier zu suchen sind, das gilt doch auch für den Mörder. Immerhin ist der Mann gesehen worden, wie er den Laden verlassen hat!«

»Mag sein, aber er ist nicht der Mörder. Der ›Verdächtige‹, mein lieber Watson, steht nämlich vor Ihnen!«

»Großer Gott, Holmes! Sie waren das? Das wird dem Kommissar aber nicht gefallen. Was haben Sie denn dort gemacht?«

»Ich hatte den Hehler schon länger im Auge, und erst recht natürlich, seitdem der Stein bei ihm aufgetaucht ist.«

»Dann wußten Sie schon von dem Stein? Nach dem, was Pater Hieronymus mir berichtet hat, war ich der Meinung, daß man die Angelegenheit geheimgehalten hätte.«

Holmes zog eine Augenbraue steil nach oben. »Selbstverständlich wußte ich davon! Während Ihrer Abwesenheit war ich schließlich nicht untätig, Watson. Inzwischen habe ich hier meine Quellen. Als ich an jenem Abend den Laden aufsuchte, kam ich leider zu spät, der Mann war schon tot.« Holmes schwieg einen Moment. »Wäre ich früher gekommen, hätte ich den Mord vielleicht noch verhindern können. Aber ich hatte nicht damit gerechnet, daß die Drachenleute so schnell zuschlagen würden. Das war ein Fehler.«

»Trösten Sie sich, Holmes, auch die Polizei hat zu langsam reagiert. Der Kommissar glaubt, daß der Hehler als Spitzel entlarvt wurde und deshalb sterben mußte. Die Mörder wollten wohl verhindern, daß man über ihn die Spur zu ihnen zurückverfolgen konnte. Also hat man ihn kurzerhand zum Schweigen gebracht.«

»Zum Schweigen?« Holmes schüttelte den Kopf. »Das denke ich nicht, im Gegenteil: Der Mann sollte reden!« Er hob leicht die Hand. »Glauben Sie mir, Watson, ich habe die Leiche gesehen.«

»Reden, Holmes?«

»Aber ja, auch die Mörder wollten natürlich wissen, wer ihm den Stein zum Kauf angeboten hat!«

Überrascht sah ich ihn an. »Es tut mir leid, Holmes, aber ich verstehe nicht, was Sie damit meinen!«

»Nach allem, was Sie selbst über den Geheimbund herausgefunden haben, Watson, können wir doch wohl ausschließen, daß er die Dienste des Hehlers in Anspruch nehmen wollte. Vergessen Sie nicht, die Heiligen Drei Könige sind gestohlen worden, um mit ihnen das ›Große Ritual‹ durchzuführen, und nicht, um einfach nur versilbert zu werden!«

»Ich stimme Ihnen ja zu, Holmes, aber Pater Hieronymus sagte, daß der Stein gar nicht von den Reliquien selbst stammt, sondern vom Kelch, und vielleicht wird der für das Ritual nicht benötigt.«

»Das ist durchaus möglich, aber auch dann wäre der Versuch, die Beute zu verkaufen, eine große Dummheit, die gar nicht zu den Brüdern paßt. Die Hehler werden ja überwacht, und das wissen sie selbstverständlich. Nein, Watson, für mich steht fest, daß der Drachenorden hinter dem Mord steckt, aber nicht, um irgendwelche Geschäfte mit ihm zu verschleiern.« Er nahm einen Zug aus der Pfeife und kniff die Augen zusammen. »Übrigens ist durch den Mord nur endgültig bestätigt worden, was ich schon lange vermutet habe: Wir sind nicht die einzigen, die sich auf der Jagd nach den Reliquien befinden!«

»Nicht die einzigen?« Langsam dämmerte mir, worauf er hinauswollte. »Ich verstehe Sie doch richtig, Sie reden jetzt nicht von der Polizei, nicht wahr?«

»Ganz recht, Watson! Was von Stamm bisher unternommen hat, würde ich nicht gerade als Jagd bezeichnen. Der Kommissar stochert doch nur im Nebel und wartet darauf, daß ihm etwas in den Schoß fällt.« Holmes schüttelte leicht den Kopf und sah mich ernst an. »Ich meine nicht die Polizei, alter Freund, sondern jemanden, der über Leichen geht, um die Heiligen Drei Könige zu bekommen – und das kann nur der Drachenorden selbst sein! Der Mord trägt völlig seine Handschrift.«

»Aber das hieße doch, daß sich die Reliquien gar nicht mehr in den Händen der Satanisten befinden!«

»Genau!« sagte Holmes befriedigt. »Das ist die einzige plausible Erklärung für eine ganze Reihe von Ungereimtheiten.«

»Plausibel? Welche Ungereimtheiten meinen Sie?«

»Denken Sie nach, Watson!« Holmes nahm die Pfeife aus dem Mund und hielt sie dozierend vor sich. »Als die Polizei damals die Leiche des flüchtigen Diebes am Rheinufer fand, gab es keine Spur von der Beute. Also hat sie ganz selbstverständlich angenommen, daß es noch Komplizen gegeben habe, die mit den Reliquien entkommen sind. Aber das war ein Irrtum.

Wir wissen nämlich, daß der dritte Mann sie nicht genommen haben kann, denn so schnell hätte er unmöglich den Dom hinunterklettern können. Die Polizei war mit Sicherheit vor ihm bei dem Toten.

An dem Einbruch selbst war aber kein weiterer Komplize beteiligt, denn der hätte doch wohl das Boot zur Flucht benutzt, wie es offensichtlich geplant gewesen war. Das Boot lag aber noch wohlvertäut am Kai. Das kann nur eines bedeuten: Die Drachenleute haben die Reliquien zwar gestohlen, sie nach dem Raub aber wieder verloren!

Wenn wir von dieser Annahme ausgehen, Watson, wird auch verständlich, daß der dritte Mann erst in letzter Sekunde umgebracht wurde, kurz bevor wir ihn verhören konnten. Das hatte mich von Anfang an gestört. Warum sollten sich die Brüder auch nach dem Einbruch noch weiterhin am Dom aufhalten und so die Entdeckung riskieren, wenn es nicht einen dringenden Grund dafür gab?«

»Ein dringender Grund. Holmes, ich glaube, ich verstehe, was Sie meinen. Wenn ihnen die Reliquien wirklich abhanden gekommen sind, wollten sie vielleicht noch einmal in den Dom einbrechen und den Rest auch noch holen, nicht wahr?« Auf einmal fiel mir etwas ein. »Die Finger, Holmes! Die Finger der Heiligen Drei Könige, die in Hildesheim gestohlen wurden!«

»Und zwar nach dem mißglückten Domraub, völlig richtig, Watson!« nickte er. »Als ich von dem Vorfall in Hildesheim hörte, wußte ich natürlich Bescheid. Ich war mir sicher, daß nur der Drachenbund dahinterstecken konnte. Vermutlich brauchten sie Ersatz für den Fall, daß ihre Suche nach den verlorenen Reliquien erfolglos bleiben würde. Deshalb auch der Anschlag auf uns, wir sollten ihnen dabei nicht in die Quere kommen!«

»Sie haben recht, Holmes, das klingt wirklich plausibel.«

»Vielen Dank! Meiner Meinung nach ist es das sogar. Dann stimmen Sie mir wohl auch darin zu, daß ihr ›Großes Ritual‹ bis jetzt noch nicht stattgefunden haben kann?«

»Gewiß, solange man annehmen darf, daß drei Finger dafür nicht ausreichen!« Holmes nickte leicht amüsiert. »Aber sagen Sie, Holmes, wenn die Drachenleute die Heiligen Drei Könige nicht mehr haben, wer denn dann?«

»Eine gute Frage, Watson. Offensichtlich jemand, der mit dem Orden nichts zu tun hat und nach dem sie fieberhaft suchen!«

»Auf jeden Fall möchte ich nicht in seiner Haut stecken! Wenn die Brüder ihn in die Finger bekommen, ist sein Leben keinen Pfifferling mehr wert. Holmes, wir müssen vor ihnen herausbekommen, wer es ist!«

»Oh, ich weiß bereits, wer die Reliquien hat, Watson«, sagte er ruhig. »Das Problem ist nur ... still!« Er brach ab und hob warnend die Hand. Vor dem Zelt waren Stimmen laut geworden. »Nennen Sie mich ›Ernesto‹!« flüsterte er hastig.

Bevor ich auf diesen seltsamen Befehl reagieren konnte, wurde der Vorhang am Eingang beiseite geschoben, und ein sehr hübsches Mädchen von vielleicht sechzehn Jahren trat ein. Ihre Augen waren fast so dunkel wie die kohlschwarzen Haare, und sie trug die gleiche farbenfrohe Kleidung und den üppigen Goldschmuck wie die Wahrsagerin. Auch ihr Teint ließ eine Verwandtschaft vermuten, und ich fragte mich unwillkürlich, ob Madame Fatima in ihrer Jugend vielleicht auch einmal eine Schönheit gewesen war.

Ein junger Mann in Straßenkleidung begleitete sie. Ich hatte das vage Gefühl, ihm schon einmal begegnet zu sein, wußte aber nicht, bei welcher Gelegenheit. Beide schienen Holmes unter seinem Künstlernamen zu kennen, das Mädchen begrüßte ihn sehr herzlich. Wie ich hörte, hieß sie Rosa und war wirklich Madame Fatimas Tochter.

Ernesto stellte ihnen seinen Kollegen John Falstaff vor, einen Freund aus alten Tagen. Der junge Mann lächelte leicht. Als wir uns die Hände schüttelten, erkannte ich den suggestiven Blick wieder. Rosas Begleiter war niemand anderes als der Magier Fausto. Ich beglückwünschte ihn zu seiner gelungenen Vorstellung, und er deutete eine Verbeugung an.

»Vielen Dank, Sir John! Aus dem Munde eines alten Kollegen von Ernesto bedeutet ein solches Lob ein großes Kompliment! Aber jetzt muß ich mich leider entschuldigen, mein nächster Auftritt wartet.«

Er verabschiedete sich von Rosa und verließ das Zelt. Holmes sah ihm mit gerunzelter Stirn nach. Kaum waren wir allein, als eine erstaunliche Veränderung mit dem Mädchen vor sich ging. Alle Fröhlichkeit fiel von ihr ab und wich einem Ausdruck tiefen Kummers. Mit beiden Händen packte sie Holmes' Arm und sah ihn flehend an. »Oh, Mr. Holmes, haben Sie schon etwas über Emilio erfahren?«

»Bisher noch nicht, Rosa, aber eine gute Nachricht habe ich doch für Sie: Ab jetzt kann ich auf die Hilfe meines Kollegen und Freundes Dr. Watson bauen! Wir werden Emilio finden.« Er wandte sich an mich. »Ihr Zwillingsbruder ist seit zwei Tagen verschwunden, Watson.«

Seit zwei Tagen! Ich sah Holmes fragend an, und er nickte leicht. Vor zwei Tagen wurde der Hehler ermordet.

»Ich mache mir große Sorgen um Emilio, Dr. Watson! Vorgestern abend habe ich zum letzten Mal mit ihm gesprochen. Er wirkte sehr aufgeregt und hatte furchtbare Angst, auch wenn er das nicht zeigen wollte. Emilio hat mir nur gesagt, daß er sich eine Zeit verstecken muß, warum, wollte er mir nicht verraten. Ich sollte von nichts wissen, das sei sicherer für mich. Seitdem habe ich nichts mehr von ihm gehört. Es muß etwas Schreckliches passiert sein, das weiß ich!«

»Ihr Bruder wird sich bestimmt wieder melden, Fräulein Rosa, vielleicht gibt es ja einen ganz harmlosen Grund für sein Verhalten.« Ich wußte selbst, wie falsch das klingen mußte, aber mir wollte kein passenderer Trost einfallen.

»Nein, das glaube ich nicht, Dr. Watson!« Rosa seufzte und schüttelte den Kopf. »Emilio hat sicher wieder irgend etwas Dummes angestellt und steckt nun in großen Schwierigkeiten. In letzter Zeit hat er häufig davon geredet, daß wir bald sehr reich sein würden. Der alte Abraham sollte ihm dabei helfen. Immer wenn Emilio anfing, von seinem geheimnisvollen Schatz zu phantasieren, habe ich ihn ausgelacht. Aber jetzt ist Abraham tot und Emilio verschwunden!« Sie konnte ihre Tränen nicht mehr zurückhalten und preßte ein Taschentuch gegen ihre Augen.

Holmes bemerkte meinen Blick und räusperte sich. »Abraham ist der Name eines Trödelhändlers, den man vorgestern in seinem Laden ermordet hat.« Mehr sagte er nicht, das war auch nicht nötig, es konnte sich nur um den Hehler handeln. Langsam verstand ich die Zusammenhänge.

»Mein Bruder war oft in Abrahams Geschäft, und ich weiß auch, daß es nicht nur ein einfacher Trödelladen ist. Auch wenn Emilio manchmal Dummheiten macht, glauben Sie mir, er ist kein schlechter Mensch! Bitte finden Sie ihn, Mr. Holmes!« Hinter dem Zelt rief Madame Fatima nach ihrer Tochter, und Rosa lief weinend hinaus.

»Holmes, hat Pater Hieronymus nicht erzählt, daß die Schädel der Heiligen Drei Könige mit perlenbesetzten Kronen verziert sind?«

»Ja, und wenn Sie jetzt an Emilios ›Schatz‹ denken, Watson, dann bin ich mit Ihnen einer Meinung.«

»Also hat der Junge die Reliquien!«

Holmes nickte. »Durch reinen Zufall, nehme ich an. Vermutlich ist er in der Nacht des Domraubs als erster auf die Leiche des Diebes gestoßen und hat die Beute einfach mitgenommen, bevor jemand kam. Damit konnte niemand rechnen.«

»Und da er einen Hehler kennt, versuchte er, ihm die Steine zu verkaufen.«

»So ist es. Aber er hat den alten Abraham sicher nicht umgebracht. Vielleicht wurde er Zeuge des Mordes und weiß nun, wie gefährlich seine Beute ist. Wenigstens ist er vorsichtig genug, um sich versteckt zu halten.«

»Glauben Sie, daß der Hehler seinen Mördern verraten hat, von wem der Stein stammt?«

»Ich fürchte, ja. Allerdings bezweifle ich, daß er ihnen mitteilen konnte, wo sich der Junge aufhält. Nicht einmal seine Zwillingsschwester kennt das Versteck.«

»Aber wissen das auch die Mörder? Meinen Sie nicht, daß das Mädchen in großer Gefahr schwebt, Holmes?«

»Machen Sie sich keine Sorgen, Watson, ich habe bereits die nötigen Vorkehrungen getroffen. Rosa ist in sicheren Händen. Eine Kollegin paßt auf sie auf.«

»Eine Frau soll Rosa beschützen? Ist das nicht etwas riskant?«

»Sogar sehr riskant – für jeden, der versuchen sollte, dem Mädchen auch nur ein Haar zu krümmen. Mit Samsonia ist wirklich nicht zu spaßen. Sie werden sie ja noch kennenlernen, Watson, Samsonia ist –«

»Die stärkste Frau der Welt, wem sagen Sie das, Holmes! Ich habe die Dame vorhin schon auf der Bühne gesehen und hätte beinahe ihre nähere Bekanntschaft machen dürfen.«

»Ach, ja?« Holmes zog überrascht eine Augenbraue hoch. In seinen Mundwinkeln lag ein spöttisches Lächeln. »Nun, dann dürften Ihre Bedenken wohl ausgeräumt sein. Außerdem wollen die Drachenbrüder ja die Reliquien, nicht das Mädchen. Falls sie überhaupt von ihr wissen, werden sie Rosa beobachten und genau wie wir darauf warten, daß Emilio mit ihr Kontakt aufnimmt. Erst dann könnte es für sie gefährlich werden. Wenn der Junge sich meldet, Watson, dürfen wir keine Sekunde verlieren.«

»Ich verstehe, was Sie vorhaben, Holmes. Wenn die Drachenleute über Rosa an die Reliquien wollen, müssen sie aus ihrer Deckung kommen und sich endlich zu erkennen geben. Sie haben recht, das ist vielleicht unsere einzige Gelegenheit, sie zu stellen. Trotzdem gefällt mir nicht, daß Sie das Mädchen als Köder benutzen wollen! Wenn Rosa nun doch etwas passiert? Denken Sie an das Schicksal des Hehlers!«

Holmes sah mich ernst an. »Glauben Sie mir, alter Freund, mir gefällt die Situation genauso wenig, aber ich sehe keine andere Möglichkeit, wie wir den Jungen und die Reliquien finden sollten. Übrigens irren Sie sich, wenn Sie annehmen, daß ich mit Rosa die Drachenleute ködern will. Das ist gar nicht nötig, ich weiß längst, wer sie sind.«

Verblüfft starrte ich ihn an. »Ist das ihr Ernst, Holmes?«

»Ich habe Ihnen doch von den Messerwerfern erzählt, Watson, die mit den verschwundenen Trapezkünstlern auf so vertrautem Fuße waren. Sie gehören zum Drachenorden, davon bin ich überzeugt. Sie waren mir von Anfang an suspekt, und als sie auch noch das Märchen vom Engagement in St. Petersburg auftischten, gab es für mich kaum noch Zweifel. Sehr unangenehme Burschen, Watson! Hier auf dem Jahrmarkt haben sie keine Freunde, sie werden von allen gemieden. Das scheint sie nicht weiter zu stören, jedenfalls suchen sie keinen Kontakt und bleiben unter sich. Ich beobachte sie, und mein Verdacht hat sich bestätigt. Wenn sie nicht gerade ihre Kunststücke vorführen, feiern sie gewöhnlich Trinkgelage in einer Schankwirtschaft nahe bei der Kaserne. Nur an dem Abend, als der Hehler ermordet wurde, waren sie nicht dort.«

»Das könnte auch Zufall sein.«

»Für sich allein betrachtet, durchaus; aber mindestens zwei von ihnen sind tätowiert. Sie tragen das Drachenmal, Watson!«

»Um Himmels willen, Holmes, worauf warten wir denn noch? Warum lassen Sie die Kerle nicht sofort verhaften?«

»Weil sie tätowiert sind? Das würde dem Kommissar als Grund wohl kaum reichen. Außerdem wäre es ein Fehler, ein paar Handlanger zu verhaften und so die restlichen Brüder zu warnen. Nein, Watson, wir müssen den Kopf des Ordens finden! Erst, wenn wir ihn ausschalten, ist die Gefahr gebannt!«

»Sie haben recht. Wie sollen wir vorgehen? Haben Sie schon einen Plan?«

»Die Hintermänner des Ordens stehen sicher in Verbindung mit den Zapanecks, wir müssen Sie also weiter im Auge behalten und versuchen, so der Kontaktperson auf die Spur zu kommen. Ich selbst bin ihnen schon zu auffällig geworden, deshalb brauchen wir jetzt einen zweiten Mann: Sie, Watson. Aus diesem Grund habe ich Ihnen telegraphiert. Sie sollen die Messerwerfer beobachten. Aber ich muß Sie warnen, seien Sie vorsichtig, diese Burschen sind gefährlich!«

»Machen Sie sich keine Sorgen, Holmes, ich habe ihr Kabel schon richtig verstanden und bin vorbereitet!« Ich klopfte auf meine Jackentasche und spürte den Griff des Revolvers. »Aber was ist passiert, daß die Leute auf Sie aufmerksam geworden sind?«

»Es hat einen kleinen Zusammenstoß gegeben«, sagte er leichthin.

»Wie können Sie so etwas sagen, Mr. Holmes!« Rosa hatte das Zelt wieder betreten und schien unsere letzten Sätze gehört zu haben. »Es war mehr als nur ein kleiner Zusammenstoß, Dr. Watson, ihr Freund hat mir das Leben gerettet! Der ganze Zirkus spricht davon.«

»Was ist geschehen?«

»Am letzten Sonntagmorgen sind die Zapanecks betrunken und laut grölend über den Jahrmarkt gezogen. Sie müssen die ganze Nacht durchgezecht haben. Es war noch sehr früh, alle Buden hatten noch geschlossen, und niemand sonst war unterwegs. Alle blieben in ihren Wagen, keiner wollte Ärger mit den Betrunkenen. Aber ich mußte heraus zu den Tieren, um sie zu füttern. Dabei bin ich ihnen in die Arme gelaufen. Die Männer packten mich und banden mich an einen Pfosten. Ich habe sie angefleht, mich gehen zu lassen, aber sie lachten mich aus. Es sei doch alles nur ein Spaß! Als sie mir dann einen Apfel auf den Kopf legten, bekam ich furchtbare Angst. Denn das konnte nur eines bedeuten: Sie wollten den Tellwurf wagen!«

»›Tellwurf‹? Was meinen Sie damit?«

»Sie kennen doch bestimmt die berühmte Szene, in der Wilhelm Tell einen Apfel vom Kopf seines Sohnes schießt. Dieses Kunststück ist die Hauptattraktion der Messerwerfer, nur daß statt des Pfeils ein Messer benutzt wird. Das ist der ›Tellwurf‹, Dr. Watson.«

»Um Gottes willen! Sicher ein gefährlicher Wurf?«

»O ja, sehr gefährlich und sehr schwierig! Nur Karol, ihr Anführer, beherrscht ihn, und auch dann nur, wenn er nüchtern und konzentriert ist. Aber er war betrunken, Dr. Watson, und in diesem Zustand mußte er mich einfach treffen! Inzwischen waren einige Leute herbeigelaufen und drängten die Zapanecks, mit dem Wahnsinn aufzuhören, aber ohne Erfolg. Karol wollte sein berühmtes Kunststück vorführen. Er sei der Beste, niemand sonst könne diesen Wurf ausführen, prahlte er lauthals. Wer etwas anderes behaupte, sei ein Lügner oder solle vortreten und seine Behauptung beweisen. Dann stellte er sich schwankend in Positur und holte mit dem Messer aus. Ich hielt den Atem an und bewegte meinen Kopf keinen Millimeter. Es war ein schrecklicher Augenblick.«

»Das kann ich mir gut vorstellen!«

»Da trat Mr. Holmes vor und nahm Karol das Messer einfach aus der Hand: ›Sie erlauben doch?‹ sagte er. Karol starrte ihn nur blöde an, auch seine Kumpane waren zu überrascht, um einzugreifen. Dann ging alles sehr schnell. Mr. Holmes hielt das Messer einen Augenblick lang prüfend in der Hand, sah kurz zu mir herüber – diesen Blick werde ich nie vergessen –, hob den Arm, und im nächsten Augenblick bohrte sich die Messerspitze tief in das Holz, keinen Zentimeter über meinem Scheitel. Ein Meisterwurf! Der Apfel war sauber in zwei Hälften geteilt. Ich kann Ihnen gar nicht sagen, wie erleichtert ich war, Dr. Watson! Ich hatte den Tellwurf ohne einen Kratzer überstanden! Und dann schlug Mr. Holmes den völlig verdatterten Karol mit einem Kinnhaken zu Boden. Aber das hatte er mehr als verdient!«

»Bravo, Holmes!« gratulierte ich meinem Freund, dem das Ganze etwas peinlich zu sein schien. Aber die Bewunderung und Dankbarkeit des Mädchens war völlig ungekünstelt. Kein Wunder, daß sie sich wegen ihres Bruders Holmes anvertraut und ihn um Hilfe gebeten hatte. Auch der Treffpunkt, den Holmes gewählt hatte, kam mir jetzt nicht mehr so seltsam vor. Die Wahrsagerin würde den Retter ihrer Tochter nicht verraten. »Ich wäre gern dabei gewesen!«

»Die Geschichte hätte leicht noch übel ausgehen können, Watson«, sagte Holmes mit einem kleinen Lächeln in den Mundwinkeln, »wenn nicht unvermutet Hilfe in Gestalt von Samsonia erschienen wäre. Emilio hatte sie alarmiert. Mit ihr wollten sich die Burschen dann doch nicht anlegen und gaben Ruhe.«

»Jawohl, alle haben Respekt vor Samsonia, obwohl sie keiner Fliege etwas antun könnte«, nickte Rosa. Sie hatte einen Stapel Kleidungsstücke mit hereingebracht und breitete sie nun auf dem Boden aus. »Hier sind die Sachen, Mr. Holmes, um die Sie mich gebeten haben.«

Verwundert musterte ich die Auswahl. »Was haben Sie mit den Lumpen vor, Holmes?«

»Oh, die sind für Sie, alter Freund! Wir müssen Sie etwas verändern, damit Sie nicht so auffallen.«

»Verändern?« Bevor ich ernsthaft protestieren konnte, wurde ich von dem Mädchen in Räuberzivil ausstaffiert. Jetzt verstand ich Holmes' Aufforderung, unrasiert zu kommen. Als Rosa mir zum Schluß noch eine schäbige Mütze tief ins Gesicht zog und einen Spiegel holte, sah ich einen ungepflegten Burschen vor mir, von dem man sich besser fernhielt.

»Sehr gut, Rosa, das müßte gehen. In diesem Aufzug wird Sie jeder in den ›Drei Kronen‹ für einen Stammgast halten, Watson. Die Messerwerfer werden Sie nicht weiter beachten.«

Die Prozedur hatte meine Aufmerksamkeit so in Anspruch genommen, daß ich kaum auf Holmes geachtet hatte, der sich ebenfalls umzog. Sein linker Arm steckte in einer Schlinge eng am Körper. Trotz der Behinderung schlüpfte er geschickt in einen Mantel, dessen linker Ärmel zugenäht war.

»Und Sie, Holmes, was machen Sie in der Zeit, während ich die Burschen im Auge behalte?«

»Ich habe gleich meinen Auftritt. Danach komme ich zu Ihnen.«

»Ihren Auftritt? Was meinen Sie damit?«

»Meine Tarnung natürlich. Ich bin hier als, nun, sagen wir als Schauspieler bekannt. Sie sehen Ernesto vor sich, den ›Einarmigen Geiger‹. Ich gebe zu, es ist nicht gerade Hamlet, aber in der ›Kölnischen Zeitung‹ stand eine recht ansprechende Kritik. Vielleicht haben Sie ja schon von mir gehört.«

Ich starrte ihn an. »Der ›Einarmige Geiger‹?« Also dafür hatte er jahrelang auf der Violine geübt. »Holmes, Sie treten als Clown auf?«

Im Käfig

Holmes warf einen Blick auf seine Uhr. »Es wird Zeit, Watson. Wenn Sie die ›Fünf Zapanecks‹ noch bei ihrem Auftritt sehen wollen, müssen wir jetzt aufbrechen.«

»Gut, Holmes, ich bin bereit«, sagte ich und knüpfte meinen Mantel zu. »Dann zeigen Sie mir diese Halunken!«

Rosa begleitete uns zum Zirkus. Die Vorstellung war bereits in vollem Gang. Man hörte Musik und Applaus, und dazwischen drang immer wieder die Stimme des Direktors nach draußen, der eine neue, noch größere Sensation ankündigte. Wir gingen um das große Zelt herum zur Rückseite. Hier gab es für die Darsteller einen weiteren Eingang, zu dem das Publikum keinen Zutritt hatte. Dieser Eingang war mit einem zweiten, kleineren Zelt überbaut, in dem sich die Zirkusartisten auf ihren Auftritt vorbereiteten. Ernesto und Rosa schienen allgemein bekannt zu sein und wurden von den meisten lebhaft begrüßt.

Neugierig sah ich mich um und vergaß für einen Augenblick, weshalb wir gekommen waren. Es war der Traum eines jeden kleinen Jungen. Ich stand hinter den Kulissen des Zirkus, mitten unter fahrendem Volk und wilden Tieren, denn hier warteten nicht nur die menschlichen Akteure. In einer Ecke döste ein alter Tanzbär vor sich hin. Obwohl er völlig friedlich wirkte, machte ich einen großen Bogen um ihn. Unvermutet flog ein roter Ball auf mich zu, begleitet von einem begeisterten Grunzen. Die Aufforderung war unmißverständlich, hier konnte es jemand nicht abwarten, seine Dressurnummer vorzuführen. Ich warf den Ball zurück, und ein junger verspielter Seehund fing ihn geschickt mit dem Kopf auf und balancierte ihn auf seiner Schnauze.

Unwillkürlich war ich stehengeblieben, aber Holmes winkte ungeduldig. Ich folgte ihm an einer Gruppe Ponys vorbei, die neugierig an meinen Taschen schnupperten, bis an den schweren Vorhang, der den Zugang zur Manege verdeckte. Durch einen Spalt konnten wir das Innere des Zeltes überblicken. Holmes nickte befriedigt, wir waren noch rechtzeitig gekommen, gerade traten die Messerwerfer auf.

Als ich die finsteren, grobschlächtigen Gesellen vor mir sah, konnte ich die Abneigung der Zirkusleute verstehen. Genau so hatte ich mir die Brüder des Drachenordens vorgestellt. Sie trugen enge, schwarze Hosen und glänzende, schwarze Lederwesten über bauschigen, weißen Hemden. Auch ihre Haare und Schnurrbärte waren pechschwarz. Wahrscheinlich war ›Zapaneck‹ ihr wirklicher Familienname, zumindest deutete ihre starke Ähnlichkeit untereinander auf Blutsverwandtschaft hin.

Jeder von ihnen trug ein paar blinkende Messer im Gürtel, und vielleicht lag es mit an diesen Berufsutensilien, daß sie wie eine Bande von Halsabschneidern wirkten. Ich hatte genug gesehen, diese Galgenvögelgesichter würde ich bestimmt wiedererkennen. Sogar das Publikum schien sie nicht zu mögen. Zwar wurde öfter Beifall geklatscht, wenn ein besonders schwieriges Kunststück gezeigt wurde, aber dem Applaus fehlte jede Herzlichkeit.

Holmes ließ den Vorhang wieder zufallen. »Kommen Sie, Watson, wir müssen uns beeilen! Der Auftritt dauert nicht mehr lange, und Sie sollten besser vor ihnen auf Ihrem Posten sein.«

Rosa blieb in der Obhut von Samsonia zurück. Wir verließen den Jahrmarkt und gingen zum Stammlokal der Zapanecks. Es lag ganz in der Nähe, nur ein kurzes Stück nach Deutz hinein. Die finstere Gegend gehörte sicher nicht zu den vornehmeren Vierteln Kölns. Unter der einzigen Laterne weit und breit stand auf der anderen Straßenseite eine Dirne, die zu uns herüber schnalzte. Aus den schmutzigen Fenstern des Wirtshauses fiel trübes Licht auf das Schild über der Tür. Statt eines Namens waren nur drei Kronen aufgemalt. Die Kronen der Heiligen Drei Könige. Die Drachenbrüder hatten sich wirklich das passende Lokal ausgesucht.

»Hier ist es. Seien Sie vorsichtig, Watson!« sagte Holmes leise.

»Sie können sich auf mich verlassen, Holmes«, antwortete ich, und er ging zurück zum Zirkus, wo man bereits auf den »Einarmigen Geiger« wartete.

Als ich die »Drei Kronen« betrat, nahm niemand auch nur die geringste Notiz von mir. Rosa hatte ganze Arbeit geleistet. In der verräucherten Schankstube herrschten Lärm und lebhaftes Gedränge. Alle Tische waren besetzt. Am äußersten Ende der umlagerten Theke fand ich schließlich noch Platz und bestellte ein Bier. Ich mußte beinahe schreien, um mich dem Kellner verständlich zu machen.

Mit dem Glas in der Hand lehnte ich mich an den Tresen und sah mich vorsichtig um. Holmes' Warnung war nicht übertrieben gewesen. Es gab hier ein paar der übelsten Visagen, die mir jemals untergekommen waren. Wenn an den Tischen die Köpfe zusammengesteckt wurden, ging es bestimmt jedesmal um irgendein krummes Geschäft. Viele der zwielichtigen Gestalten um mich herum durften den Klingelpütz schon von innen gesehen haben, da war ich mir sicher. Und falls es in Köln kein eigenes Gefängnis für Frauen gab, galt das wohl auch von den anwesenden Vertreterinnen des schönen Geschlechts. Die meisten von ihnen kamen nur herein, um ihren Verdienst abzugeben und sich noch etwas aufzuwärmen, bevor sie von ihren Zuhältern wieder auf die Straße geschickt wurden.

Den harmlosesten Eindruck machten noch die Soldaten aus der nahen Deutzer Kürassierkaserne, auch wenn ich keinen von ihnen gern in meiner Einheit gewußt hätte. Nun, solche Spelunken gibt es überall, und sie sind überall gleich, ob im finstersten Soho, in Kalkutta oder in Köln-Deutz.

Es dauerte nicht lange, und die Zapanecks tauchten auf. Als sie durch den Schankraum gingen, wichen die anderen Gäste wie beiläufig zur Seite. Die fünf steuerten auf einen Tisch in einer Nische zu, ganz in meiner Nähe, an dem Karten gespielt wurde. Eilig standen die Spieler auf und machten den Tisch frei. Die Messerwerfer hatten kaum Platz genommen, als auch schon der Kellner erschien und unaufgefordert Bier und Schnaps servierte. Verstohlene Blicke wurden ihnen zugeworfen, und wer konnte, rückte möglichst unauffällig ein Stück von ihnen weg. Auch hier schienen sie nicht allzu beliebt zu sein.

Wegen des Lärms konnte ich kein Wort von dem verstehen, was sie sagten. Aber das war auch nicht weiter wichtig. Holmes hatte mir eingeschärft, worauf es bei meinem Auftrag ankam. Ich sollte die Messerwerfer nur beobachten und darauf achten, ob jemand mit ihnen Kontakt aufnahm. Falls sie das Lokal verließen, sollte ich ihnen zwar folgen, mich dabei aber sorgfältig im Hintergrund halten.

Sie machten allerdings keine Anstalten, so schnell wieder aufzubrechen, sondern holten Karten hervor und begannen zu spielen. Mir blieb also vorerst nichts anderes übrig, als mein Bier zu trinken und gelegentlich zu ihnen hinüberzuschauen. Ich konnte nur hoffen, daß Holmes nicht allzu lange auf sich warten ließ und mich von diesem Posten abzog. Auch wenn sich niemand weiter um mich zu kümmern schien, fühlte ich mich in dieser Umgebung nicht besonders wohl. Fortwährend wurde Alkohol in großen Mengen getrun ken, was die Atmosphäre mit der Zeit merklich anheizte. Jederzeit konnten irgendwelche Meinungsverschiedenheiten in Handgreiflichkeiten ausarten.

Als der Kellner ein neues Bier vor mich hinstellte, hörte ich eine rauhe Stimme unmittelbar hinter mir. »Jetzt stehst du schon so lange ganz allein hier herum! Wie wär's, Süßer, willst du mir nicht einen ausgeben?«

Schwerer, süßlicher Parfümduft überlagerte auf einmal den Geruch von Tabak und Alkohol. Eine Hand legte sich auf meine Schulter. Ich drehte mich halb um und prallte gegen den drallen Busen einer Frau, die das offensichtlich als Aufforderung verstand, noch näher zu rücken. Einen gewissen Mangel an Kleidungsstücken hatte sie durch reichlich aufgetragene grelle Schminke wettgemacht.

»Du bist richtig, Süßer! Immer ran an den Feind!« Mit einem ordinären Lachen hakte sie sich bei mir unter.

Der Kellner hatte schon ein zweites Glas auf die Theke gestellt und hielt unmißverständlich die Hand auf. Ich gab ihm eine Münze. Ohne abzusetzen leerte die Dirne das Glas, dann wischte sie sich mit der Hand den Schaum vom Mund und strahlte mich an. »Den hast du dir jetzt verdient, Liebchen!«

Bevor ich es verhindern konnte, hatte sie sich noch weiter vorgebeugt und mir einen schmatzenden Kuß auf die Backe gedrückt. Zu weiteren Gunstbeweisen kam es allerdings nicht. Ein vierschrötiger Soldat packte ihren Arm und riß sie von mir fort. Ihren lautstarken Protest beendete er mit einem unsanften Schubser. Dann baute er sich vor mir auf und hielt mir seinen Zeigefinger vor die Nase. An seinem aufgedunsenen Gesicht und dem glasigen Blick war zu erkennen, daß er schwer getrunken hatte.

»Paß bloß auf! Und laß ja die Finger von meinem Mädchen, Kerl!« lallte er drohend und schwankte dabei leicht hin und her.

In freudiger Erwartung einer Rauferei drehten sich die Umstehenden mit leuchtenden Augen zu uns herum.

»Ich versichere Ihnen, daß ich der Dame keinesfalls zu nahe treten wollte!« versuchte ich begütigend auf den Mann einzureden und traf dabei wohl den falschen Ton. Für einen Moment hatte ich meine Verkleidung vergessen. Der Soldat stierte mich nur blöde an und holte dann zu einem gewaltigen Schwinger aus. Ich duckte mich unter dem Schlag weg und überließ es meinem Thekennachbarn, seinen

Kopf hinzuhalten. Als er krachend zu Boden stürzte, verstummte einen Augenblick lang der Lärm im Raum. Dann aber drangen die Freunde des Niedergestreckten empört auf den Angreifer ein, und im Handumdrehen war um mich herum eine wüste Schlägerei im Gange.

Ein wildfremder Mann fuhr mir an die Gurgel und warf mich rücklings gegen die Theke. In meiner Not griff ich nach einem Bierkrug und zerschlug ihn auf seinem Kopf. Das rabiate Mittel wirkte augenblicklich, der Mann ließ mich los und torkelte ein paar Schritte nach hinten. Ich sah meine Chance und versuchte, mich aus dem Tumult zu drängen. Das wäre mir auch beinahe gelungen, wenn mich nicht im letzten Moment noch die Ursache allen Übels mit einem Schrei angefallen hätte.

»Du Bastard! du hast meinen Otto geschlagen!« Die völlige Haltlosigkeit dieser Anschuldigung hinderte die Furie nicht daran, mir empfindlich vors Schienbein zu treten. Anschließend sprang sie mich von hinten an und versuchte unter begeisterter Anteilnahme der nicht an der Prügelei Beteiligten, meine Haare auszureißen. Humpelnd drehte ich mich im Kreis und versuchte verzweifelt, die unflätig schimpfende Frau abzuschütteln.

Wie sollte ich das alles nur Holmes erklären? Seine Ermahnung klang mir noch deutlich im Ohr. »Das Wichtigste ist, daß Sie unauffällig bleiben, Watson! Denken Sie daran!«

Plötzlich sah ich ein bekanntes Gesicht vor mir. Mit einem breiten Grinsen befreite mich der junge Magier aus meiner unmöglichen Situation. Ein Wort genügte, und die Frau ließ von mir ab. Erleichtert folgte ich ihm in eine ruhigere Ecke.

»Ich muß schon sagen, Sie machen Ihrem Namen ja alle Ehre, Falstaff!«

»Aber nein! Hören Sie, Fausto, es war alles ganz anders, als Sie jetzt denken müssen! Ein einziges Mißverständnis, glauben Sie mir!«

»Selbstverständlich!« Er lächelte ironisch, dann wurde er ernst. »Ernesto schickt mich, ich habe eine dringende Nachricht für Sie. Sie sollen sofort zur Manege kommen! Es geht um Emilio.«

Das konnte nur zweierlei bedeuten: Entweder hatte der Junge sich endlich gemeldet, oder ihm war etwas zugestoßen. Ich wollte den Magier nicht nach Einzelheiten fragen, da ich nicht wußte, wie weit Holmes ihn ins Vertrauen gezogen hatte.

»Gut, ich komme sofort!« sagte ich und wollte aufbrechen.

»Halt, warten Sie!« Fausto hielt mich zurück und deutete auf das immer noch andauernde Handgemenge. Der Weg zur Tür hätte mitten hindurch geführt. »Oder steht Ihnen der Sinn nach einer zweiten Runde? Es gibt hier auch einen Hinterausgang. Kommen Sie.«

Bevor wir das Lokal verließen, warf ich noch einen Blick auf die Zapanecks. Sie waren völlig vertieft in ihr Kartenspiel, den Tumult um sie herum schienen sie nicht einmal zu bemerken. Vielleicht hatten sie ja auch meinen Auftritt verpaßt.

Wir eilten zurück zum Jahrmarkt. Dort war es mittlerweile still geworden. Nach dem Ende der Vorstellung waren die Besuchermassen wieder nach Hause gezogen. Alle Buden und Zelte hatten geschlossen, ihre Lichter waren gelöscht. Der große Platz lag verlassen im fahlen Mondlicht. Fausto führte mich durch das Gewirr der Gassen zum Zirkuszelt. Wir gingen zum Artisteneingang und kamen auf dem Weg dorthin an den schweren Wagen vorbei, in denen die Löwen und anderen wilden Tiere untergebracht waren.

Die Nacht war für die meisten von ihnen die natürliche Jagdzeit, und vermutlich sorgte unsere ungewohnte Anwesenheit für Aufregung. Nervöses Fauchen und Knurren empfing uns. Ab und zu blitzte ein gelblich glühendes Augenpaar auf, ansonsten waren die ruhelos umherlaufenden Gestalten hinter den Gittern nur schemenhaft zu erkennen. In der Luft lag ein durchdringender Geruch. Die bedrohliche Präsenz der wilden Tiere war so stark, daß mich ein Schauer überfiel. Um mich herum schien die Dunkelheit erfüllt von lauernden Bestien zu sein.

Auf einmal packte mich die atavistische Angst des hilflosen Opfers im Angesicht des Menschenfressers. In Indien hatte ich schon einmal etwas Ähnliches erlebt. Während eines Jagdausflugs waren wir plötzlich im dichten Dschungel von einem Tiger angefallen worden. Der junge Cudworth hatte zwar blitzschnell reagiert, aber seine Kugel streifte das Tier nur. Mit einem einzigen Sprung erreichte ihn der Tiger und schlug die Pranken in sein Bein, bevor ich ihm aus nächster Nähe den Fangschuß geben konnte. Anstelle meines Kameraden hätte er genausogut mich zerfleischen können. Ich hatte nur Glück gehabt.

Cudworth drohte zu verbluten. Die Verletzungen waren so ernst, daß mir nichts anderes übrigblieb, als an Ort und Stelle eine Amputation zu versuchen. Cudworth stimmte zu, obwohl wir beide wußten, wie gering seine Aussichten waren, die Operation zu überleben. Wir mußten ihn dort im Dschungel begraben.

Ein unwilliges Brummen unmittelbar neben mir riß mich aus meinen trüben Erinnerungen. Erschrocken machte ich einen Satz zur Seite. Wieder hörte ich das grollende Brummen, begleitet von Kettengeklirr, und da wußte ich, daß ich nur den alten Tanzbären aufgestört hatte. Mit einer Mischung aus Ärger und Erleichterung schüttelte ich meine Beklemmung ab. Schließlich befand ich mich in einem Zirkus, nicht mitten in der Wildnis.

»Wir müssen hier entlang!«

Fausto winkte mir zu und trat durch den Vorhang. Ich folgte ihm in das Innere des Zeltes. Hier drinnen war es stockfinster. Ein Streichholz flammte auf, der Magier zündete eine Petroleumlaterne an. In ihrem bescheidenen Lichtschein waren die vergitterte Manege und die sie umgebenden ersten Reihen der kreisförmigen Zuschauertribüne zu sehen. Der Rest des großen Zeltes blieb im Dunkeln verborgen. Suchend sah ich mich um. Von Holmes keine Spur.

»Wo ist Ernesto? Sind Sie ganz sicher, daß wir hierhin zur Manege kommen sollten, und nicht zu Madame Fatima?«

»O ja, absolut sicher!«

Sein völlig veränderter, höhnischer Tonfall ließ mich herumfahren. Fausto war hinter mir stehengeblieben und lachte herablassend. Die Lampe hielt er über seinen Kopf, um nicht geblendet zu werden.

»Was soll der Unsinn, Mann?« Dann sah ich es. Der Ärmel seines erhobenen Armes war ein Stück heruntergerutscht. Für den tätowierten Drachen gab es eine naheliegende Erklärung: Der Magier mußte der von Holmes vermutete Kontaktmann zu den Führern des Ordens sein! Sie hatten uns eine Falle gestellt, und ich war prompt hineingetappt.

Fausto hatte meinen Blick bemerkt und nickte triumphierend.

»Damit haben Sie wohl nicht gerechnet, nicht wahr!«

Das hatte ich tatsächlich nicht. Aber jetzt war es zu spät, um über den Leichtsinn zu jammern, mit dem ich mich hatte überrumpeln lassen. Jetzt mußte ich handeln. Ich machte einen Schritt nach vorne.

»Nicht doch!« Mit einem überheblichen Grinsen wich der Magier zurück. »Es wartet ja noch eine kleine Überraschung auf Sie – Dr. Watson!«

Bevor ich auf ihn losstürzen konnte, erhielt ich von hinten einen Schlag auf den Kopf und ging bewußtlos zu Boden.

Wie lange ich ohne Besinnung geblieben war, wußte ich nicht genau, vermutlich nur einige Minuten. Aber Fausto und seine Helfershelfer hatten die Zeit genutzt, um den teuflischen letzten Akt ihrer Falle einzuleiten.

Als ich wieder zu mir kam, fühlte ich Sand unter meinen Händen. Immer noch etwas benommen von dem Schlag, hob ich vorsichtig den Kopf und sah mich um. Ich war von hohen eisernen Gittern umgeben. Sie hatten mich also in die Manege geschleppt, während ich bewußtlos gewesen war, sich dann aber dem Anschein nach aus dem Staub gemacht. Jedenfalls war von den Drachenbrüdern nichts mehr zu sehen. Ein ungutes Gefühl beschlich mich. Das ergab keinen Sinn. Warum sollten sie mich erst in eine Falle locken und dann einfach hier liegenlassen? Es entsprach nicht ihrem normalen Vorgehen, bisher waren immer nur Leichen zurückgeblieben.

Ich drehte mich auf die Seite und befühlte die Beule an meinem Hinterkopf. Wenigstens gab es keine offene Wunde. Als ich meine Finger zurückzog, klebte kein Blut an ihnen. Mit dem Schlag hatte mich niemand umbringen wollen.

Instinktiv nahm ich die Bedrohung wahr. Auf einmal kam mir zu Bewußtsein, wie intensiv der Tiergeruch geworden war, und dann ließ mich auch schon ein fürchterliches Geräusch erstarren. Wieder hörte ich das leise, fast beiläufige Grollen. Ich war nicht allein. Aus der Dunkelheit, die den hinteren Teil der Manege verbarg, lösten sich jetzt fünf, sechs Schatten und bewegten sich geschmeidig in meine Richtung.

Fausto hatte seine Laterne absichtlich auf einer der Holzbänke stehengelassen, damit ich sehen sollte, welches Schicksal auf mich wartete. Jetzt wußte ich, von welcher »kleinen Überraschung« er gesprochen hatte. Die Löwen liefen frei in der Manege herum, und ich lag mitten zwischen ihnen!

Regungslos blieb ich liegen, am liebsten hätte ich sogar aufgehört zu atmen, um nur ja nicht die Aufmerksamkeit der Bestien auf mich zu lenken. Nach dem ersten Schock überschlug ich meine Chancen, die lebensgefährliche Situation heil zu überstehen. Die hohen, starken Gitter waren ringsum geschlossen und machten aus der Manege einen großen Käfig. Ich konnte aufspringen, zum Gitter laufen und versuchen, daran hochzuklettern. Aber die Löwen würden mich schon auf halber Strecke eingeholt haben. Jeder Fluchtversuch war aussichtslos. Mir blieb nichts anderes übrig, als mich möglichst ruhig zu verhalten und zu versuchen, mich langsam und vorsichtig bis zur Gittertür vorzuarbeiten. Vielleicht würden die Löwen mich dann nicht weiter beachten. Immerhin waren es keine völlig wilden Tiere, sie waren an Menschen gewohnt und hingen sicher mit rührender Hingabe an ihrem Dompteur, versuchte ich mir Mut zu machen.

Die Löwen umkreisten mich neugierig in einiger Entfernung. Plötzlich machte ein noch halbwüchsiges Tier einen riesigen Satz auf mich zu, stupste mit einer Pranke meinen Fuß an und sprang dann wieder zurück. Die anderen sahen seinem Treiben interessiert zu und zogen dabei ihren Kreis immer enger. Vielleicht wollten sie ja ebenfalls nur mit mir spielen, hoffte ich, auch wenn ich davon alles andere als überzeugt war. Mit langsamen Bewegungen holte ich meinen Revolver aus der Tasche. Natürlich würde ich sie damit nicht lange aufhalten können, aber irgend etwas mußte ich ja tun.

»Nicht schießen!« ertönte plötzlich eine gelassene Stimme voller Autorität aus der Dunkelheit. »Bleiben Sie ganz ruhig!«

Die Löwen verharrten in der Bewegung und drehten ihre Köpfe nach der Stimme um, die Ohren aufgestellt. Erleichtert ließ ich den Revolver sinken. Engelsgesang hätte nicht süßer in meinen Ohren klingen können. Hinter mir hörte ich ein metallisches Quietschen, das Gitter wurde geöffnet und wieder geschlossen. Die Tiere schienen für den Moment jedes Interesse an mir verloren zu haben und konzentrierten sich auf die Person hinter meinem Rücken. Jemand war in die Manege getreten, zu mir und dem Rudel Löwen.

Eine Peitsche knallte wie ein Pistolenschuß. Der nächststehende Löwe legte den Kopf auf die Seite und hob fauchend seine Pranke. Wieder knallte die Peitsche, begleitet von einem kurzen Kommando: »Zurück! Los, los, zurück!«

Tatsächlich wich das Tier, noch immer fauchend, zurück und sprang auf eines der runden Podeste, die in der Manege verteilt waren. »So ist es brav! Und jetzt du, hopp!« Eine Löwin folgte dem Beispiel ihres Gefährten und setzte sich auf den nächsten Hocker. Auf einmal wußte ich, warum die Stimme so vertraut klang, ohne daß ich sie sogleich einordnen konnte. Ich hatte einfach nicht damit gerechnet, ihr hier in dieser mehr als brenzligen Lage zu begegnen. Aber sie war es wirklich. Als ich mich verblüfft nach ihr umdrehte, erkannte ich Luzia. Mein ungläubiger Warnruf blieb mir im Halse stecken, er war auch völlig überflüssig. Hochaufgerichtet stand sie in der Manege, ließ die Peitsche knallen und dirigierte einen Löwen nach dem anderen auf seinen Platz. Es sah wie ein einstudiertes Dressurstückchen aus. Dabei wirkte sie nicht im geringsten aufgeregt, und ihr souveränes Auftreten ließ mich beinahe vergessen, daß die Löwen trotz allem jederzeit über uns herfallen konnten.

Luzia kam heran und stellte sich schützend vor mich, dabei immer die Tiere im Auge behaltend. »Können Sie aufstehen, Dr. Watson, oder sind Sie verletzt?«

»Nein, mir ist nichts passiert.«

»Gott sei Dank! Dann gehen wir jetzt gemeinsam zur Tür. Aber Vorsicht, vermeiden Sie jede hastige Bewegung!«

Sie hatte mit ruhiger Autorität gesprochen. Ich folgte ihrer Anweisung und stand langsam auf. Bedächtig gingen wir in kleinen Schritten rückwärts, dabei redete Luzia mit sanfter Stimme beruhigend auf die Tiere ein. Die Löwen beobachteten uns aufmerksam, ließen uns aber gehen. Endlich stieß ich mit dem Rücken gegen das Gitter. Die Tür war verschlossen.

»Der Schlüssel steckt von außen«, sagte Luzia leise.

Ich griff hinter mich durch die Stangen, fand nach einigem Tasten den Schlüssel und sperrte das Schloß auf. Langsam öffnete ich die quietschende Tür und hielt sie auf. »Kommen Sie, Luzia, die Tür ist offen!«

»Vielen Dank, Dr. Watson, aber Sie gehen wohl besser als erster.« In ihrer Stimme klang ein verhaltenes Lachen mit.

Sie hatte recht, es war wirklich nicht der passende Zeitpunkt für Höflichkeit. Ich drehte mich um und schlüpfte durch die Tür ins Freie. Die tödliche Falle hatte mich wieder freigegeben. Ich schäme mich nicht zu gestehen, daß ich am liebsten einen Freudentanz aufgeführt hätte. Aber dazu kam es nicht. Anstatt mir zu folgen, hatte Luzia nämlich hinter mir die Tür wieder geschlossen und war in der Manege stehengeblieben – Auge in Auge mit dem größten Löwen, der auf Sprungweite herangekommen war!

»Um Gottes willen, Luzia, was tun Sie denn!«

Ich riß den Revolver hoch, aber Luzia stand in der Schußlinie.

Dann ging sie auch noch auf das riesige Tier zu und redete schmeichelnd auf ihn ein: »Brav, Simba, brav! Guter Junge! So ist es brav!«

Ihre Beschwörung wirkte, der Löwe ließ sie herankommen, ohne anzugreifen. Als sie ihn fast erreicht hatte, machte er plötzlich einen Schritt nach vorne, richtete sich auf die Hinterbeine auf und legte die Pfoten auf Luzias Schultern. Mir stockte der Atem.

»Ganz ruhig, Dr. Watson, es ist alles in Ordnung.« Sie sprach zu mir im gleichen Tonfall wie zu den Löwen. Ich konnte kaum glauben, was sich da in der Manege abspielte. Luzia tätschelte die Flanken des gewaltigen Löwen, während er ihr eifrig das Gesicht ableckte. Wenn Löwen schnurren könnten, hätte er es sicherlich jetzt getan. Die anderen Tiere saßen im Halbkreis um sie herum, wie in einer Dompteurnummer, und wirkten auf einmal ausgesprochen friedlich. So friedlich, wie Löwen auf kurze Distanz nur aussehen können.

Offensichtlich wurde Luzia mit der Situation allein fertig und brauchte keine Hilfe. Ich ließ den Revolver sinken und betrachtete sprachlos die erstaunliche Szene. Luzia bewegte sich völlig unbefangen unter den Tieren. Trotzdem atmete ich erleichtert auf, als sie endlich die Gittertür von außen zuschloß und die Peitsche an einen Haken neben der Tür hängte.

»Mir fehlen die Worte, um Ihnen zu danken, Fräulein Luzia!« Ich ergriff ihre Hand. »Sie haben mir das Leben gerettet!«

»Aber nein, Dr. Watson!« Sie lachte unbekümmert. »Glauben Sie mir, es bestand keinerlei ernste Gefahr, die Tiere wollten mit Ihnen spielen, sonst nichts! Es sind doch nur Katzen!«

»Mag sein, aber es sind reichlich große Katzen, und für meinen Geschmack zum Spielen etwas zu groß!«

Bevor ich sie fragen konnte, was sie um diese Zeit in die Manege geführt hatte, näherten sich aufgeregte Stimmen, und im Eingang tauchte ein Pulk Zirkusleute auf. Unter ihnen war auch Holmes, der stutzte, als er mich bemerkte.

»Watson! Was ist passiert?« fragte er verwundert.

»Dr. Watson hatte sich in die Manege verirrt.« Luzia langte durch das Gitter und zerzauste die Mähne des Löwen, der sich neben ihr in den Sand gelegt hatte.

»In die Manege? Was haben Sie sich denn dabei gedacht?« empörte sich der herbeigeeilte Direktor mit überschnappender Stimme. Er war außer sich und hüpfte mit fliegenden Rockschößen hin und her, als gelte es, auf der Bühne einen Zornausbruch zu mimen. Noch nie vorher hatte ich mit eigenen Augen gesehen, wie sich jemand tatsächlich die Haare rauft, und jetzt schien der Direktor gar nicht mehr damit aufhören zu wollen. »Wie konnte das nur passieren? Welcher Hornochse hat die Tiere freigelassen? Völlig unverantwortlich! Als ob ein tödlicher Unfall mit den Löwen nicht reichen würde! Ich werde noch wahnsinnig!« Resignierend warf er die Arme in die Luft und schien sich etwas zu beruhigen.

Mit einem tiefen Seufzer wandte er sich an mich. »Wenn die Baroneß nicht gewesen wäre …« Er schüttelte den Kopf. »Nur gut, daß Simba sie wiedererkannt hat!«

»Wiedererkannt? Was meinen Sie damit?«

Der Direktor ließ sich nicht lange bitten und erzählte uns, daß der Löwe von Luzia selbst mit der Flasche aufgezogen worden war. Ihr Vater hatte das verwaiste Baby von einer Safari mitgebracht und ihr geschenkt. Aber als das Tier herangewachsen war, mußte sie ihn an den Zirkus abgeben. In dessen Löwenrudel hatte er dann eine neue Familie gefunden. So oft sie konnte, und natürlich immer, wenn der Zirkus in Köln gastierte, besuchte Luzia ihr anhängliches Ziehkind.

»Die Löwen lieben das Fräulein und lassen niemand sonst so nahe an sich heran. Ein Phänomen – in meiner langen Laufbahn ist mir noch nichts Vergleichbares begegnet! Aus der Baroneß wäre sicher eine begnadete Dompteurin geworden.«

Der Gedanke an solchermaßen vergeudetes Talent schien seinen Zorn aufs neue zu entfachen, und er machte sich auf den Weg zu seinen Angestellten, um ihnen die Leviten zu lesen.

Luzia gesellte sich wieder zu uns. Mit einem schalkhaften Blick musterte sie unseren abenteuerlichen Aufzug. »Sie sehen, meine Herren, daß Sie nicht die einzigen sind, die sich ihre kindliche Begeisterung für die bunte Zirkuswelt auch noch im gesetzten Alter erhalten haben. Wie ich hörte, Mr. Holmes, sollen Sie ja mit Ihrem Auftritt als ›Einarmiger Geiger‹ rauschende Erfolge feiern!«

Holmes deutete eine Verbeugung an. »Sie schmeicheln, Baroneß! Aber warten Sie erst ab, bis Dr. Watson auf der Bühne erscheint!«

»Sie machen mich neugierig, Mr. Holmes. Diese Vorführung werde ich bestimmt nicht versäumen. Allerdings hoffe ich, Sie vorher noch bei meinem Onkel zum Kaffee zu sehen! Wäre Ihnen morgen nachmittag recht, meine Herren?«

Wir nahmen die Einladung dankend an, und Luzia verabschiedete sich.

»Auf der Bühne, Holmes? Was soll denn das heißen? Davon haben Sie mir ja noch kein Wort gesagt!«

»Ein kleiner Scherz, Watson, nichts weiter, beruhigen Sie sich.« Jetzt redete er auch schon in diesem Tonfall mit mir. Er sah Luzia hinterher. »Und sie ist einfach zu all diesen Bestien in den Käfig gestiegen, Watson?«

»Ich hoffe doch, daß Sie jetzt nur von den Löwen reden, Holmes! Aber es stimmt, es klingt unglaublich, nicht wahr? Sie hätten sehen sollen, wie kaltblütig sie mit den Tieren umgegangen ist! Großartig! Und glauben Sie ihr kein Wort, wenn sie behaupten sollte, daß alles ganz harmlos gewesen sei!«

Holmes hatte Luzias Peitsche in die Hand genommen und betrachtete sie mit einem leichten Kopfschütteln. »Wirklich eine bemerkenswerte Frau!« murmelte er abwesend. Das brauchte er mir nicht erst zu sagen.

Er hängte die Peitsche wieder an ihren Haken und sah mich stirnrunzelnd an. »Jetzt verraten Sie mir bitte, warum Sie überhaupt hier sind, Watson! Was genau ist geschehen?«

»Eine Falle, Holmes! Ich sollte buchstäblich den Löwen zum Fraß vorgeworfen werden!« Ich erzählte ihm, wie mich der Magier aus den »Drei Kronen« hierhergelockt und vermutlich auch die Löwen auf mich losgelassen hatte. »Er wußte, wer ich war, Holmes. Bestimmt hat er auch den ›Einarmigen Geiger‹ durchschaut.«

Holmes nickte zustimmend. »Ja, unser Inkognito dürfte aufgeflogen sein.« Nachdenklich rieb er sein Kinn. »Fausto muß heute nachmittag Verdacht geschöpft haben, als er Rosa heimbrachte und uns beide zusammen dort angetroffen hat.«

»Ein unglücklicher Zufall.«

»Der mich ebenfalls hätte warnen sollen, Watson! Als ich den Magier so vertraut mit dem Mädchen sah, hätte ich sofort Bescheid wissen müssen! Ein dummer Fehler von mir, der Sie beinahe das Leben gekostet hätte.«

»Fausto sollte Rosa überwachen, nicht wahr?«

»Genau, der einzige Weg zu Emilio und den Reliquien führt über Rosa. Und ich kann mir nur einen Grund denken, warum die Drachenleute jetzt ihre Karten so offen auf den Tisch legen.«

Ich starrte ihn an. »Emilio ist aufgetaucht!«

Holmes nickte grimmig. »Ich fürchte, ja. Kommen Sie, Watson! Das Mädchen schwebt in höchster Gefahr!«

Wir liefen los. Unterwegs wollte Holmes wissen, was sich in den ›Drei Kronen‹ abgespielt hatte. Ich ließ die unwichtigen Details in meinem Bericht weg und konzentrierte mich auf das Wesentliche. »Es ist weiter nichts Besonderes vorgefallen. Die Zapanecks haben nur Karten gespielt.«

»Jetzt nicht mehr, Watson. Ich war eben dort. Die Messerwerfer sind verschwunden!«

Im Zelt der Wahrsagerin trafen wir auf Madame Fatima und Samsonia. Sie saßen zusammen bei einer Pfeife und einem Getränk, das nicht wie Tee aussah. Als wir durch den Vorhang hineinstürzten und nach dem Mädchen fragten, sprang Samsonia mit einem Satz auf. Unwillkürlich wich ich einen Schritt zurück. In dem engen Zelt wirkte die Präsenz der stärksten Frau der Welt einigermaßen bedrohlich. Sie war fast so groß wie Holmes, aber um einiges schwerer. Alarmiert sah sie uns an.

»Was meinen Sie damit, Mr. Holmes? Ist Rosa denn nicht bei Ihnen?« Ihre Stimme war eine Überraschung. Sanft und angenehm kultiviert, verriet sie eine Persönlichkeit, die so gar nicht zu ihrem groben und furchteinflößenden Äußeren passen wollte. Welches abenteuerliche Schicksal mochte diese Frau auf den Jahrmarkt verschlagen haben?

»Nein, wie kommen Sie darauf?« Holmes' scharfe Frage riß mich aus meinen Betrachtungen.

»Fausto sollte sie doch zu Ihnen bringen! Haben Sie ihn nicht eigens deswegen hierhergeschickt? Stimmt das etwa nicht?«

»Großer Gott, Holmes, wir kommen zu spät!«

Holmes kniff die Augen zusammen und hob die Hand. »Was ist passiert?«

Von der bestürzten Samsonia erfuhren wir, daß Emilio sich tatsächlich an diesem Abend gemeldet hatte. Rosa war überglücklich darüber gewesen, daß es ihrem Bruder gutging, und hatte sofort Holmes benachrichtigen wollen. In diesem Augenblick war der Magier aufgetaucht und schien über alles Bescheid zu wissen. Holmes habe ihn geschickt, um Rosa abzuholen. Samsonia sollte bei der

Wahrsagerin bleiben, für den Fall, daß der Junge noch einmal von sich hören lasse.

»Sie sind erst vor wenigen Minuten aufgebrochen. Fausto kannte Ihren wahren Namen, Mr. Holmes, und deshalb dachte ich, daß er in Ihrem Auftrag handelte!«

»Ich mache Ihnen keinen Vorwurf, Samsonia. Es ist allein meine Schuld. Aber vielleicht ist es ja noch nicht zu spät!« Holmes wandte sich an Madame Fatima, die ebenfalls aufgestanden war und händeringend dem Gespräch folgte. »Hat Rosa Ihnen gesagt, wo Emilio sich versteckt hält?«

Die alte Zigeunerin murmelte etwas Unverständliches.

»So reden Sie doch, gute Frau!« sagte Holmes eindringlich. »Wo sollte Rosa ihren Bruder treffen?«

Madame Fatima hob hilflos die Arme und brach in lautes Jammern aus.

»Ich habe die Adresse notiert, Mr. Holmes.« Samsonia reichte ihm einen Zettel.

Holmes warf einen Blick darauf. »Schnell, Watson, wir brauchen eine Droschke!«

»Ich komme mit Ihnen!« sagte Samsonia entschlossen und griff nach ihrem Mantel, aber Madame Fatima klammerte sich schluchzend an sie. Die Sorge um ihre Kinder ging über ihre Kräfte. Samsonia legte schützend ihren mächtigen Arm um sie und nickte uns zu. »Beeilen Sie sich, Mr. Holmes, retten Sie Rosa und den Jungen!«

Der Kutscher wollte nicht warten, nicht in dieser Gegend. Hastig steckte er das reichlich bemessene Trinkgeld ein und rief den Pferden ein lautes Kommando zu. Polternd rollte der Wagen über das dunkelglänzende Kopfsteinpflaster davon und ließ uns im spärlichen Licht einer vereinzelten Straßenlaterne zurück.

Hinter uns lag eine halsbrecherische Jagd quer durch Deutz, über die Rheinbrücke und schließlich hierhin in das alte Hafenviertel. Während der Fahrt war Holmes einsilbig geblieben, und seinem angespanntem Gesicht konnte ich deutlich die Sorge um Rosa und ihren Bruder ansehen. Immer wieder hatte er den Kutscher zu höchster Eile angetrieben. Jede Sekunde zählte, wenn wir den Magier noch einholen wollten.

Emilio hatte sich sein Versteck in einer üblen Gegend gesucht. In den verwinkelten Gassen ringsum waren einschlägige Etablissements angesiedelt, und es gab genug schmutzige Wirtshäuser, die den »Drei Kronen« in nichts nachstanden. Mir fiel ein, daß auch der ermordete Hehler irgendwo hier sein Geschäft geführt hatte. Es fehlte nur noch der dichte Nebel, so sehr erinnerte die Szenerie an bestimmte Londoner Stadtteile. Aber für Nebel war es viel zu kalt.

Holmes schien mit den Örtlichkeiten vertraut zu sein und übernahm die Führung. Um unser Kommen nicht sofort zu verraten, waren wir in einiger Entfernung von Emilios Versteck ausgestiegen. Die restliche Strecke legten wir zu Fuß zurück. Außer uns schien niemand mehr auf den Beinen zu sein, die Straßen waren menschenleer. Im Laufschritt folgte ich Holmes durch enge, finstere Gassen, bis er an einer Ecke hielt und warnend den Arm hob.

»Vorsicht, Watson, wir sind gleich da!« flüsterte er.

Plötzlich hörten wir ein Schnauben vor uns und eine leise Männerstimme, die beruhigend auf die Pferde einredete. Wir schlichen um die Ecke und sahen schräg gegenüber auf der anderen Straßenseite die Umrisse einer zweispännigen Kutsche. Sie hielt vor einem offensichtlich unbewohnten, schon halbzerfallenen Gebäude. Bestimmt würde es demnächst einem Neubau weichen müssen, aber bis dahin war es ein idealer Unterschlupf.

Die Kutsche mußte zum Magier gehören. Die Wagenlaterne war bis auf einen kleinen Schlitz abgeblendet, aus dem ein schmaler Lichtstreifen auf die zum Haus gehörende Toreinfahrt fiel. Die Angelegenheit sollte wohl so unauffällig wie möglich über die Bühne gehen.

»Dort drüben ist es! Hoffentlich kommen wir noch rechtzeitig!« flüsterte Holmes.

Was er meinte, lag auf der Hand. Ich holte den Revolver aus meiner Tasche. Wir hatten den Magier zwar eingeholt, wußten aber nicht, wie lange vor uns er angekommen war und ob er Emilio schon gefunden hatte. Vielleicht waren die Schurken in diesem Moment dabei, Rosa und ihren Bruder zu ermorden. Wir durften keine Zeit verlieren und setzten uns in Bewegung. Auch Holmes hatte seinen Revolver gezogen. Geduckt und leise liefen wir auf den Wagen zu. Zuerst mußte der Kutscher ausgeschaltet werden. Aber wir hatten noch nicht einmal die halbe Strecke geschafft, als das Tor der

Einfahrt von innen geöffnet wurde. Zwei Männer traten auf die Straße. Leise fluchend schleppten sie eine Frau mit sich. Ich konnte sie nicht genau erkennen, wußte aber, daß es Rosa war. Sie sträubte sich aus Leibeskräften gegen ihre Entführung, aber vergeblich. Einer der Männer preßte ihr mit brutalem Griff den Mund zu und zerrte sie zum Wagen. Als er durch den Lichtstreifen schritt, erkannte ich ihn.

»Holmes, der Magier! Sie wollen das Mädchen mitnehmen!«

Mein unbedachter Ausruf verriet uns natürlich. Der Kutscher blendete die Laterne auf, und wir wurden von dem Lichtschein erfaßt. Als die Männer sich so unvermutet zwei Gegnern gegenübersahen, erstarrten sie. Im nächsten Augenblick schon zersplitterte die Lampe unter Holmes' Schuß, aber Fausto hatte uns erkannt. Mit einem gräßlichen Fluch stieß er Rosa zu Boden und sprang in den Wagen. Sein Kumpan folgte ihm auf der Stelle, und der Kutscher hieb mit der Peitsche auf die Pferde ein. In wildem Galopp preschten sie davon, daß der Wagen über den holprigen Weg nur so zu springen schien. Dann wurden sie von der Dunkelheit verschluckt.

Wir versuchten gar nicht erst, sie zu verfolgen. Es würde nicht unsere letzte Begegnung sein, dessen war ich mir sicher. Ich lief hinüber zu Rosa, die sich taumelnd bemühte, vom Boden aufzustehen.

»Kümmern Sie sich um sie, Watson!« rief Holmes und hastete an mir vorbei durch das offene Tor in den Hof hinein, den Revolver in der Hand.

Rosa war unverletzt, wie ich erleichtert feststellte. Als ich ihr aufhalf, klammerte sie sich verzweifelt an mich und flüsterte mit versagender Stimme: »Emilio! Helfen Sie Emilio!« Aber in ihrem Flehen lag keine Hoffnung mehr.

Holmes tauchte wieder in der Einfahrt auf und steckte den Revolver ein. Ein Blick in sein versteinertes Gesicht genügte, um meine Befürchtungen zu bestätigen.

»Zu spät, Watson. Der Junge ist tot.«

Mit einem Aufschrei riß sich das Mädchen los und lief in den Hof. Wir folgten ihr und fanden sie weinend über eine Gestalt am Boden gebeugt. Behutsam zog ich sie von dem Leichnam weg. Noch im Tod sah Emilio seiner Zwillingsschwester zum Verwechseln ähnlich. Die weichen Gesichtszüge betonten seine Jugend. Im Grunde war er noch ein halbes Kind gewesen. Holmes hatte seinen Mantel ausgezogen und breitete ihn über den Toten. Ihm war deutlich anzusehen, wie nahe ihm der Tod des Jungen ging.

Im Hof mußte ein Kampf stattgefunden haben. Holmes wies stumm auf eine zweite Leiche, die einige Schritte entfernt auf dem Rücken lag. Mit gebrochenen Augen starrte sie in den nächtlichen Himmel. Es war einer der Zapanecks. Aus seiner Brust ragte der Griff eines Messers. Der Stoß war mitten in sein Herz gedrungen und hatte ihn sofort getötet. Der Junge hatte sich tapfer geschlagen und seine Haut teuer verkauft. Ich ging in die Hocke und streifte den rechten Ärmel des Toten hoch. Wie erwartet war er mit dem Drachen tätowiert.

So schonend wie möglich befragte Holmes das Mädchen, und stockend berichtete sie, wie sich alles abgespielt hatte. Nachdem Fausto ihr durch seine List Emilios Versteck entlockt hatte, war sie von ihm in eine Droschke gezerrt worden, in der zwei der Zapanecks warteten. Sofort waren sie hierhin gefahren und hatten ihren völlig verängstigten Bruder gezwungen, seinen ›Schatz‹ herauszugeben. Als Gegenleistung würden sie ihn und Rosa verschonen.

Aus Angst um seine Schwester war der Junge darauf eingegangen und hatte den Männern einen großen Beutel übergeben. Der Magier hatte hineingesehen und triumphierend genickt. Als Emilio forderte, daß sie jetzt auch wie versprochen seine Schwester gehenlassen sollten, lachten die Männer ihn nur aus. Höhnisch verkündete Fausto ihm, daß auf seine jungfräuliche Schwester nun eine ganz besondere Hochzeit wartete.

Als Emilio sich derart betrogen sah, zog er plötzlich ein Messer. »Niemals!« schrie er und wollte auf den Magier los. Die anderen fielen über ihn her, und es kam zu einem schrecklichen Handgemenge. Am Ende lag der Junge erschlagen da, aber auch einer der Schurken war nicht ungeschoren davon gekommen.

Rosas Bericht wurde immer wieder durch ihr Schluchzen unterbrochen. Als sie geendet hatte, hob sie ihren Kopf und sah mich an. Tränen rannen über ihr Gesicht. »Emilio hat sein Leben geopfert, um mich zu schützen, Dr. Watson!« Dann brach sie erneut in einen Weinkrampf aus.

Ich legte meine Hand auf ihre Schulter und suchte nach passenden Worten. Hilflos sah ich zu Holmes hinüber, aber der starrte mit gerunzelter Stirn und verschränkten Armen vor sich hin und wirkte abwesend. Das Trösten blieb mir überlassen.

Glücklicherweise hörten wir in diesem Moment eine Kutsche auf der Straße vorfahren. Wenig später stürmte Samsonia durch das Tor. Mit einem einzigen Blick schien sie die Situation zu erfassen. Rosa warf sich weinend in ihre Arme.

»Emilio?« fragte Samsonia leise. Als Holmes nur stumm den Kopf schüttelte, nickte sie kurz und redete dann begütigend auf das Mädchen ein.

»Was sollen wir jetzt unternehmen, Holmes?« Wir gingen ein paar Schritte zur Seite. »Wir haben die Reliquien doch noch verloren, nicht wahr?«

»Eine ganz besondere Hochzeit!« murmelte Holmes nachdenklich. Dann sah er mich an und nickte bitter. »Ja, durch meine Schuld, fürchte ich! Der Drachenorden hat jetzt die Reliquien in seinem Besitz und mit dem ›Buch der Großen Schlange‹ auch die Anleitung für das ›Große Ritual‹. Und ich bin sicher, daß sie ihre blasphemische Zeremonie auch durchführen wollen! Die Lage ist äußerst kritisch, Watson!«

»Sie haben recht, diese Brüder scheinen das okkulte Brimborium wirklich ernst zunehmen.«

Holmes zog die Brauen zusammen. »Denken Sie daran, was der Magier gesagt hat: Eine ›ganz besondere Hochzeit‹ – damit war zweifellos das Ritual gemeint!« Er zögerte kurz. »Nach allem, was wir wissen, dürfte die Braut diese Feier wohl nicht überleben.«

Ich starrte ihn an und mußte daran denken, was Reverend Abercrombie mir über die furchtbaren Rituale des Geheimbundes berichtet hatte. Aber das lag Jahrhunderte zurück, wenn es nicht überhaupt nur Märchen waren. Wer sollte jetzt, auf einem Höhepunkt der Zivilisation und des Fortschritts, noch an solchen Mummenschanz glauben und wirklich Menschenopfer darbringen? Das konnte einfach nicht wahr sein.

»Wenigstens haben wir Rosas Entführung verhindern können, Holmes. Ohne Braut gibt es auch keine Hochzeit!«

Seine einzige Reaktion auf meinen Anflug von Galgenhumor war ein besorgtes Stirnrunzeln. »Ich kann wirklich nur hoffen, daß Sie recht haben, Watson!«

Samsonia führte die immer noch leise weinende Rosa hinaus zur

Kutsche. Ihr Kummer und ihre Verzweiflung weckten hilflosen Zorn in mir.

»Wir müssen diesen Schurken das Handwerk legen, Holmes!« Holmes nickte grimmig. »Das werden wir auch! Kommen Sie, Watson, es wird Zeit für einen Besuch!«

Verblüfft sah ich ihm nach. »Ein Besuch, Holmes?«

Bevor er meine Frage beantworten konnte, donnerte die Stimme des Gesetzes durch die Nacht: »Halt! Stehenbleiben!«

In der Toreinfahrt war eine Handvoll uniformierter Gestalten aufgetaucht, die nun mit ihren Laternen über den Hof leuchteten. Vermutlich hatte jemand Holmes' Schuß gehört und daraufhin die Polizei gerufen. Jetzt saßen wir fest. Ergeben blieb Holmes stehen.

»Das ist ausgesprochenes Pech, Watson!«

Als die Polizisten die beiden Leichen entdeckten, wurden wir kurzerhand alle verhaftet und aufs Revier befördert. Noch mißtrauischer wurden die Polizisten, als einem von ihnen auffiel, wie sehr die steckbriefliche Beschreibung des Verdächtigen im Hehler-Mordfall auf Holmes paßte. In ersten Verhören versuchten wir vergeblich, den subalternen Beamten die Situation zu erklären. Uns blieb nur übrig, auf Kommissar von Stamm zu warten, nach dem man auf unsere dringenden Bitten hin schließlich doch noch geschickt hatte.

Offensichtlich war von Stamm aus dem Schlaf gerissen worden. Entsprechend aufgelegt, stürmte er endlich in die Wachstube. Als er uns auf seinem Revier sitzen sah, fiel ihm sein Monokel aus dem Auge. Mit uns hatte er nicht gerechnet. Und daß sich sein Hauptverdächtiger ausgerechnet als Sherlock Holmes entpuppte, besserte seine Laune nur unwesentlich. Aber der Kommissar war kein Dummkopf. Seine Animosität legte sich allmählich, als Holmes ihm konzentriert und ruhig einen vollständigen Bericht über die Ereignisse und unsere Nachforschungen erstattete. Am Ende nickte er zustimmend und forderte uns zur Zusammenarbeit auf. Er machte sich eigentlich ganz anständig.

»Wir müssen unter allen Umständen das Ritual verhindern!« Nachdenklich drehte er an seinem Schnurrbart. »Was schlagen Sie vor, Holmes?«

»Nun, als erstes sollten wir Watson ins Bett schicken, damit er sich von seinem Überfall erholen kann.«

»Aber Holmes, mir fehlt nichts!« protestierte ich.

»Deshalb sind Sie auch vorhin zweimal eingeschlafen! Nein, alter Freund, Sie müssen sich dringend ausruhen. Im Moment gibt es hier weiter nichts für Sie zu tun, und ich brauche Sie morgen mit frischen Kräften!«

Wie recht Holmes mit seiner Diagnose hatte, merkte ich auf dem Heimweg. Eine Polizeikutsche brachte mich ins Hotel. Der Kutscher mußte mich wachrütteln und eskortierte mich zum Empfang, wo mir der Nachtportier nach einem indignierten Blick auf meine Kleidung den Schlüssel aushändigte. Mit letzter Kraft schleppte ich mich in mein Zimmer, warf mich aufs Bett und fiel in einen tiefen Schlaf.

Eine schlechte Nachricht

Ich schlief fest und traumlos bis in den frühen Nachmittag hinein. Als ich endlich aufwachte, fühlte ich mich wesentlich besser. Außer leichten Kopfschmerzen, die von dem tückischen Schlag herrührten, hatte ich keine Beschwerden mehr. Eine ausgiebige Morgentoilette und vor allem die gründliche Rasur erwiesen sich als wahre Wohltat. Jetzt fehlte nur noch eine Tasse Kaffee, und ich wäre bereit für die nächste Runde.

Holmes hatte sich noch nicht gemeldet und auch keine Nachricht für mich hinterlegt. Dafür brachte mir der Zimmerkellner mit dem verspäteten Frühstück andere an mich gerichtete Post, ein Brief und ein kleines Paket. In dem Päckchen fand sich ein launiger Gruß von Luzia. Sie entschuldigte sich für das Ungemach, das ich durch »ihre Kätzchen« hatte erdulden müssen, und wünschte mir eine rasche Erholung. Ihr Vater habe bei solchen Gelegenheiten stets eine spezielle Medizin eingenommen und einen immer noch ansehnlichen Vorrat davon hinterlassen. Ohne sich in meine ärztliche Kompetenz einmischen zu wollen, erlaube sie sich, mir eine Kostprobe derselben zu schicken. Schmunzelnd packte ich die beigefügte Cognacflasche aus und füllte meine Taschenflasche mit der aromatisch riechenden »Arznei« auf.

Der zweite Brief brachte mir den Ernst der Lage, in der wir uns befanden, wieder zu Bewußtsein. Er stammte von Jones, der mittlerweile auch wieder in Köln eingetroffen war. Er bat mich und Holmes für diesen Nachmittag zu Pater Hieronymus, um uns über die Ergebnisse seiner Nachforschungen in der Arsenal-Bibliothek ins Bild zu setzen. Seine Formulierungen ließen keinen Zweifel an der Dringlichkeit einer Besprechung. Offensichtlich war er in Paris fündig geworden. Ich sah auf seine kurze Mitteilung hinunter und fühlte deutlich, daß Jones nicht mit erfreulichen Nachrichten aufwarten würde.

Während ich noch meinen trüben Ahnungen nachhing, klopfte es, und Holmes trat ein.

»Gut, Sie wieder auf den Beinen zu sehen, alter Freund!« begrüßte er mich. »Sind Sie bereit für unsere Verabredung mit der Baroneß?«

»Selbstverständlich, Holmes. Hier, lesen Sie!« Ich gab ihm den Brief und zog meinen Mantel an. »Dr. Jones ist aus Paris zurück und will uns sprechen.«

Holmes las das Blatt und nickte. »Das trifft sich gut. Kommen Sie, Watson, meine Droschke wartet unten.«

Im Unterschied zu mir schien Holmes selbst noch kein Auge zugetan zu haben. Dabei wirkte er alles andere als erschöpft, sondern strahlte eine unbändige Energie aus. Seine Miene verriet äußerste Entschlossenheit. So hatte ich ihn schon öfter erlebt. Wenn Holmes sich in einen Fall verbissen hatte, konnte er tagelang ohne Schlaf auskommen. Auch jetzt schien er unter einer großen inneren Anspannung zu stehen, die seine hageren Gesichtszüge noch schärfer als sonst hervortreten ließen.

Er erwähnte nicht, was er seit meinem Fortgang aus dem Revier unternommen hatte, aber seine Haltung ließ mich vermuten, daß seine Bemühungen noch nicht den gewünschten Erfolg gehabt hatten. Als ich Näheres wissen wollte, sah er mich nur ernst an.

»Es steht auf der Kippe, Watson! Die Vorbereitungen sind getroffen, jetzt müssen wir abwarten.«

Ich wußte, daß es wenig Sinn hatte, weiter in ihn zu dringen. Mehr als einsilbige Antworten würde ich nicht erhalten. Den Rest der Fahrt verbrachten wir in angespanntem Schweigen, bis die Droschke vor dem Haus des Paters hielt.

Wir wurden bereits erwartet. Frau Küppers ließ uns ein und führte uns die Treppe hinauf ins Arbeitszimmer. Pater Hieronymus war nicht allein, Jones hatte sich schon eingefunden sowie ein weiterer, mir noch unbekannter Gast. Mit unserem Eintreten unterbrachen wir eine lebhafte Diskussion. Die kleine Runde hatte sich über den mit aufgeschlagenen Büchern und Zeichnungen überhäuften großen Tisch am Erkerfenster gebeugt und richtete sich nun auf, um uns zu begrüßen. Pater Hieronymus kam mit ausgestreckten Armen auf mich zu und erkundigte sich besorgt nach meinem Befinden. Luzia mußte ihm von meinem Abenteuer in der Manege erzählt und dabei wohl etwas übertrieben haben.

Einigermaßen erleichtert begrüßte er anschließend Holmes, während ich Jones zunickte und mir den zweiten Gast näher ansah. Ich hatte Monsignore Castelli erwartet, aber der bärtige Mann mit dem sonnenverbrannten Gesicht war mit Sicherheit kein Priester. Auf unbestimmte Weise kam er mir bekannt vor. Vergebens strengte ich mein Gedächtnis an, und bevor mein starrer Blick allzu unhöflich wirken konnte, war Pater Hieronymus herangetreten und stellte seinen Gast vor.

»Wir haben gerade eine aufschlußreiche Unterhaltung geführt, Mr. Holmes, über die bewußte Drachentätowierung, die an den beiden Domräubern gefunden wurde und auch sonst in dieser schlimmen Angelegenheit immer wieder auftaucht. Einem glücklichen Umstand haben wir es nämlich zu verdanken, daß zur Zeit ein ausgewiesener Experte auf diesem Gebiet in seiner Heimatstadt zu Besuch weilt, und ich habe die Gelegenheit genutzt, ihn um Rat zu bitten.« Er räusperte sich kurz. »Meine Herren, darf ich Ihnen Herrn Professor Wilhelm Joest vorstellen, den bekannten Forschungsreisenden und Völkerkundler!«

»Ich freue mich, Ihre Bekanntschaft zu machen, Herr Professor!« Holmes reichte Joest die Hand und wies auf eines der Bücher auf dem Tisch. »Selbstverständlich ist mir ihr großes Tafelwerk über ›Tätowierungen, Narbenzeichen und Körperbemalungen‹ vertraut. Es hat mir schon öfter gute Dienste geleistet.«

»Die Freude ist ganz auf meiner Seite, Mr. Holmes!« erwiderte Joest das Kompliment mit einer leichten Verbeugung. »Endlich lerne ich Sie einmal persönlich kennen, den berühmten Detektiv, von dem überall auf der Welt gesprochen wird! Ich fürchte jedoch, ich werde Ihnen diesmal kaum weiterhelfen können. Wie ich schon Pater Hieronymus gesagt habe, ist dieses spezielle Drachenzeichen hier mir völlig unbekannt.« Bedauernd zuckte er mit den Schultern.

»In diesem Fall ist doch sein wiederholtes Auftauchen nur um so bemerkenswerter, scheint mir!«

Joest runzelte die Stirn und nickte dann zustimmend. »Wenn Sie es von dieser Warte aus betrachten, haben Sie natürlich recht, Mr. Holmes. Immerhin können Sie so einen Zufall ausschließen und von einer Verbindung der Vorfälle ausgehen. Nun, dann war ich Ihnen ja doch noch von Nutzen.«

Während des kurzen Gesprächs stand ich zaudernd neben den beiden und musterte den Professor, immer noch unsicher, ob er der war, für den ich ihn hielt. Aber dann wandte er sich mit einem breiten Lächeln an mich und streckte seine Hand aus: »Watson, alter Knabe, Sie haben sich ja keinen Deut verändert!«

Jetzt gab es keinen Zweifel mehr. »Meine Güte, Joest, also sind Sie es wirklich!« Begeistert schüttelte ich seine Hand.

Die anderen verfolgten unsere Begrüßung, als wären sie soeben Zeugen des berühmten Treffens von Stanley und Dr. Livingston in Ujiji geworden.

»Die Herren kennen sich bereits?« fragte der Pater perplex.

»O ja, das will ich meinen! Dr. Watson hat mich einmal verarztet, als mich ein Skorpion an einer etwas delikaten Körperstelle gestochen hatte. Aber das liegt schon fast zwanzig Jahre zurück. Damals haben wir so manchen Abend am Biwak zusammen verbracht.«

»Joest befand sich auf einer Forschungsreise in Indien«, beantwortete ich die erstaunten Blicke, »und hatte sich unserem Afghanistan-Feldzug angeschlossen, um die wilden Bergvölker studieren zu können.«

»So wären sie wenigstens der Wissenschaft erhalten geblieben, falls ihr Engländer sie völlig ausgerottet hättet, nicht wahr?« Joest legte lächelnd eine Hand auf meinen Arm. »Ein Jammer, Watson, daß ich keine Zeit habe, um über alte Zeiten zu plaudern! Mein Zug nach Berlin geht noch heute nachmittag, und ich kann die Abreise unmöglich verschieben. Wir stecken mitten in den Vorbereitungen zu meiner nächsten Expedition. Aber diesmal soll es keine zwanzig Jahre dauern, bis wir uns wiedersehen, alter Freund, das verspreche ich Ihnen! Sobald ich zurück bin, besuche ich Sie in London!«

Er verabschiedete sich von uns und brach auf. Zu einem Wiedersehen mit ihm ist es nicht mehr gekommen, sein Versprechen blieb unerfüllt. Von seiner nächsten Reise sollte er nicht mehr heimkehren.

Die überraschende Begegnung mit meinem alten Reisegefährten rief Erinnerungen in mir wach, die sich nicht gleich wieder beiseite schieben ließen, und so folgte ich den einleitenden Bemerkungen von Dr. Jones' Bericht nur unkonzentriert. Das sollte sich schnell ändern.

Wir hatten in der Sesselgruppe am Kamin Platz genommen, während der junge Amerikaner vor dem Feuer stehengeblieben war. In seiner ruhigen und bedächtigen Art unterrichtete er uns über seine Nachforschungen und ließ bei dieser Gelegenheit noch einmal den gesamten Fall Revue passieren. Fast wirkte er so, als hielte er einen gelehrten Vortrag vor einer wissenschaftlichen Gesellschaft.

»... daß die Erbeutung der Reliquien tatsächlich das einzige Ziel des Einbruchs gewesen sein mußte. Also war das Motiv im Bereich des Okkulten zu suchen, davon mußten wir ausgehen.« Jones nahm seine Brille ab und begann, sie mit einem blendendweißen Taschentuch zu putzen. »Ohne jetzt auf die Fülle der bemerkenswerten Details näher eingehen zu wollen, meine Herren, möchte ich nur den entscheidenden Schlüssel zum Verständnis der Vorfälle noch einmal in Erinnerung rufen.«

»Sie meinen den ›Vierten König‹, nicht wahr, Dr. Jones?«

»Jawohl, Dr. Watson, davon rede ich. Von einem ›Vierten König‹, von einem Herrscher über die Welt, der in Gottes Namen und durch seinen Willen regiert – und dessen absolute Machtfülle einzig darauf beruht, daß er als rechtmäßiger Nachfolger der Heiligen Drei Könige gelten muß! Von Pater Hieronymus hörten wir, daß aus diesem Grunde Rainald von Dassel die heiligen Gebeine aus Mailand hierhin in den Dom überführen ließ. Durch ihren Besitz sollte der Kölner Erzbischof ermächtigt sein, den wahren Nachfolger der Heiligen Drei Könige zu krönen. Und darauf hatten es die Diebe abgesehen! Hinter der Überführung der Reliquien in den Dom und hinter ihrem Diebstahl steckte die gleiche Absicht. Allerdings mit umgekehrtem Vorzeichen, darauf deutet die Drachen- und Schlangensymbolik hin.«

Jones setzte seine Brille wieder auf und steckte das Taschentuch wieder ein.

»Wenn wir diese Interpretation in Erwägung ziehen, dann geht es bei dem Raub tatsächlich um den vierten König! Darum, ob seine Macht von Gott oder vom Teufel stammt, ob seine Herrschaft über die Welt die Gottes oder die des Teufels ist! Und dabei spielen offenbar die Reliquien der Heiligen Drei Könige die entscheidende Rolle, denn nur, wer in ihrem Besitz ist, kann den Vierten König einsetzen!

Damit hätten wir ein schlüssiges Motiv. Ein Motiv, das durchaus erklären könnte, warum Menschen über Leichen gehen, um an die Reliquien zu kommen, und warum sie dies im Namen Satans tun und unter seinem Zeichen, dem Drachen.«

Als Jones schwieg, legte sich eine bedrückende Stille über den Raum. Pater Hieronymus sah niedergeschlagen vor sich hin. Holmes hatte den Kopf zurückgelehnt und die Augen geschlossen. Einige Sekunden hörte man nur das Ticken der Standuhr, dann räusperte sich Jones und fuhr fort.

»Selbstverständlich sind Ihnen diese Überlegungen bekannt, meine Herren, ich berichte Ihnen also nichts Neues.« Er erlaubte sich ein kurzes Lächeln. »Auch nicht, wenn ich an Kommissar von Stamms vernichtende Beurteilung unserer Theorie erinnere.

Die Frage war nun, ob wir wirklich die Existenz eines alten Teufelskultes nachweisen können, der die Herrschaft des vierten Königs anstrebt und dafür die Gebeine der Heiligen Drei Könige benötigt und sie möglicherweise auch gestohlen hat? Oder ob wir uns bei unseren Bemühungen, einen ansonsten absurd und sinnlos erscheinenden Vorgang vielleicht doch noch plausibel zu machen, nicht selbst in haltlose Spekulationen verrannt hatten?

Um zur Aufklärung dieser Frage beizutragen, sollte ich nach Paris fahren. Sie erinnern sich, daß ich bei früheren Studien in der Bibliothèque de l'Arsenal auf das Drachenzeichen und andere Hinweise auf einen mysteriösen Kult gestoßen war, der möglicherweise etwas mit den Ereignissen im Dom zu tun hat. Diesen Hinweisen bin ich nun genauer nachgegangen, und um das Ergebnis gleich vorweg zu nehmen, die Antwort lautet: Ja. Es gab einen solchen Geheimbund, und wahrscheinlich gibt es ihn immer noch.«

Holmes holte seine Pfeife heraus und nickte. Wir alle hatten dieses Resultat erwartet.

»Was ich in Erfahrung bringen konnte, stimmt weitgehend mit dem überein, was Dr. Watson in England herausgefunden hat. Auch wenn dort anscheinend keine Aufzeichnungen mehr über den Drachenkult existieren, so dürfen wir doch meiner Meinung nach die Mitteilungen von Reverend Abercrombie als verläßliche Quelle werten. Durch sie werden meine Nachforschungen in Paris bestätigt, die somit in einem vielleicht nicht wünschenswerten, aber doch ausreichenden Maße als gesichert gelten können.«

Nach dieser etwas professoralen Einleitung, die Holmes' Augenbraue ungeduldig in die Höhe wandern ließ, kam Jones endlich zum Thema.

»Unser Drachenzeichen, das wir in den Tätowierungen der Domräuber und in Marbles Bibliothek vorgefunden haben, wurde wirklich als Emblem von einer hermetischen Bruderschaft verwandt, dem ›Drachenorden‹, über den nicht allzuviel bekannt ist. Seine Herkunft ist ungewiß; fest steht, daß er erstmals im vierzehnten Jahrhundert auftaucht, sowohl auf deutschem wie auch auf italienischem Boden.

Wahrscheinlich ist er noch etwas älter, vielleicht hundert Jahre. Aber ich habe keinen Anhaltspunkt dafür gefunden, daß er schon vor der Überführung der Heiligen Drei Könige nach Köln im Jahre 1164 aktiv gewesen wäre. Erst mit diesem Ereignis scheint der Gedanke eines ›Vierten Königs‹ Gestalt angenommen zu haben.

Bei den Mitgliedern des Drachenordens handelte es sich um Satanisten, die nicht nur den Teufel als Gott verehrten, sondern an sein leibliches Erscheinen glaubten. Diese Epiphanie Satans war allerdings an ein mysteriöses ›Großes Ritual‹ gebunden, von dem in den Quellen immer nur andeutungsweise gesprochen wird. In ihm müssen wir wohl den zentralen Inhalt des Kultes sehen. Um so auffallender ist es, daß nach den vorliegenden Informationen diese bestimmte ›große‹ Teufelsbeschwörung offenbar noch nie vollzogen wurde!

Die Gründe für diesen merkwürdigen Umstand lassen sich nur vermuten. Vielleicht Furcht, vielleicht Unsicherheit über das komplizierte Zeremoniell, mangelnde Kraft der ›Priester‹, ein falscher Zeitpunkt – all das käme in Frage.«

Jones hielt einen Moment inne und sah uns an. Wir wußten alle, daß es auch noch einen anderen möglichen Grund gab.

»Als im sechzehnten Jahrhundert die meisten, wenn nicht alle Drachenbrüder von der Inquisition verbrannt wurden, hatte man sie zuvor mitten bei den Vorbereitungen für eine andere Dämonenbeschwörung ertappt, die kaum weniger entsetzlich gewesen sein muß als das ›Große Ritual‹. Danach wurde es still um den Orden, und er galt allgemein als erloschen, bis einige Vorfälle in jüngster Zeit eine Neubelebung nahelegten. Von Pater Hieronymus hörte ich, daß Monsignore Castelli solche Berichte bestätigt hat …«

Der Pater nickte. »Ja, das ist richtig.«

»… also können wir wohl davon ausgehen, daß jemand den Orden wieder ins Leben gerufen hat.«

»Und zwar jemand, der offensichtlich keine Angst davor hat, das Ritual zu vollziehen!« stimmte Holmes zu und wandte sich dann an unseren Gastgeber. »Übrigens bin ich überrascht, Pater, den Monsignore nicht in unserer Runde anzutreffen! Ich hätte vermutet, daß ihn unser Gespräch sehr interessieren müßte. Oder ist er schon wieder abgereist?«

»Nein, davon weiß ich nichts. Sie sehen mich selbst etwas verwundert, Mr. Holmes. Selbstverständlich habe ich Monsignore Castelli von unserem Treffen benachrichtigt und ihn hinzugebeten, aber er hat nicht geantwortet.« Mit einem Achselzucken sah er auf das Zifferblatt der Standuhr. »Vielleicht wurde er aufgehalten.«

»Vermutlich.« Holmes sagte weiter nichts. Er nahm einen Zug aus seiner Pfeife und konzentrierte sich wieder auf Dr. Jones.

Der junge Amerikaner räusperte sich und setzte seinen Vortrag fort. »Von Dr. Watson bin ich auf das ›Liber Draconis Magni‹ hingewiesen worden, das ›Buch der Großen Schlange‹, von dem David Marble ein Exemplar unter den alten Bibliotheks-Beständen des Reverends entdeckt haben soll. Bei meinen neuerlichen Recherchen im Arsenal bin ich diesem wichtigen Hinweis nachgegangen, in gewisser Weise auch mit Erfolg.

Das berüchtigte Werk muß einigen der älteren okkulten Autoren durchaus bekannt gewesen sein, zumindest erwähnen sie es in ihren Schriften. Aber immer, wenn dort die Rede darauf kommt, legen sie eine auffallende Zurückhaltung an den Tag, als sei ihnen nicht ganz geheuer dabei.«

Jones runzelte die Stirn. »Eine Zurückhaltung, die sich im übrigen auf alles zu erstrecken scheint, was mit dem Drachenorden zu tun hat.« Er zögerte kurz und sah Holmes an. »Ich glaube, das sagte ich Ihnen bereits. Deshalb bin ich damals ja überhaupt erst auf den Orden aufmerksam geworden. Sogar in der neueren Forschungsliteratur, sofern sie sich überhaupt mit dem Drachenkult beschäftigt, läßt sich noch etwas von dieser Scheu ahnen, denn die Informationen sind ausgesprochen dürftig. Immerhin steht fest, daß es sich bei dem ›Liber‹ um das ›heilige‹ Buch des Ordens handelte und daß es neben einer hermetischen Verkündigung der Dämonenlehre vor allem eines enthielt: eine Sammlung magischer Riten und Beschwörungsformeln, die alle nur einem einzigen Zweck dienten.«

»Dem Praktizieren von schwarzer Magie!«

»Sehr richtig, Dr. Watson, denn wie der Name des Buches schon verrät, ging es dabei um verschiedene Teufelsbeschwörungen. Und der wichtigste Teil dieser okkulten Bibel handelte von jenem berüchtigten ›Großen Ritual‹, in dem durch eine bestimmte Beschwörung das Erscheinen von Satan selbst herbeigeführt werden soll.

Es fanden sich nur wenige nähere Angaben zu diesem Ritual, aber nach dem, was ich in Erfahrung bringen konnte, könnte es sich dabei durchaus um den Versuch handeln, den ›Vierten König‹ einzusetzen!

Es war nämlich von ›Drei Alten Königen‹ die Rede, die sich erst der Macht Satans beugen müßten, damit dieser seine Herrschaft antreten könne. Ich bin überzeugt, daß wir diese Stelle auf die Heiligen Drei Könige beziehen müssen. Denken Sie nur an die im Buch Daniel prophezeite Demütigung der drei Könige durch das vierte Tier, den Antichristen! Darin dürfte auch der Grund zu suchen sein, warum das ›Große Ritual‹ bisher noch nie durchgeführt worden ist, weil nämlich den Satanisten ein notwendiges Utensil nicht zur Verfügung stand. Denn offensichtlich funktioniert die Beschwörung des vierten Königs nur mit Hilfe der Reliquien!«

»Genau, wie Monsignore Castelli gesagt hat«, murmelte Pater Hieronymus.

Holmes beugte sich vor. »Die Angaben seien dürftig, sagten Sie. Daraus entnehme ich, daß Sie diesen okkulten Text nicht selbst im Original studieren konnten, Dr. Jones?«

»Das ist richtig, das ›Liber Draconis Magni‹ muß wohl als verschollen gelten. Alle neueren Autoren, in denen sich Verweise auf das Buch fanden, stimmten hierin überein, und niemand schien darüber allzu unglücklich zu sein. Daß Marble damals in der Bibliothek des Reverends auf ein Exemplar gestoßen ist, war wirklich ein sensationeller Fund. Mit seiner Einschätzung dürfte er recht gehabt haben, es muß der einzige noch erhaltene Druck gewesen sein.«

»Welcher nun in den Händen des Drachenordens zu vermuten ist«, sagte Holmes düster. »Das ist sehr bedauerlich. Wir haben also keine Aussichten mehr, nähere Einzelheiten über das Ritual zu erfahren, die uns weiterhelfen könnten! Trotzdem danke ich Ihnen, Dr. Jones. Immerhin sind unsere Theorien durch Ihre Arbeit bestätigt worden.«

Jones nickte bedächtig. »Nun, Mr. Holmes, es stimmt, das Buch selbst dürfte für uns verloren sein, und auch die jüngeren Autoren scheinen es nicht mehr aus erster Hand gekannt zu haben – mit einer Ausnahme.« Er konnte der Versuchung nicht widerstehen und hielt kurz inne. Als er weitersprach, klang in seiner Stimme der verhaltene Stolz des Entdeckers mit.

»Bei meiner Suche bin ich auf eine Quelle gestoßen, die wenigstens einige Aussagen über das ›Große Ritual‹ enthält, die etwas mehr ins Detail gehen. Sie fanden sich in den nachgelassenen Tagebuchaufzeichnungen eines französischen Gelehrten, Abbé Picot, dem Anfang des Jahrhunderts noch ein Exemplar des ›Liber‹ vorgelegen haben muß. Leider ist auch dieses verschwunden. Wahrscheinlich hat es der Abbé selbst vernichtet, darauf deutet das Tagebuch hin, bevor es abbricht. Angeblich soll er nach der Lektüre des ›Liber‹ wahnsinnig geworden sein. Jedenfalls hat er unter seltsamen, ungeklärten Umständen den Tod gefunden, als es in seiner Studierstube zu einem rätselhaften Brand kam. Damals ging in Paris das Gerücht um, daß er versucht haben könnte, eine Beschwörung aus dem Buch zu vollziehen.

Anhand der Aufzeichnungen läßt sich schließen, daß es sich bei dem ›Großen Ritual‹ um eine Art schwarzer Messe handelt, bei der auf blasphemische Weise der christliche Ritus verhöhnt werden soll. Überhaupt ist die ketzerische Beziehung des Kultes zur christlichen Lehre offenkundig.

Besonders deutlich kommt dies zum Ausdruck, wenn sich der Hohe Priester des Ordens während des Rituals mit einer jungfräulichen Braut vermählt. Damit soll sicherlich eines der katholischen Mysterien pervertiert werden, die unbefleckte Empfängnis Mariens, denn der Akt vollzieht sich natürlich fleischlich.«

»Holmes, denken Sie an die ›besondere Hochzeit‹, von der der Magier gesprochen hat!« fiel ich ein. »Das muß er gemeint haben!«

»Ich fürchte, Sie haben recht, Watson! Und das läßt darauf schließen, daß die Drachenbrüder über das Ritual sehr genau Bescheid wissen.«

Jones und der Pater sahen uns fragend an, anscheinend wußten sie noch nichts über die versuchte Entführung Rosas und den Tod ihres Bruders. Aber Holmes schwieg und nickte lediglich Jones auffordernd zu.

»Nun, wie ich schon sagte«, fuhr Jones fort, »die Vermählung vollzieht sich fleischlich, aber trotzdem handelt es sich dabei um einen magischen Akt. Wir haben es hier wohl mit einer Analogie zur christlichen Vorstellung von der Menschwerdung Gottes in der Person Jesu zu tun. Mit dem Unterschied freilich, daß es nun um den menschgewordenen Sohn des Teufels geht.«

Pater Hieronymus schüttelte seufzend den Kopf. Jones warf ihm einen Blick zu und hob dann in einer entschuldigenden Geste die Schultern. Was er weiter zu berichten hatte, würde dem Pater noch weniger gefallen.

»Die Aufzeichnungen des Abbés hierüber sind lückenhaft und etwas kryptisch. Wenn ich sie richtig verstanden habe, agiert der Ordensmeister als Stellvertreter Satans, wenn er die Hochzeit vollzieht. Das heißt, präziser ausgedrückt gilt das nur für den Anfang der magischen Handlung, nicht mehr für ihr Ende. Denn bei dieser ›Schwarzen Hochzeit‹ zeugt der Teufel sich selbst, und zwar sich selbst als den Menschensohn. Und dieser Menschensohn nun soll niemand anderes sein als – der Hohepriester in eigener Person! Durch das ›Große Ritual‹ soll der Teufel in ihm menschliche Gestalt annehmen.

Aus dem bloßen Stellvertreter zu Beginn wird so im Verlauf des magischen Aktes der Leibhaftige selbst. Darin liegt die furchtbare Kraft des Rituals. Es bewirkt die körperliche Erscheinung des Teufels durch eine Transsubstantiation des Meisters, die diesen in den Sohn Satans verwandelt.« Jones legte eine effektvolle kleine Verzögerung ein. »Ein Sohn, der nun als ›Vierter König‹ über die Welt herrschen soll!«

»Um Himmels willen, Jones! Wer denkt sich denn einen derartigen Unsinn aus? Satan-Sohn und Satan-Vater! Das ist doch grotesk, jetzt fehlt nur noch ein ›Unheiliger Geist‹! Wenn die Angelegenheit nicht so bitterernst wäre, müßte man ja lachen!« Zustimmung erwartend sah ich zu Holmes herüber, aber der hatte sich in den Sessel zurückgelehnt und die Augen geschlossen.

»Sie mögen recht haben, Dr. Watson«, antwortete Jones bedächtig, »diese Vorstellung klingt wirklich etwas bizarr und nicht allzu verständlich. In gewisser Weise gilt das allerdings auch für ihr Vorbild, die Dreifaltigkeitslehre, wie Sie mir sicher zugeben werden.«

Holmes öffnete die Augen, theologischen Spekulationen hörte er grundsätzlich nicht zu. »Wenn ich Sie richtig verstanden habe, Dr. Jones, dann erhebt der Hohepriester dieses Drachenordens durch das ›Große Ritual‹ sich selbst zum ›Vierten König‹.« sagte er langsam. Dann nickte er leicht und zog an seiner Pfeife.

»Im Grunde läuft es darauf hinaus, ja. Der magische Akt der Zeugung soll den Meister in den ›Vierten König‹ verwandeln. Hierin liegt das Mysterium des Rituals. Bedauerlicherweise gehen die Tagebuchaufzeichnungen nicht weiter auf diese magische Wandlung ein. Abbé Picot war mehr an anderen Teilen des Buches interessiert. Aber seinen Notizen konnte ich immerhin entnehmen, daß ein Gelingen des Rituals wesentlich von zwei Bedingungen abhängt. Eine davon betrifft die Braut.« Der junge Mann räusperte sich, und als er weitersprach, klang der nüchterne Tonfall seiner Stimme etwas bemüht. »Nach dem Vollzug der magischen Vermählung muß ihre rituelle Opferung erfolgen.«

Jones schwieg, und niemand sagte ein Wort. Also dafür hatten sie Rosa entführen wollen, für ihre furchtbare »Schwarze Hochzeit«! Unwillkürlich wurde mein Blick von dem großen Gemälde angezogen, das über dem Kamin hing. Ich wußte, wen das alte Porträt darstellte, Pater Hieronymus hatte mir ausführlich und mit kaum verhaltener Begeisterung von seinem hochverehrten Vorgänger am Kölner Jesuitenkolleg berichtet. Von jenem berühmten Friedrich von Spee, der so unerschrocken gegen den Hexenwahn seiner Zeit gekämpft hatte. Es war ein merkwürdiger Zufall, daß wir nun über zweihundertfünfzig Jahre später unter seinem Bild zusammensaßen, und wieder stand uns ein Gegner gegenüber, der an die Macht der schwarzen Magie glaubte!

Ich wollte mir gar nicht vorstellen, welchem Schicksal das Mädchen im letzten Augenblick entronnen war. Die Satanisten würden eine neue Braut suchen, und vielleicht hatten sie in diesem Moment schon eine gefunden. Uns allen war die drohende Gefahr bewußt. Wenn es uns nicht gelänge, die Drachenbrüder aufzuhalten, würde es bald ein Menschenopfer geben.

Jones' ruhige Stimme holte mich aus meinen düsteren Gedanken zurück. »Wegen der zweiten Bedingung sind wir hier, sie hängt mit den Heiligen Drei Königen zusammen. Sie müssen dem Teufel als ihrem Herrn huldigen und sich seiner Macht beugen. Dadurch erst wird das Ritual vollendet. Auf nähere Angaben, wie diese Anbetung stattfinden soll, hat der Abbé verzichtet, aber offensichtlich sollen die Reliquien diese Funktion erfüllen. Erst durch sie wird der vierte König legitimiert. Und zum Zeichen seiner endgültigen Herrschaft werden anschließend die heiligen Gebeine zerstört. Mehr konnte ich nicht herausfinden«, schloß Jones seinen Vortrag. »Leider sind es keine erfreulichen Nachrichten. Bei der Lehre vom ›Großen Ritual‹ handelt es sich zwar um ein wüstes Gemisch aus christlichen und okkulten Versatzstücken, sogar Elemente aus der germanischen Mythologie lassen sich darunter finden, aber sie gibt ein durchaus plausibles Motiv ab für den Diebstahl der Heiligen Drei Könige und erst recht für die blutige und rücksichtslose Art des Vorgehens.

Jedenfalls sind die Hinweise auf das Wirken eines Geheimbundes von Teufelsanbetern meiner Ansicht nach so zwingend, daß auch Kommissar von Stamm nicht umhinkommen wird, sie zu akzeptieren.«

Holmes nahm die Pfeife aus dem Mund. »Oh, ich glaube, das tut er bereits.«

Irritiert sah der Amerikaner ihn an, und als auch noch Pater Hieronymus fragend die Augenbrauen hochzog, erzählte Holmes ihnen von seinen Aktivitäten als »Einarmiger Geiger« auf dem Jahrmarkt. Verblüfft erfuhren sie, daß die Reliquien erst gestern nacht wieder in die Hände der Drachenleute gefallen waren, nachdem sie ihre Beute zuvor verloren hatten. Holmes' Bericht endete mit dem traurigen Schicksal von Rosas Bruder und unserer Verhaftung durch die Polizei.

»Wie furchtbar, noch ein Toter! Der arme Junge!« Der Pater schüttelte resigniert den Kopf. »Was können wir jetzt noch unternehmen, Mr. Holmes? Besteht überhaupt noch Hoffnung, die Satanisten aufzuhalten und die Reliquien zu bergen?«

Holmes antwortete nicht sofort. Tiefe Falten waren auf seiner Stirn erschienen und verrieten seine angespannte Besorgnis. »Nun, eine Chance haben wir noch, aber ich fürchte, daß es unsere letzte ist! Bisher sind uns die Drachenbrüder immer einen Schritt voraus gewesen, jetzt werden wir den Spieß umdrehen. Der Kommissar ist eingeweiht, und die Polizei hat die nötigen Vorkehrungen getroffen. Vielleicht hat sie zu diesem Zeitpunkt bereits Erfolg gehabt.« Er lehnte sich zurück und blies eine Rauchwolke gegen die Decke. »Wir werden es gleich erfahren. Ich habe mir erlaubt, Kommissar von Stamm hierher zu bitten, Pater, und ich glaube, er ist gerade angekommen.«

Vor dem Haus war eine Kutsche vorgefahren. Wenig später hörten wir jemanden mit polterenden Tritten die Treppe hinaufstürmen. Dann wurde die Tür aufgerissen, und ein aufgeregter Kommissar platzte in das Zimmer. »Sie hatten recht, Holmes!« rief er statt einer Begrüßung. »Man hat die Leiche von Monsignore Castelli gefunden! Genau, wie Sie gesagt haben: Er wurde ermordet!« Kurzatmig keuchend ließ er sich in einen Sessel fallen.

Seinem fulminanten Auftritt folgte ein Moment der Stille. Pater Hieronymus starrte ihn mit aufgerissenen Augen an, dann fand er seine Sprache wieder.

»Ermordet? Monsignore Castelli? Um Gottes willen!« flüsterte er und sank kraftlos in den Sessel zurück. »Das ist meine Schuld! Ich habe ihn in die Sache hineingezogen!«

Auf Holmes schien die Neuigkeit keinen allzu großen Eindruck zu machen, er nickte lediglich bedächtig. »Alles andere hätte mich sehr überrascht, Kommissar. Dann wollen wir hoffen, daß der Monsignore davon noch nichts erfahren hat«, sagte er ruhig.

Jones warf mir einen fragenden Blick zu, den ich nur mit einem hilflosen Schulterzucken beantworten konnte. Auch ich stand vor einem Rätsel und wußte nicht, was Holmes gemeint haben konnte.

»Keine Sorge, Holmes, meine Männer stehen auf ihren Posten! Bisher ist alles ruhig.« Ausgerechnet von Stamm schien an der absurden Bemerkung nichts Auffälliges zu finden. Er zog ein Taschentuch hervor und betupfte seine Stirn damit.

»Wovon reden Sie eigentlich?« Verständnislos sah ich von einem zum anderen. »Ist der Monsignore nun tot oder nicht?«

»Das will ich Ihnen gern erklären, Dr. Watson.« Umständlich steckte der Kommissar sein Taschentuch wieder ein. »Mr. Holmes und ich, wir haben herausgefunden, daß der Monsignore schon vor mehreren Tagen umgebracht wurde, um genau zu sein, schon vor über einer Woche. Also –«

»Vor mehreren Tagen, sagen Sie? Das kann nicht sein! Sie müssen ihn verwechselt haben!« fiel ihm der Pater erleichtert ins Wort. »Noch gestern habe ich mit Monsignore Castelli gesprochen, und er war wohlauf!«

»Leider muß ich Sie enttäuschen, Pater«, sagte Holmes ernst, »aber unser ›Monsignore‹ ist nicht der echte Monsignore Castelli! Der hat Rom gar nicht erst verlassen, dort wurde nämlich seine Leiche von der italienischen Polizei gefunden.« Er sah kurz zu von Stamm hinüber, der bestätigend nickte. »Ich hatte so etwas vermutet und den Kommissar heute morgen gebeten, sich telegraphisch in Rom zu erkundigen. Jemand muß gewußt haben, daß der Pater den Monsignore nicht persönlich kannte, und ist einfach in dessen Rolle geschlüpft. Das zeugt von einer bemerkenswerten Kaltblütigkeit. Natürlich mußte der echte Monsignore vorher beseitigt werden, denn er wollte ja nach Köln kommen.«

»Dann nehmen Sie also an, daß der falsche Monsignore zu den Satanisten gehört?«

»Selbstverständlich, Dr. Jones. Nach dem erfolglosen Diebstahl waren die Drachenbrüder gezwungen, überall nach den verschwundenen Gebeinen zu suchen. Also hat einer von ihnen die Identität des Monsignore angenommen, um so Zugang zu allen Informationen zu erhalten, die wir über den Verbleib der Reliquien möglicherweise hatten. Auf diese Weise erfuhr der Orden auch, daß dem Hehler Abraham ein Stein aus der Beute angeboten worden war. So konnten sie zuschlagen, bevor die Polizei ihre Vorkehrungen getroffen hatte.«

Holmes erlaubte sich ein kleines, freudloses Lächeln, das sofort wieder verschwand.

»Wie ich zugeben muß, hatte ich deshalb für kurze Zeit den Verdacht, bei der Polizei könnte es eine undichte Stelle geben. Dabei saß der Informant direkt hier an der Quelle und wurde vom Kommissar persönlich in das Vorhaben eingeweiht! Das paßt nur allzu gut zur gewohnten Vorgehensweise der Bande.«

»Wirklich eine dreiste Unverfrorenheit von den Burschen, aber damit ist jetzt Schluß!« Von Stamm reckte entschlossen sein Kinn. »Diesmal kommen sie nicht so einfach davon!«

»Nach dem, was ich von Pater Hieronymus hörte, scheint dieser ›Monsignore‹ über ein außergewöhnlich detailliertes Wissen zu verfügen, nicht nur auf dem gesamten Gebiet des Okkulten, sondern auch speziell über den Drachenorden«, sagte Jones nachdenklich.

»Ein wenig zu detailliert, nicht wahr? Das ließ mich zuerst stutzig werden. Natürlich mußte er in der Lage sein, den Pater über seine Identität zu täuschen. Aber er scheint mit seinen Kenntnissen über das ›Große Ritual‹, das ›Liber Draconis‹ und sogar über den ›Vierten König‹ geradezu kokettiert zu haben. Als wollte er es darauf anlegen, entlarvt zu werden. Er muß sich seiner selbst sehr sicher gewesen sein.«

Holmes stocherte mit abwesendem Blick in seiner Pfeife herum. »Merkwürdig ist nur, daß ich mit aller Gewalt aus dem Fall herausgehalten werden sollte«, sagte er leise, wie zu sich selbst, dann fuhr er in normalem Tonfall fort. »Jedenfalls weiß der falsche Castelli zuviel über den Geheimorden, um nicht zu den Anführern der Satanisten zu gehören.«

»Das glaube ich auch, Mr. Holmes!« Jones nickte nachdrücklich. »Vielleicht haben wir es sogar mit dem ›Hohepriester‹ persönlich zu tun, und Castelli ist der teuflische Kopf, der hinter all diesen Anschlägen steckt!«

»Diese Möglichkeit besteht durchaus. Mit Sicherheit ist er kein bloßer Handlanger wie die Zapanecks. Fest steht auch, daß er unsere einzige noch verbliebene Verbindung zu dem Orden darstellt, jetzt, wo der Magier und die Zapanecks untergetaucht sind. Castelli ist unsere letzte Chance, diesem Spuk ein Ende zu bereiten. Wenn wir ihn nicht zu fassen bekommen, haben wir die Partie verloren.« Mit einem düsteren Blick wandte Holmes sich an mich. »Ihm sollte übrigens unser verhinderter Besuch gestern abend gelten, Watson!«

»Wie sieht ihr Plan aus, Holmes? Sie sprachen von Vorkehrungen?«

»Ja, mehr können wir im Moment nicht tun. Als der Kommissar und ich die Visite heute morgen in aller Frühe nachholen wollten, kamen wir zu spät, Monsignore Castelli war nicht mehr in seinem Quartier. Das ist kein gutes Zeichen, fürchte ich. Es könnte bedeuten, daß er von seiner Enttarnung erfahren hat und nun ebenfalls untergetaucht ist. Sollte er aber noch nichts davon wissen, besteht Hoffnung, daß er wieder zurückkehrt. Für diesen Fall wird jetzt sein Logis von der Polizei überwacht.«

»Jawohl, und sobald er sich dort blicken läßt, schnappen wir ihn!« verkündete von Stamm mit einem energischen Hieb auf die Sessellehne. »Noch ist Polen nicht verloren, meine Herren!« Kämpferisch klemmte er sein Monokel ins Auge und blitzte uns an. »Keine Angst, wir werden diese Brüder schon rechtzeitig stoppen und das Ritual verhindern! Wir brauchen nur zu warten!«

Holmes gab dazu keinen Kommentar. Seinem angespannten Gesicht war anzusehen, daß er die markige Zuversicht des Kommissars nicht unbedingt teilte. Und das galt auch für mich. Noch hatten von Stamms Leute den Monsignore nicht in ihrem Gewahrsam, und solange sich Castelli auf freiem Fuß befand, war die Gefahr noch nicht gebannt!

»Aber was machen wir, wenn der falsche Monsignore nicht wieder auftaucht? Wir können doch nicht untätig hier sitzenbleiben!«

Bevor mir jemand antworten konnte, trat Jones auf einmal einen Schritt vor. »Pater, was haben Sie denn? Ist Ihnen nicht gut? Dr. Watson!«

Besorgt stand ich auf und beugte mich über den Sessel. Pater Hieronymus war kreidebleich geworden und schien einer Ohnmacht nahe. Die Nachricht vom Tod des echten Castelli mußte ihn sehr getroffen haben. »Jones, schnell, geben Sie mir den Cognac dort!« Ich lockerte die Krawatte des Paters und öffnete seinen Kragen. Dabei redete ich dem alten Herrn beruhigend zu. »Machen Sie sich keine Vorwürfe, Pater, es war doch nicht Ihre Schuld!«

»Nein, nein!« flüsterte er mühsam, »Sie verstehen nicht!« Dann holte er mit zitternden Fingern ein Billett aus seiner Westentasche. »Hier, lesen Sie!« Ich reichte das zusammengefaltete Blatt an Holmes weiter und flößte dem Pater ein paar Tropfen Cognac ein. Sein Gesicht nahm wieder etwas Farbe an, aber der Ausdruck panischer Angst blieb.

Alarmiert richtete ich mich auf und sah Holmes fragend an. Sofort wußte ich, daß etwas nicht stimmte.

»Castelli ist uns schon wieder zuvorgekommen, Watson!« sagte er gepreßt. Seine Gesichtszüge schienen sich zu einer Maske aus Stein verhärtet zu haben. Selten hatte ich ihn in einem solchen Zustand gesehen. Dann las er mit tonloser Stimme den Brief vor. Es war eine Nachricht von Luzia. Sie ließ sich bei uns entschuldigen, der Monsignore habe sie zu einer Bootsfahrt gebeten, es sei dringend und habe mit dem ›Vierten König‹ zu tun.

»Das ist doch nicht möglich!« stammelte Jones und suchte leicht schwankend Halt am Kaminsims. »Luzia!«

Von Stamm war aufgesprungen. »Zum Teufel, der Kerl muß den Braten gerochen haben! Wie konnte das nur passieren?«

»Wann ist Ihre Nichte aufgebrochen?« fragte Holmes knapp.

»Sie ist kurz vor Ihrer Ankunft aus dem Haus gegangen«, antwortete Pater Hieronymus mit schwacher Stimme. Verzweifelt schlug er die Hände vors Gesicht. »Mein Gott, das arme Kind ist in der Hand dieses Teufels!«

Niemand sprach den ungeheuerlichen Verdacht aus, der uns alle beherrschte: Luzia sollte bei der »Schwarzen Hochzeit« die Braut abgeben! Und was immer auch von den Satanisten zu halten war, sie meinten es ernst. Luzia schwebte in höchster Gefahr.

»Holmes, was sollen wir jetzt tun?«

Wir alle richteten unsere Blicke auf Holmes. Langsam stand er auf. Er wirkte jetzt wieder völlig ruhig und beherrscht, aber die kalte Wut in seinem Blick ließ mich unwillkürlich den Atem anhalten.

»Er macht sich über mich lustig, Watson!« sagte er leise. »Castelli will mich verhöhnen. Nur deshalb hat er nicht verhindert, daß Luzia die Nachricht schrieb: Ich sollte von der Entführung erfahren! Gewissermaßen als Krönung seines Triumphes über mich.« Plötzlich lächelte er grimmig. »Nun, vielleicht habe ich ihn doch überschätzt, denn Castellis Hochmut hat ihn seinen ersten großen Fehler begehen lassen! Hätte er sich irgendein anderes Opfer gesucht, wäre er uns wohl für immer entwischt. Aber daß er unbedingt Luzia haben wollte, gibt uns die Möglichkeit, seine Spur wiederaufzunehmen. Noch ist nichts entschieden! Sein Vorsprung dürfte noch nicht zu groß sein, aber jetzt zählt jede Sekunde.«

Holmes richtete sich zu seiner vollen Größe auf, bereit für die Jagd. »Wir brauchen sofort ein schnelles Boot, Kommissar! Können Sie uns das beschaffen?«

»Und ob ich das kann! Die Hafenpolizei hat immer eine Barkasse unter Dampf stehen. Wenn der Schuft noch auf dem Rhein ist, holen wir ihn ein! Der ›Kronprinz‹ ist das schnellste Boot zwischen Düsseldorf und Koblenz! Kommen Sie, Holmes, meine Kutsche wartet noch vor der Tür!«

Die Jagd beginnt

Auf unser Läuten hin erschien Frau Küppers. Entsetzt hörte sie von der Entführung und beschwor uns, alles zu tun, um ihre geliebte Luzia zu retten. Eine leibliche Mutter hätte nicht besorgter um ihr Kind sein können, und ich wußte nicht recht, wie ich sie in ihrem Kummer trösten sollte. Schließlich war es von Stamm, der sich als unerwartet zartfühlend erwies und die passenden Worte fand. Es gelang ihm, die Haushälterin wieder zu beruhigen. Mit einem Taschentuch trocknete Frau Küppers ihre feuchten Augen, straffte sich und trat dann resolut an Pater Hieronymus' Seite, der niedergeschlagen in seinem Sessel saß. Gefaßt sah sie uns an. »Ich kümmere mich um ihn. Gehen Sie, bevor es zu spät ist!«

Wir ließen den Pater in ihrer Obhut zurück und brachen eilig zum Hafen auf. Jones hatte sich uns ganz selbstverständlich angeschlossen. Seitdem er die Hiobsbotschaft gehört hatte, war seine schüchterne Zurückhaltung völlig verschwunden. Nun konnte man seinem bleichen Gesicht offen ansehen, welche Gefühle er für die junge Frau empfand.

Im Wagen herrschte angespanntes Schweigen. Alles war gesagt, jetzt kam es nur noch auf rasches Handeln an. Wir konnten es kaum noch erwarteten, endlich die Verfolgung aufzunehmen.

Der Kutscher holte das letzte aus dem armen Gaul heraus. Nach einer rasenden Fahrt erreichten wir den Rhein und jagten nun das gepflasterte Ufer entlang, vorbei an den zahlreichen Schiffen und Booten, die an den Pollern festgemacht waren. Ich beugte mich aus dem Fenster und sah forschend über den Fluß. Die Flotte der Ausflugsdampfer lag vertäut an den Kais. Mir fiel auf, wie wenig Schiffsverkehr zur Zeit auf dem Rhein herrschte, von der Themse war ich da anderes gewohnt. Im Moment war nur ein schwerer Lastkahn zu sehen, der mit langsamer Fahrt unter der »Mausefalle« durchfuhr, wie die Eisenbahnbrücke wegen ihrer eisernen Gitterkonstruktion von den Kölnern genannt wurde.

Meine leise Hoffnung, auf dem Wasser vielleicht noch Luzias Boot entdecken zu können, wurde enttäuscht. Sie waren natürlich längst außer Sichtweite, dazu reichte ihr Vorsprung allemal. Aber das war nicht meine größte Sorge. Denn mir war klar geworden, daß ich an eine Schwierigkeit noch gar nicht gedacht hatte. Mochte der »Kronprinz« auch das schnellste Boot weit und breit sein, was nützte uns das, wenn wir nicht wußten, in welche Richtung der Monsignore mit Luzia gefahren war?

Endlich hielt die Kutsche vor der Anlegestelle der Hafenpolizei. Von Stamm zeigte triumphierend auf ein großes weißes Boot mit dem Kölner Stadtwappen am Bug. »Da liegt der ›Kronprinz‹, Holmes!«

Wir sprangen aus dem Wagen und liefen rasch den Landungssteg hinunter auf die Polizeibarkasse zu. Mit ihren schnittigen Linien, den schlanken Decksaufbauten und dem makellosen Anstrich wirkte sie wie eine schnelle Yacht, und ihr war durchaus zuzutrauen, daß sie jedes Rennen gewinnen würde.

Auf der Außenbrücke war eine uniformierte Gestalt erschienen und sah uns entgegen, die goldenen Streifen an seiner Jacke wiesen ihn als Kapitän aus. Als wir näherkamen, beugte er sich über die Reling und rief zu uns herüber:

»Ahoi, Herr Kommissar! Wo brennt es denn?«

»Wir müssen sofort ablegen, Kapitän!« antwortete von Stamm keuchend und sprang an Deck. Wir folgten ihm auf die Brücke, wo uns der Kapitän erwartete. Er schien verwundert und leicht beunruhigt über die Aufregung und musterte uns neugierig. Ein dichter, grauer Bart bedeckte seine untere Gesichtshälfte. Ich war mir sicher, daß er nicht immer nur Süßwasser befahren hatte. Mit seiner blauen Mütze und den wettergegerbten Zügen sah er aus, als hätte er schon einige Male Kap Hoorn umsegelt. Der Kommissar stellte uns hastig vor und erkundigte sich dann nach Booten, die kürzlich abgelegt hatten.

»Tja«, mit einer langsamen Bewegung schob der Kapitän seine Mütze aus dem Gesicht und rieb sich gemächlich die Stirn, »im Moment ist es sehr ruhig. Ich glaube, daß ich in der letzten halben Stunde nicht mehr als drei Boote draußen gesehen habe.«

»Und – welche Richtung haben sie eingeschlagen, Kapitän?« Vor lauter Ungeduld hatte ich ungewollt einen scharfen Ton angeschlagen.

»Beide, junger Mann, beide!« Er nahm die kurze Stummelpfeife aus dem Mund und sah mich an. Die vielen Falten um seine Augenwinkel schienen sich noch vertieft zu haben und verrieten nun milden Spott. »Zwei sind flußabwärts gefahren und eines aufwärts.«

Die Antwort war keine große Hilfe. Jetzt mußten wir uns entscheiden. Welchem Boot sollten wir folgen? Wenn wir die falsche Wahl trafen, war Luzias Schicksal besiegelt. Ich warf einen besorgten Blick auf Jones, aber der junge Amerikaner hielt sich ausgezeichnet. Zumindest äußerlich war er ruhig geblieben, nur die weiß hervortretenden Knöchel seiner geballten Fäuste zeugten von seiner ungeheuren Anspannung.

»Was schlagen Sie vor, Holmes?« Von Stamm sah ihn unsicher an.

»So etwas hatte ich befürchtet«, sagte Holmes nüchtern, »wir müssen uns aufteilen! Watson, Jones und ich verfolgen mit der ›Kronprinz‹ die flußabwärts fahrenden Boote. Da es zwei sind, ist die Wahrscheinlichkeit, auf den Monsignore zu treffen, hier größer. Und Sie, Kommissar, übernehmen mit Ihren Leuten die andere Richtung, es muß doch noch ein zweites Boot aufzutreiben sein!«

Selbstverständlich hatte Holmes vollkommen recht, die Chancen standen zwei zu eins, daß wir stromabwärts mußten. Aber die Vorstellung, möglicherweise in die falsche Richtung zu fahren, fort von Luzia, lastete wie ein Alpdruck auf uns allen. Von Stamm biß die Zähne zusammen und ließ seine Backenmuskeln arbeiten. Jones hatte sich abgewandt und starrte aufgewühlt auf den Fluß, als könne der ihm verraten, welchen Weg der Monsignore eingeschlagen hatte.

»Einverstanden, Holmes!« Der Kommissar war zu einem Entschluß gekommen. »Sie nehmen die Barkasse, ich kümmere mich um das andere Boot. Eine große Wahl haben wir ja nicht.« Er klemmte sein Monokel ins Auge und beugte sich eindringlich zu dem Seemann vor. »Kapitän Küppers, Sie müssen diese Boote einholen! Unter allen Umständen!«

»Ich habe schon verstanden.« Der Kapitän nickte bedächtig und rief seinen Heizern den Befehl zu, mehr Dampf zu machen. Dabei war ihm anzusehen, daß die Aussicht auf eine wilde Verfolgungsjagd ihn nicht gerade begeisterte. »Wir tun, was wir können, aber es ist eine heikle Angelegenheit, Herr Kommissar«, sagte er ernst und zeigte auf den Fluß. »Sehen Sie selbst: Es wird bald dunkel, und dann läßt sich das Eis nur noch sehr schwer ausmachen.«

Wir folgten seiner Aufforderung und drehten uns zur Reling. Die zahlreichen im Wasser treibenden Eisschollen hatte ich vorher nicht bewußt wahrgenommen. Einige von ihnen erreichten wirklich ein imponierendes Ausmaß. Jetzt verstand ich die Bedenken des Seemanns.

»Also deshalb sind kaum Schiffe unterwegs!«

»Ja, die meisten Kähne und Boote haben ihre Fahrt eingestellt. Was nur vernünftig ist, denn mit Treibeis von dieser Stärke und Größe ist nicht zu spaßen. Es kann leicht ein Leck schlagen. Sogar unser ›Kronprinz‹ ist nicht ausreichend dagegen geschützt, nicht, wenn wir mit Volldampf fahren. Ich habe auf dem Rhein selten einen so starken Eisgang erlebt.« Der Kapitän wandte sich seufzend an von Stamm. »Aus dem Grund gefällt es mir auch gar nicht, daß das Fräulein ausgerechnet jetzt auf dem Wasser sein muß!«

Holmes fuhr herum. »Das Fräulein?«

»Das Fräulein von Bylandt.« antwortete der Kapitän leicht verwundert. »Sie hat mir noch zugewunken, als sie an uns vorbeigefahren ist. Eine verrückte Idee, bei diesem Wetter einen Bootsausflug zu unternehmen, aber das paßt zu ihr! Ich weiß noch, wie sie einmal –«

»Welche Richtung haben sie genommen?« unterbrach ihn Holmes schroff.

»Na, flußaufwärts!«

Also wären wir beinahe in die falsche Richtung gefahren! Holmes verzog den Mund zu einem grimmigen Lächeln und sagte leise: »Das nenne ich Glück, Watson!« Ich konnte ihm nur zustimmen, es war ein gutes Omen.

»Sie haben vor knapp einer halben Stunde abgelegt.« Irritiert sah der Kapitän uns an. »Aber was interessiert Sie denn so an der Baroneß?«

»Ihretwegen sind wir doch hier!« antwortete von Stamm. »Man hat sie entführt, Küppers! Luzia schwebt in großer Gefahr!«

»Entführt? Um Gottes willen, das arme Kind! Warum haben Sie denn das nicht gleich gesagt?« Er wirbelte herum und sprang zum Niedergang. Unten standen zwei Heizer und schauten neugierig zu uns herauf. »Los, Männer, ihr habt gehört, um was es geht! Wir brauchen Dampf!«

Von seiner zögerlichen Haltung war auf einmal nichts mehr zu merken, er wirkte wie ausgewechselt. »Eine halbe Stunde Vorsprung!« brummte er in seinen Bart. »Na, das wollen wir doch mal sehen!«

»Wir wissen also nun, wo wir suchen müssen«, sagte Holmes bestimmt, »das ist ein guter Anfang. Trotzdem sollten wir uns aufteilen. Ich schlage vor, daß Sie zur Präfektur zurückkehren, Kommissar, und die Polizeistationen stromaufwärts alarmieren. Sie sollen die Ufer kontrollieren, besonders alle Anlegestellen. Wenn der Monsignore irgendwo landet, bevor wir ihn erreichen, muß ja sein Boot zu finden sein.«

»Sie haben recht, Holmes, ich werde das Nötige veranlassen.«

»Gut, auf diese Weise dürften wir seine Spur wiederfinden, selbst wenn er uns auf dem Wasser entwischen sollte.«

»Aber vielleicht ist es dann schon zu spät, und wir kommen nicht mehr rechtzeitig!«

»Die Gefahr besteht natürlich, Watson! Deshalb müssen wir alles daran setzen, um ihn vorher abzufangen.« Holmes sah den Kapitän fragend an. »Der ›Kronprinz‹ soll schnell sein. Was meinen Sie, können wir das andere Boot noch einholen?«

»Hängt davon ab, wo die Burschen hin wollen«, antwortete der Kapitän kurz angebunden. »Und wieviel Zeit wir noch vertrödeln!« Die Aufforderung war unmißverständlich.

»Schon gut, Küppers, ich mache mich sofort auf den Weg!« Von Stamm schüttelte uns allen kurz die Hand. »Bringen Sie Luzia heil wieder nach Hause, Jones!« Der Amerikaner nickte stumm.

Der Kommissar ging von Bord und löste die Leinen. Sofort legte die Barkasse ab und nahm rasch Fahrt auf. Am Kai blieb von Stamm zurück. »Viel Erfolg, meine Herren!« rief er zu uns herauf und salutierte knapp, bevor er in die Droschke stieg. Der Wagen wendete und raste unter lautem Peitschenknallen davon.

Der Kapitän hatte das Ruder übernommen und steuerte in die Flußmitte hinaus. Jones war allein auf der Außenbrücke geblieben, wo er sich an der Reling festhielt und entschlossen nach vorne starrte. Während Holmes sich über eine Flußkarte beugte, um den Rheinlauf oberhalb Kölns zu studieren, trat ich neben den Kapitän.

»Küppers? Sind Sie vielleicht mit Frau Küppers verwandt, der Haushälterin von Pater Hieronymus, Herr Kapitän?« fragte ich.

»Meine Kusine!« nickte er. »Deshalb kenne ich auch die Baroneß gut, schon als Kind ist sie oft hierher zu mir aufs Boot gekommen. Ich glaube, es war ihr Lieblingsspielplatz. Sie hat sich immer vorgestellt, wir wären auf dem Sambesi, und ich mußte dann nach Krokodilen Ausschau halten. Hin und wieder habe ich sogar eins gesehen. Ein tapferes Mädchen – Sie haben vom Schicksal ihrer Eltern gehört?«

»Ja, eine tragische Geschichte. Es darf nicht noch eine Katastrophe geben. Kapitän, wir müssen Fräulein Luzia retten!«

Küppers wollte wissen, was genau vorgefallen war. Ich teilte ihm das Nötigste mit. Von den Heiligen Drei Königen erzählte ich nichts, auch nicht, was die Satanisten in Wirklichkeit mit Luzia vorhatten. Aber was ich ihm erzählte, reichte aus, um seinen Gesichtsausdruck immer finsterer werden zu lassen. Mehr als einmal preßte er zwischen zusammengebissenen Zähnen einen saftigen Fluch hervor. Ich wunderte mich, daß seine Pfeife dabei heilblieb, die er nun aus dem Mund nahm. Er warf mir einen grimmigen Blick zu.

»Wir kriegen diese Schurken, verlassen Sie sich darauf!«

Schnell hatten wir den Hafen und den mächtigen Bayenturm passiert, dann lag Köln auch schon hinter uns. Ich sah zurück auf die alte Stadt, deren Panorama immer noch von den zahlreichen Kirchen und Klöstern bestimmt wurde, die ihr schon früh den Beinamen »Heiliges« Köln eingebracht hatten. Beherrscht wurde der Anblick natürlich vom alles überragenden Dom.

Unter anderen Umständen hätte ich eine Bootsfahrt durch das weltberühmte Rheintal sicher genossen. Aber unserem Ausflug fehlte alles Romantische, das den schönen gestochenen Ansichten eines Tombleson oder Gardnor ihren pittoresken Charme verleiht.

Holmes hatte sich vom Kapitän ein Fernglas geliehen und war zu Jones auf die Brücke getreten. Als ich ihm nach draußen folgte, wehte mir der kalte Fahrtwind schneidend ins Gesicht. Immer wieder spritzte eisige Gischt über die Reling. Ich schloß meinen Mantel so hoch es ging und war froh, meine Taschenflasche mit Luzias Cognac eingesteckt zu haben. Wenigstens von innen konnten wir etwas gegen Kälte und Nässe tun. Jones nahm dankbar einen Schluck, und auch Küppers bediente sich ausgiebig, nachdem er das Aroma geschnuppert und anerkennend die Brauen gehoben hatte. Seemann bleibt Seemann.

Unter unseren Füßen vibrierte das Deck vom Stampfen der mit höchster Kraft laufenden Maschine. Der »Kronprinz« arbeitete sich mit Volldampf durch die Wellen und mußte dabei gegen die starke Strömung ankämpfen. Aber wir machten gute Fahrt, die Uferlandschaft schien nur so an uns vorbeizufliegen, und die schwarze Rauchfahne aus unserem Schornstein zeigte flach nach achtern, bevor sie auseinandergeweht wurde. Bei dem Tempo mußten wir den Monsignore einfach einholen.

Holmes hatte seine Jagdmütze unter dem Kinn festgebunden und suchte mit dem Glas die vor uns liegende Strecke ab. Ihm schien die gelegentliche Dusche nicht allzuviel auszumachen. Im Gegenteil, gelassen stand er dort auf der Brücke, seine gebogene Pfeife im Mundwinkel, und glich mühelos das Schlingern des Bootes aus, als wäre er seit Monaten auf See. Fast konnte man auf den Gedanken kommen, daß er an der halsbrecherischen Fahrt Gefallen fand.

Bisher hatten wir nur vereinzelte Lastkähne überholt, ansonsten waren wir allein auf dem Fluß. Immer wieder trieben große Eisschollen an uns vorbei, manche von ihnen unangenehm nahe. Noch konnte der Kapitän ihnen ausweichen, ohne mit der Geschwindigkeit heruntergehen zu müssen. Aber wenn erst die Dämmerung einsetzte, würde die Fahrt gefährlich werden, selbst wenn wir das Tempo drosselten. Und das konnten wir nicht. Wir durften es nicht riskieren, langsamer zu werden. War es erst einmal dunkel, hatten wir kaum noch eine Chance, das Boot des Monsignore zu entdecken. Wir mußten mit Volldampf fahren, solange es irgendwie möglich war. Es ging um jede Minute.

Küppers schien ähnliche Überlegungen angestellt zu haben, er klopfte an die Scheibe und winkte uns zu sich herein.

»Wenn wir das Tempo halten wollen, muß jemand in den Bug! Die Sicht von hier oben reicht nicht mehr, ich brauche einen Lotsen, der mir früh genug das Treibeis anzeigt!«

»Gut«, sagte Jones, »das werde ich erledigen.« Froh darüber, nicht mehr nur untätig warten zu müssen, übernahm er die ungemütliche Aufgabe. Kapitän Küppers gab ihm eine Öljacke mit, allerdings würde auch die ihn dort vorne nicht lange trocken halten. Dank Jones' Lotsendienst konnten wir jedoch vorerst unsere hohe Geschwindigkeit beibehalten. Sicher dirigierte er uns an den Eisschollen vorbei.

Mir war klar, daß auch der Monsignore mit dem Eis zu kämpfen hatte, und für ihn gab es keinen Grund, dabei ein so hohes Risiko einzugehen. Nein, er würde auf seine Sicherheit bedacht sein und deshalb wesentlich langsamer vorankommen als wir. Je länger unsere Fahrt aber andauerte, desto mehr verlor dieser Gedanke alles Tröstliche. Denn mittlerweile hätten wir ihn längst einholen müssen.

Allmählich dämmerte es, ich wurde immer nervöser.

»Können Sie schon irgend etwas erkennen, Holmes?«

Holmes setzte das Glas ab und beantwortete meine Frage mit einem knappen Kopfschütteln.

»Noch nichts, Watson. Keine Spur von Castelli.«

Ein böser Verdacht drängte sich auf. Vielleicht hatten sie längst irgendwo angelegt, und wir waren vorbeigefahren, ohne es zu merken! Holmes mußte wohl die gleiche Befürchtung hegen, denn er suchte nun auch die Ufer sorgfältig ab.

Eben hatten wir eine Flußbiegung passiert, nun lag eine längere überschaubare Strecke vor uns. »Holmes, sehen Sie nur! Das sieht doch nach Rauch aus!« Aufgeregt stieß ich ihn in die Seite und zeigte nach vorne, wo weit voraus eine dünne Wolke über dem Wasser zu stehen schien.

»Sie haben recht, Watson, es ist Rauch!« Leiser Triumph schwang in seiner Stimme mit. »Und er stammt von einem Boot!«

Er reichte mir das Glas, und ich konnte gerade noch einen Blick auf das Schiff werfen, bevor es hinter der nächsten Biegung verschwand. Trotz der Entfernung war ich mir sicher, daß wir keinen Lastkahn vor uns hatten, sondern ein kleineres Personenboot. Das gerade Stück schien sich endlos zu ziehen. Als wir endlich die Biegung erreichten und das Boot wieder in Sicht kam, hatte sich der Abstand deutlich verringert.

»Das muß er sein, Watson, wir haben ihn aufgespürt!« Zufrieden zog Holmes an seiner Pfeife und vergrub die Hände in den Manteltaschen. »Jetzt ist es nur noch eine Frage der Zeit, wann wir ihn eingeholt haben!«

Durch das Glas konnte ich hektische Aktivitäten auf Deck ausmachen. Mittlerweile war man dort wohl auf uns aufmerksam geworden und hatte die richtigen Schlüsse über die Verfolger gezogen. Aus dem Schornstein quoll jetzt auf einmal so viel dicker, schwarzer Qualm, daß er mir beinahe die Sicht wegnahm. Offensichtlich versuchte man, mehr Dampf zu machen, um ebenfalls das Tempo zu erhöhen.

Die Heizer holten alles aus ihren Maschinen heraus, und beide Boote schossen nun durch die Fluten. Von den Steuerleuten verlangte die rasende Fahrt höchste Konzentration und Geschick. Immer wieder wurden sie durch die treibenden Eisschollen zu waghalsigen

Ausweichmanövern gezwungen. Längst mußten wir uns an der Reling festklammern, um nicht bei einer der unvermittelten Wendungen über Bord zu gehen. Verglichen mit Jones' Posten im Bug war unsere Lage allerdings noch recht komfortabel.

Nach einiger Zeit war nicht mehr zu verkennen, daß wir immer mehr aufholten, langsamer zwar als vorhin, aber doch stetig. Kapitän Küppers verkündete zuversichtlich, noch vor Bonn gleichauf zu sein.

Von Stamm hatte nicht übertrieben, der »Kronprinz« war tatsächlich das schnellste Boot auf dem Rhein.

Bald ließen sich bereits mit bloßem Auge mehrere Gestalten auf dem anderen Boot ausmachen. Sicher wurden wir von ihnen genauso beobachtet wie sie von uns. Und bestimmt wußten sie auch, mit wem sie es zu tun hatten. Voller Genugtuung stellte ich mir vor, wie sie dort allmählich in Panik gerieten. Über den Ausgang des Rennens war schließlich kein Zweifel möglich. Sie konnten uns nicht mehr entwischen, ihr Boot war zu langsam. Was sollten sie jetzt noch anstellen, um uns aufzuhalten?

Auf die Antwort brauchte ich nicht lange zu warten. Plötzlich stieg drüben eine kleine Rauchwolke vom Achterdeck auf, dann noch eine. Durch das Glas sah ich einen Mann im Heck stehen. Er hielt ein Gewehr im Anschlag und zielte in unsere Richtung.

»Sie schießen auf uns, Holmes!«

»Natürlich, Watson, das war zu erwarten«, antwortete er ungerührt, »aber noch liegen sie zu kurz.« Mit einem prüfenden Blick überschlug er die Entfernung. »Wenn es auch nicht mehr lange dauert, bis wir in Schußweite sind.«

Trotzdem machte ich mir wegen des Gewehrfeuers keine Sorgen. Bei den heftig schwankenden und stampfenden Booten war ein Treffer sehr unwahrscheinlich. Da hörte ich einen harten, metallischen Schlag über uns und blickte hoch. Im Schornstein war eine Kugel eingeschlagen. Entweder handelte es sich um einen reinen Glückstreffer, oder wir hatten es mit einem Meisterschützen zu tun. Nun wurde ich doch etwas unruhig. Je mehr wir uns dem Boot näherten, desto gefährlicher würde es werden.

Kapitän Küppers hatte den Einschlag auch gehört. Er bat Holmes, kurz das Ruder zu übernehmen, damit er sich draußen den Schaden ansehen konnte. Wenig später kam er aufgebracht zurück.

»Die Halunken haben ein Loch in meinen Schornstein geschossen!« Empört schlug er mit der Hand auf das Steuerrad. »Aber das können wir auch!« Mit dem Kinn wies er auf den Waffenschrank in der Ecke und suchte in seinen Taschen nach dem Schlüssel. »Wozu haben wir denn die Karabiner an Bord?«

Holmes nahm die Pfeife aus dem Mund und schüttelte leicht den Kopf. »Wir können die Gewehre nicht benutzen, Kapitän! Es ist zu gefährlich, oder wollen Sie das Fräulein gefährden?«

Küppers zog die Brauen zusammen und brummte zustimmend. Wie recht Holmes mit seiner Befürchtung hatte, wurde wenig später nur zu deutlich. »Sehen Sie, Watson! Dort!«

Ich hatte die Frauengestalt auf dem Achterdeck ebenfalls bemerkt und hob mein Glas. Zwar konnte ich ihre Gesichtszüge nicht erkennen, aber ich war mir völlig sicher, daß es sich um Luzia handelte. Offenbar baute Castelli auf unsere Vorsicht und benutzte seine Gefangene als lebenden Schutzschild. Und seine skrupellose Maßnahme funktionierte. Wir konnten das Feuer nicht erwidern, sondern mußten einfach darauf vertrauen, daß der Schütze uns verfehlte. Immer wieder sahen wir Pulverdampf aufsteigen und hörten jetzt auch den dünnen Knall der Schüsse, aber wir hatten Glück, weitere Treffer blieben aus.

Holmes fixierte das Boot mit zusammengekniffenen Augen. Daß auf ihn geschossen wurde, schien ihn nicht zu berühren. Gelassen rauchte er seine Pfeife. Die Zeit zu handeln würde schon noch kommen. Auch Jones und der Kapitän waren viel zu sehr damit beschäftigt, die Barkasse auf Kurs zu halten, um groß auf die Kugeln zu achten.

Wir schlossen weiter auf, und ich begann zu überlegen. Wir würden den Monsignore einholen, das stand fest, aber was dann? Wie sollten wir ihn stoppen?

Als habe er meine Gedanken gelesen, sagte Holmes: »Wir haben zwei Möglichkeiten, Watson. Entweder gelingt es uns, Castelli zum Ufer abzudrängen und so zur Landung zu zwingen, oder wir gehen längsseits und entern ihn.«

»Entern?« Ich starrte ihn an. Er meinte es ernst. Holmes hatte wirklich vor, unter diesen haarsträubenden Bedingungen auf das andere Boot überzusetzen.

Der Kapitän nickte grimmig. »Keine Sorge, ich bringe Sie schon nahe genug heran! Notfalls ramme ich den Kahn einfach!« Ich konnte mich täuschen, aber in seiner Stimme klang fast so etwas wie Begeisterung mit.

In diesem Moment zersplitterte mit einem lautem Knall die Frontscheibe auf der Brücke. Küppers schrie auf und taumelte nach hinten. Er riß die Hände vors Gesicht, zwischen den Fingern quoll Blut hervor. Das Steuerrad rotierte unkontrolliert. Sofort legte sich das Boot quer zur Strömung und krängte weit über. Es fehlte nicht viel, und wir wären gekentert. Ich verlor meinen Halt und wurde nach draußen gegen die Reling geschleudert. Der Aufprall war schmerzhaft, aber wenigstens konnte ich mich dort festklammern.

Jones kam nicht so glimpflich davon. Die jähe Wendung des Bootes überraschte ihn in einer ausgesprochen ungünstigen Position, als er sich weit vor über den Bug gebeugt hatte. Hilflos mußte ich mit ansehen, wie er noch versuchte, sich an der Reling festzuhalten, bevor er mit einem Schrei über Bord ging. Einen schrecklichen Moment lang dachte ich, daß ihn der Schock der eisigen Kälte getötet hätte, dann tauchte sein Kopf aus den Fluten auf, und er hielt sich mit Schwimmbewegungen über Wasser.

»Mann über Bord!« rief ich, aber Holmes hatte schon den Rettungsring vom Haken gerissen und schleuderte ihn dem Amerikaner hinterher, der ihn tatsächlich zu fassen bekam, als er rasend schnell vorbeitrieb.

»Holen Sie die Leine ein, Watson!« Holmes warf mir das Seil zu, an dessen anderem Ende der Reifen befestigt war, und sprang mit einem Riesensatz ans Ruder. Er griff in die Speichen des Steuerrads und stemmte sich dagegen. Langsam drehte das Boot wieder auf Kurs.

Jones wurde nun in unserem Kielwasser mitgeschleppt. Die starke Strömung zerrte an meinen Armen. Jones' Gewicht wirkte wie ein Treibanker, und genauso schwer fühlte es sich auch an. Ächzend holte ich die Leine ein, Handbreit für Handbreit. Es ging nur zäh voran, viel zu zäh, denn ich wußte nicht, wie lange sich der Amerikaner in dem eisigen Wasser noch würde halten können. Wenn er das Bewußtsein verlöre und den Reifen losließe, gäbe es keine Rettung mehr für ihn.

Unvermutet erhielt ich auf einmal Hilfe, zwei starke, schwarz verrußte Fäuste packten das Seil. Einer der Heizer hatte meinen Ruf gehört und war an Deck gekommen. Mit vereinten Kräften zogen wir Jones nun schnell näher und hoben ihn aus dem Wasser. Er selbst konnte uns nicht viel helfen, die Kraft in seinen klammen Fingern reichte gerade noch aus, sich an den Rettungsreifen zu klammern. Allein hätte ich es wohl nicht geschafft, ihn wieder an Bord zu hieven, und auch so war es noch schwer genug. Am ganzen Leib zitternd vor Kälte und Anstrengung richtete Jones sich auf. Mühsam versuchte er, etwas zu sagen, brachte aber nur ein Krächzen zustande. Dann gaben seine Knie nach, und wir mußten ihn stützen, sonst wäre er zusammengesackt.

»Schnell, vor den Kessel mit ihm, er braucht jetzt vor allem Wärme! Und ziehen Sie seine nassen Sachen aus! Ich kümmere mich nachher um ihn, der Kapitän ist verletzt.« Der Heizer nickte und nahm Jones mit nach unten.

Kapitän Küppers blutete aus mehreren Wunden im Gesicht. Der Schuß selbst hatte ihn um Haaresbreite verfehlt, seine Verletzungen rührten von Glassplittern her. Vorsichtig tupfte ich das Blut ab und sah mir die Wunden an. Es war nicht so schlimm, wie ich befürchtet hatte. Die Schnitte gingen nicht sehr tief, und vor allem waren die Augen unversehrt geblieben. Er wollte sich nicht verbinden lassen, sondern schickte mich nach vorne. »Sie müssen den Ausguck übernehmen, Doktor, das ist jetzt wichtiger!«

Daran hatte ich gar nicht mehr gedacht. Ich lief über das schwankende Deck nach vorne, aber es war schon zu spät. Noch bevor ich den Bug ganz erreicht hatte, sah ich unmittelbar voraus die Eisscholle. Sie erschien mir riesig, und sie trieb schnell auf uns zu. Jeden Moment konnte der Aufprall erfolgen. Auf meinen Warnruf folgte unmittelbar ein ohrenbetäubendes Krachen. Ein furchtbarer Ruck ging durch das Boot und schleuderte mich zu Boden.

Zu unserem Glück war die Kollision nicht völlig frontal erfolgt. Holmes hatte noch rechtzeitig reagiert und das Boot leicht nach steuerbord abdrehen können. Mit einem ohrenbetäubenden Kreischen scheuerte die Scholle an der Backbordseite entlang. Es hörte sich an, als würde der Bootsrumpf aufgerissen. Ich sah uns schon alle in den eisigen Fluten des Rheins versinken, entweder ertrunken oder zermalmt vom Treibeis. Dann hörte das schreckliche Geräusch auf, und wir kamen frei. Die Scholle verschwand achteraus.

Wir hatten es überstanden, der »Kronprinz« war nicht gesunken. Meine Freude über die gute deutsche Wertarbeit erhielt allerdings gleich darauf einen empfindlichen Dämpfer, denn wir machten kaum noch Fahrt. Jetzt stoppte auch noch die Maschine. Unser Schwung wurde durch die Strömung gebremst, und bald würden wir sogar abtreiben. Ohnmächtig mußte ich feststellen, wie sich der Abstand zum Monsignore rasch vergrößerte. Ich ging zurück zur Brücke. Einen Lotsen brauchten wir bei dem Tempo nicht mehr.

»Was ist passiert, Holmes? Haben wir ein Leck?«

»Nein, Watson«, antwortete er düster, »aber anscheinend hat das Eis die Backbordschraube verbogen. Kapitän Küppers ist gerade unten im Maschinenraum und versucht, sie stillzulegen.«

»Jawohl, und wir können von Glück reden, wenn die andere Schraube heil geblieben ist! So einen Brocken von Scholle habe ich auf dem Rhein noch nicht gesehen!« Küppers tauchte im Niedergang auf, den Kopf behelfsmäßig mit einem Handtuch bandagiert, was ihm ein leicht orientalisches Aussehen verlieh, aber seinen Zweck durchaus zu erfüllen schien. »Also dann: Volle Kraft voraus!« rief er nach unten und übernahm selbst wieder das Steuer.

Angespannt warteten wir darauf, was passieren würde. Das Boot nahm wieder Fahrt auf, langsam zunächst, dann immer schneller. Der Kapitän hielt den Kopf leicht schräg und lauschte konzentriert auf den Klang der Maschine und das Schraubengeräusch. Dann richtete er sich auf und nickte uns befriedigt zu. »Scheint alles rund zu laufen! Meine Herren, wir sind wieder im Rennen! Übrigens geht es dem jungen Mann da unten schon wieder besser, Doktor.«

Davon wollte ich mich selbst überzeugen und stieg den Niedergang hinunter in den Maschinenraum. Hier herrschte die ideale Temperatur, um Jones von seiner Unterkühlung zu kurieren. Der Kessel strahlte eine Hitze aus, die mir fast den Atem nahm. Jones hatte seine nasse Kleidung gegen eine preußische Matrosenuniform getauscht, die ihm nicht ganz paßte, aber wenigstens trocken war. Um seine Muskeln wieder aufzuwärmen, half er den Heizern beim Befeuern des Kessels.

Meine ärztliche Hilfe war hier nicht nötig, und ich beschränkte mich darauf, ihm den Cognac anzubieten. Jones trank einen Schluck und reichte mir die Flasche mit einem ernsten Blick zurück.

»Das war knapp vorhin, ich habe mich noch gar nicht bedankt. Sie haben mir das Leben gerettet, Dr. Watson! Sie und der gute Jupp hier. Lange hätte ich es nicht mehr im Wasser ausgehalten!«

»Tja, eine ungünstige Jahreszeit zum Schwimmen hat der junge Herr sich da ausgesucht!« spottete der Heizer mit einem breiten Grinsen.

Jones lächelte gutmütig über den Scherz und griff wieder nach der Schaufel. Dank seiner Jugend und ausgezeichneten körperlichen Verfassung hatte der Unfall ihm nicht viel anhaben können. Vermutlich würde er nicht einmal einen Schnupfen bekommen. Sogar seine Brille hatte das unfreiwillige Bad heil überstanden.

Über Jones' Zustand brauchten wir uns also keine Sorgen zu machen, aber das war auch das einzig Tröstliche in unserer Situation. Als ich wieder die Brücke betrat, erörterten Holmes und der Kapitän gerade unsere Chancen in dem Wettlauf, und die standen nicht gut, das sah ich selbst. Der »Kronprinz« machte zwar wieder ordentlich Fahrt, von einer Aufholjagd konnte allerdings keine Rede mehr sein, dafür reichte eine Schraube nicht. Bestenfalls durften wir hoffen, in Sichtweite des anderen Bootes zu bleiben.

»Einholen können wir den Monsignore auf dem Wasser nicht mehr, Watson«, wandte sich Holmes an mich, »dafür sind wir zu langsam. Aber noch ist nichts verloren. Ich glaube nicht, daß die Fahrt noch sehr lange dauert, im Dunkeln wäre das zu riskant.« Nachdenklich stocherte er in seiner Pfeife. »Eigentlich bin ich etwas überrascht, daß er sein Ziel bis jetzt noch nicht erreicht hat. Nun, er wird mit Sicherheit bald anlegen, bis dahin müssen wir den Kontakt halten, Kapitän!«

Wir starrten alle drei dem Boot hinterher, das sich immer weiter von uns entfernte. Küppers brummte vor sich hin und zeigte nach vorne.

»Sehen Sie die Stadt voraus? Das ist Bonn, wenn sie dorthin wollen, können wir ihnen noch folgen. Aber danach«, resigniert zuckte er mit den Achseln, »danach dürfte es schwierig werden.«

Holmes sagte nichts, wir wußten alle, was das zu bedeuten hatte.

Der Kapitän sollte mit seiner Prognose recht behalten. Castelli passierte die Ortschaft, ohne anzulegen. Sein Abstand zu uns wurde immer größer, und bald war er auf dem Fluß kaum noch zu sehen. Natürlich hatte er keine Positionslichter gesetzt. Kurz hinter Bonn war es dann soweit, wir verloren sein Boot endgültig aus den Augen.

»Holmes, was sollen wir denn jetzt machen? Gibt es überhaupt noch eine Hoffnung?«

»Castellis Ziel muß ganz in der Nähe sein, Watson!« antwortete er leicht abwesend. »Vielleicht habe ich etwas übersehen.« Holmes beugte sich über den Kartentisch und studierte noch einmal den Rheinlauf. Plötzlich richtete er sich auf. »Meine Güte, wie hatte ich nur so blind sein können!« Mit der Pfeife zeigte er auf eine Stelle kurz oberhalb Bonns. »Das muß es sein! Sehen Sie selbst, Watson!«

Auf der Karte war ein Berg mit einer Burgruine eingezeichnet, der Drachenfels, eine berühmte Sehenswürdigkeit und Pflichtteil jeder romantischen Rheinfahrt. »Ich verstehe, worauf Sie hinauswollen, Holmes, aber ist das nicht etwas weit hergeholt? Nur wegen des Namens?«

»Keineswegs, Watson! Denken Sie an Jones' Vortrag über den Orden. Er sprach davon, daß Elemente aus der germanischen und nordischen Mythologie Eingang in die kruden Lehren der Satanisten gefunden hätten. Und wenn Sie in der Lektüre Ihres Reiseführers erst einmal beim Drachenfels angelangt sind, werden Sie erfahren, daß genau hier der sagenhafte Kampf Siegfrieds mit dem Drachen stattgefunden haben soll. Das Untier hat dem Berg seinen Namen gegeben, und die Höhle, in der er angeblich gehaust hat, gibt es heute noch. Eine Höhle, Watson, die angestammte Heimstatt des Drachen! Welcher Ort könnte wohl besser geeignet sein, um den ›Vierten König‹ erscheinen zu lassen?« Entschieden drehte er sich zu Küppers. »Kapitän, bringen Sie uns nach Königswinter!«

Eine unheimliche Begegnung

Holmes' Sicherheit wirkte ansteckend. Zwar teilte ich seine Begeisterung für Wagner nicht und konnte mich deshalb nur dunkel an die Siegfriedsage erinnern, aber mir leuchtete ein, daß für den Monsignore der Drachenfels die natürliche Wahl sein mußte. Dort in der Drachenhöhle sollte das »Große Ritual« zelebriert werden. Und noch etwas war mir klar: Wenn Holmes mit seiner Vermutung richtig lag, dann hatten wir es nun nicht mehr allein mit dem Monsignore und den drei oder vier Männern der Bootsbesatzung zu tun, sondern mit dem ganzen versammelten Drachenorden. Unser Vorhaben würde gefährlich werden.

Wir erreichten Königswinter mit dem letzten Tageslicht. Der Mond war schon aufgegangen, und vor seinem Hintergrund bot uns der Drachenfels mit der Ruine auf der Spitze seine spektakuläre Silhouette dar. Unsere Aufmerksamkeit war aber weniger auf dieses Ansichtskartenmotiv gerichtet, sondern galt vielmehr der Landungsbrücke. Nur ein einziges Boot hatte dort festgemacht, ein Boot, das wir mittlerweile sehr genau kannten. Der Monsignore war tatsächlich hier gelandet, Holmes hatte wieder einmal recht gehabt. Vorsichtig näherten wir uns und gingen längsseits. An Bord war niemand mehr, das Boot lag verlassen da.

»Der Monsignore muß sich sehr sicher fühlen, Holmes! Sie haben sich nicht einmal die Mühe gemacht, ihr Boot zu verstecken.«

»Was bedeutet, daß sie nicht mehr mit uns rechnen, Watson! Ein Vorteil für uns.«

Wir gingen an Land. Die kleine Ortschaft wirkte wie ausgestorben, für Touristen war es weder die richtige Jahres- noch Tageszeit. Außer uns gab es niemanden am Ufer, den wir nach der gewiß merkwürdigen Reisegruppe aus dem Boot hätten fragen können. Das war nicht weiter problematisch, wir kannten ja Castellis Ziel.

Holmes schickte den »Kronprinz« zurück nach Bonn, der Kapitän sollte die Polizei alarmieren und versuchen, von Stamm zu benachrichtigen. Küppers wäre am liebsten mit uns marschiert, aber er sah ein, daß sich jemand um die Verstärkung kümmern mußte. Nach einem kräftigen Händedruck legte er ab, und die Barkasse dampfte stromabwärts.

Wir begannen mit dem Aufstieg. Mittlerweile war es dunkel geworden, einzig der Mond beleuchtete unseren Weg. Jones übernahm die Führung, von zahlreichen Wanderungen her kannte er sich in der Gegend aus. Sogar der Drachenhöhle hatte er bei einem Ausflug gemeinsam mit Luzia schon einmal einen Besuch abgestattet. Die Höhle sollte irgendwo über uns liegen, auf halber Höhe, oberhalb der Weinstöcke, die zu den nördlichsten Lagen des berühmten Rheinweins gehörten, wie Jones berichtete. Er wußte auch, daß man den hier kultivierten Rotwein »Drachenblut« nannte.

Die nervöse Anspannung schien seine Zunge gelöst zu haben. Während Holmes schweigsam bergan stieg, redete der Amerikaner in einem fort. Mir waren solche Symptome vertraut, jeder Mensch entwickelt seine eigene Methode, um bei drohender Gefahr Haltung zu bewahren. Auf diese Weise erfuhr ich nebenbei, daß die alte Drachenburg zum Kölner Erzstift gehört hatte. Soweit es Jones bekannt war, stand ihre Schleifung im siebzehnten Jahrhundert aber in keinem Zusammenhang mit unserem Orden, sondern war während des fürchterlichen Dreißigjährigen Krieges erfolgt. Seitdem gab es nur noch ihre markante Ruine oben auf dem Gipfel.

Hatte ich anfangs noch hin und wieder ein Wort eingeworfen, so fiel mir das Reden zunehmend schwerer. Der Drachenfels machte nämlich seinem Namen alle Ehre und erwies sich als wirklicher Felsen. Unser beschwerlicher Aufstieg geriet immer mehr zu einer regelrechten Kletterpartie, bei der ich meinen Atem dringend nötig hatte. Der Weg, wenn man ihn überhaupt so nennen konnte, führte steil bergan. Wenn wir nicht gerade durch finstere Waldstücke liefen, in denen man kaum die Hand vor Augen sah, mußten wir über Felspartien steigen, deren vereiste Schneedecke jeden Schritt zu einem rutschigen Abenteuer machte.

Einmal glitt ich aus und wäre um ein Haar mehrere Meter tief einen Abhang hinuntergestürzt. Dafür schlug ich empfindlich mit dem Ellbogen auf, als ich im letzten Augenblick mit den Händen Halt an einem Felsvorsprung fand. Je höher wir stiegen, desto schwieriger wurde das Gelände. Und als ich mir wieder einmal das Schienbein an einer scharfen Steinkante stieß, verließ mich auch noch der letzte Rest meiner Empfänglichkeit für die Rheinromantik. Leise aber beherzt vor mich hin fluchend humpelte ich die nächsten Meter weiter.

Meine Stimmung wurde zunehmend gereizter. Jones' ständiges

Gerede begann mich zu stören, und ich mußte mich sehr beherrschen, um ihm nicht über den Mund zu fahren. Ich wollte gar nicht wissen, daß auch Byron ein Gedicht über den Drachenfels geschrieben hatte. Oder daß noch vor zwei, drei Generationen das gesamte Siebengebirge als äußerst unwegsames Gelände gegolten hatte, das nur mit ortskundigen Führern durchwandert werden konnte. Davon war jetzt immer noch mehr als genug zu spüren, so schroff und unwirtlich wirkte die Gegend. Man hätte leicht glauben können, daß wir uns hier fernab jeder menschlichen Zivilisation befänden.

Aber das waren wir natürlich nicht. Nur wenige hundert Meter von uns entfernt verliefen die Geleise der modernen Zahnradbahn, einer berühmten Meisterleistung der Ingenieurskunst. Mit ihrer Hilfe konnten die Sonntags-Ausflügler bequem von Königswinter auf den Drachenfels hochfahren, um dort im »Hotel Mattern auf dem Drachenfels – Logis für 30 Personen« ihren Weinschoppen zu trinken. Sogar eine Post- und Telegraphenstation gab es oben.

All das war mir bekannt, trotzdem wollte es mir nicht so recht gelingen, die Fahne unseres fortschrittlichen neunzehnten Jahrhunderts hochzuhalten, denn von solch harmlosen Vergnügungen trennten uns Welten. Unser Unternehmen paßte mehr zu den alten blutrünstigen Sagen, über die Jones so eifrig zu berichten wußte. Wir drei waren ausgezogen, eine bedrängte Jungfrau aus den Klauen finsterer Unholde zu retten. Der rechte Stoff für eine Ritterromanze.

Ich blieb stehen, um einen Augenblick zu verschnaufen, und sah forschend den Berg hoch. In dem zerklüfteten Gestein warf das Mondlicht tiefe Schatten. Eine Höhle war nicht zu erkennen, aber ich wußte, daß irgendwo da oben in einer sagenumwobenen heidnischen Kultstätte die Satanisten ihr furchtbares »Großes Ritual« abhielten. Dort oben wurde der Teufel beschworen. Beschworen nach uralten Riten mittels Menschenblut. Und diese ungeheuerliche Zeremonie fand wirklich und wahrhaftig statt, irgendwo dort sollte Luzia geopfert werden.

Vergeblich wehrte ich mich gegen den schauerlichen Bann, den diese groteske Vorstellung bei allem Anachronismus auf mich auszuüben begann. Ich fühlte mich immer weniger wohl in meiner Haut. Zu der sehr realen Sorge um Luzia gesellte sich noch etwas anderes, viel weniger Greifbares. Als wären längst vergessene, tief in mir schlummernde Ängste wieder geweckt worden. Und ich konnte nichts dagegen tun, scheinbar unaufhaltsam driftete ich immer tiefer in eine Welt hinein, die sich mehr und mehr meiner Kontrolle entzog. Das Grauen hatte mich gepackt, die irrationale, atavistische Angst vor dämonischen Mächten, die rings um mich her lauerten.

Auf einmal verstand ich nur zu gut die mythischen Geschichten über Drachen und andere Ungeheuer, gegen die tapfere Ritter in den Kampf ziehen mußten. Auch hier auf dem Drachenfels hatte solch ein Untier gehaust und den Schatz der Nibelungen in seiner Höhle bewacht. Bis Siegfried ihn erschlagen und in seinem Blut gebadet hatte. Sogar seinen Namen kannte ich, dafür hatte Jones gesorgt: »Fafnir«. Aber ich war kein Siegfried, und daß wir auf dem Weg zu seiner Höhle waren, machte die Sache nicht besser. Ich fühlte mich immer unbehaglicher.

Ärgerlich versuchte ich, die Beklemmung abzuschütteln, und ging weiter. Aber je mehr wir uns der Höhle näherten, desto schwerer fiel mir jeder Schritt, es war, als drücke eine zentnerschwere Last auf meine Schultern. Eine Hitzewelle durchfuhr mich plötzlich, und ich spürte, wie mir der Schweiß ausbrach. Natürlich konnte einfach die körperliche Anstrengung der Kletterei für meinen Zustand verantwortlich sein, aber der Arzt in mir wurde aufmerksam. Hinzu kam noch diese leichte Übelkeit seit den letzten Minuten. Irgend etwas stimmte nicht.

Ich knöpfte meinen Mantel auf und lockerte den Schal. Es half nicht viel. Im Gegenteil, das Unwohlsein nahm sogar weiter zu und steigerte sich zum akuten Brechreiz. Krampfhaft würgend blieb ich stehen. Dann wurde mir auch noch schwarz vor Augen, und meine Beine drohten nachzugeben. Keuchend lehnte ich mich gegen einen Felsen. Was war denn auf einmal mit mir los? Holmes und Jones verschwanden hinter einem großen Felsvorsprung, sie schienen nicht bemerkt zu haben, wie es um mich stand. Ich wollte nach meinen Gefährten rufen, brachte aber keinen Ton heraus.

Die Symptome erinnerten an ein Tropenfieber, aber das konnte es nicht sein. Während meiner Zeit bei der indischen Armee war ich davon verschont geblieben. Wahrscheinlich hatte ich mich eben auf dem Fluß nur böse erkältet. Im Kommandoton versuchte ich, mir selbst Mut zu machen. Zum Teufel noch mal, Watson, reiß dich zusammen! Nimm einen Schluck, und dann weiter! Es geht um Luzia! Mit zitternden Fingern schraubte ich die Reiseflasche auf und setzte sie an den Mund. Der Cognac rann heiß meine Kehle herunter und linderte den Druck etwas. Erleichtert trank ich noch einen Schluck und steckte die Flasche wieder in die Manteltasche. Dann folgte ich meinen Freunden.

Aber schon nach den ersten Schritten fing es wieder an, viel schlimmer als vorher. Ich stolperte vorwärts und mußte mich wieder abstützen. In kleinen Bächen rann mir der Schweiß über das Gesicht und lief mir in die Augen. Mir fehlte die Kraft, ihn wegzuwischen. Ein infernalischer Gestank umgab mich auf einmal und machte jeden Atemzug zur Qual. Noch nie hatte ich etwas so Abscheuliches gerochen, da konnte selbst Holmes' schlimmster Tabak nicht mithalten.

Dann hörte ich das Geräusch und erstarrte.

Es hatte wie ein Zischeln geklungen, nicht besonders laut und irgendwie abwartend – und es war hinter mir.

Ein eiskalter Schauer lief meinen Rücken hinunter, und ich fühlte, wie sich meine Nackenhaare sträubten. Wieder zischelte es, diesmal etwas lauter. Ich fuhr herum und taumelte fassungslos zwei Schritte zurück. Nicht einmal mehr krächzen konnte ich, meine Kehle war wie zugeschnürt. Ich wollte einfach nicht glauben, was ich da sah. Das konnte einfach nicht wahr sein! Ein Pesthauch schien mich anzuwehen und warf mich beinahe um.

Ich bin schon schrecklichen Kreaturen begegnet in meinem Leben. Da hatte es diese riesige weiße Gestalt gegeben, damals hoch in den Ausläufern des Himalaja, bei deren Auftauchen unsere Gurkhas – in der Schlacht die tapfersten Krieger der Welt – in heller Panik davongerannt waren. Oder die höllische Bestie im Dartmoor, die den Fluch der Baskervilles erfüllen sollte. Nie werde ich ihren Anblick vergessen. Aber nichts kam diesem alptraumhaften Monstrum gleich.

Was da langsam und drohend auf mich zukam, schien keine feste Gestalt zu haben. Ein sich drehender und windender Schlangenleib, an dem immer mal wieder ein Bein mit klauenbewehrten Tatzen heraustrat. Der mächtige Körper war mit grünlichen Schuppen gepanzert; seitliche Auswüchse sahen aus wie verkümmerte Flügel. Das Ungetüm hatte seinen Kopf auf meine Höhe gesenkt, und aus dem widerlichen Rachen schnellte eine gespaltene Zunge. Der Gestank war schier unerträglich. Unfähig, mich zu rühren, starrte ich mit gebanntem Entsetzen in die tellergroßen, rotglühenden Augen.

Wenn ich immer noch Zweifel gehabt hätte, welcher Art von

Kreatur ich gegenüberstand, so wäre ich jetzt endgültig belehrt worden, denn plötzlich steigerte sich das Zischeln zu einem donnernden Fauchen, und aus dem Maul der Bestie schlug mir eine riesige Feuerlohe entgegen. Die Hitze brannte in meinem Gesicht und versengte mir die Augenbrauen. Ich wich nach hinten zurück und stolperte dabei über eine Wurzel. Ein stechender Schmerz durchzuckte meinen Fußknöchel. Wieder spuckte das Ungeheuer Feuer und kam auf mich zu. Aber der plötzliche Schmerz hatte mich aus meiner Erstarrung gelöst. Ich riß endlich meinen Revolver heraus, und wenn es mehr als nur eine hilflose Geste der Verzweiflung sein sollte, gab es nur ein Ziel: die Augen, diese riesigen, scheußlichen Augen.

Bevor ich jedoch zum Schuß kam, richtete sich das Ungetüm auf und stieß wieder eine Flamme aus, viel größer als vorhin, ein richtiger Feuerstoß. Ich schlug schützend den Arm vor mein Gesicht, und das Feuer verbrannte mir die Finger. Dann wurde mir der Revolver aus der Hand geschlagen. Wie aus dem Nichts war eine fürchterliche Tatze aufgetaucht und hatte über meinen Arm gewischt. Jetzt war ich wehrlos, das konnte nur das Ende bedeuten. Mit einem Aufschrei warf ich mich nach vorne und krallte meine Hände um den Hals der Bestie, mein Leben wollte ich wenigstens so teuer wie möglich verkaufen.

»Watson!« Von irgendwoher hörte ich plötzlich meinen Namen. »Um Gottes willen, Watson, kommen Sie zu sich!«

Die scharfe Stimme brachte mich wieder zur Besinnung. Jemand hatte mich von hinten gepackt und schrie mir ins Ohr. Mir fehlen die Worte, um meine Erleichterung zu schildern, als ich Holmes' Stimme erkannte. Es war wirklich mein treuer Freund, der mich nun mit Gewalt zurückriß. Keinen Moment zu früh, denn die Ausgeburt der Hölle, der ich an die Gurgel gegangen war, entpuppte sich als ein bereits blau angelaufener Jones. Erschrocken ließ ich ihn los. Jones taumelte zurück und holte keuchend Luft.

»Ist alles in Ordnung, Watson?« fragte Holmes besorgt.

»Ja, ich glaube schon, aber wo …« Immer noch benommen brach ich ab und sah mich um. Wir drei standen allein auf dem schmalen Pfad. Das Ungeheuer war verschwunden, ebenso wie der Gestank. Unsicher schaute ich auf meine Hand. Es gab keine Brandblasen, die Haut war unverletzt. Ich fühlte mich, als wäre ich gerade aus einem schrecklichen Alptraum erwacht.

Holmes musterte mich prüfend. »Was ist denn nur in Sie gefahren, alter Freund? Beinahe hätten Sie auf Jones geschossen!«

Hilflos schüttelte ich den Kopf. »Ich weiß es wirklich nicht, Holmes, aber es war furchtbar. Etwas so Scheußliches habe ich noch nie erlebt, glauben Sie mir! Ein Drache, Holmes! Es muß verrückt klingen, ich weiß, aber er hat Feuer gespuckt! Ich war felsenfest davon überzeugt, daß ein leibhaftiger Drache auf mich losging. Ich wollte mich nur wehren. Tut mir schrecklich leid, Jones, hoffentlich habe ich Sie nicht verletzt!«

»Es geht schon wieder, aber viel hätte nicht mehr gefehlt.« Er rieb sich den Hals. »Meine Güte, wer würde solche Kräfte bei Ihnen vermuten!«

»Ein Drache!« murmelte Holmes nachdenklich. »Sie haben tatsächlich einen Drachen gesehen?«

»Aber ja! Genauso deutlich, wie ich Sie jetzt vor mir stehen sehe!«

»Wirklich bemerkenswert. Ich habe zwar schon einiges von den hypnotischen Künsten unseres Magiers gehört, aber daß er über so weitreichende Fähigkeiten verfügt, hätte ich nicht erwartet. Sie haben natürlich nur halluziniert, alter Freund, und dahinter kann niemand anderer als Fausto stecken. Nun, wir haben es mit einem Magier zu tun, der offensichtlich sein Metier beherrscht. Und über einen gewissen Humor verfügt, wie ich zugeben muß. Fausto hat Ihnen einen Drachen geschickt, Watson! Genau wie in den alten Sagen. Dort bewacht das Ungeheuer den Eingang zu seiner Höhle, und vielleicht sollte es das hier auch tun.«

Holmes hatte recht, es konnte sich nur um eine Halluzination handeln, das war mir mittlerweile auch klargeworden. Es gab keine Drachen im Siebengebirge, und es hatte nie welche gegeben. Meine Begegnung mit dem mythischen Untier hatte ich mir nur eingebildet. Und doch, wie echt hatte alles gewirkt! Allein den Gestank würde ich in meinem Leben nicht mehr vergessen.

Der Gedanke, derart hilflos einer Manipulation ausgeliefert zu sein, war bedrückend. Jetzt verstand ich auch, warum ich eben so gereizt auf Jones' Äußerungen reagiert hatte. Ich war gar nicht mehr Herr meiner selbst gewesen, sondern hatte unter fremdem Einfluß gestanden. Mir fiel Faustos Vorstellung auf dem Jahrmarkt ein, wie willenlos sich die Kandidaten unter seiner Hypnose aufgeführt hatten. Nun zählte also auch ich zu seinen Opfern, nur war es nicht bei einem harmlosen Scherz geblieben. Es hätte Jones fast das Leben gekostet.

Eines blieb mir allerdings rätselhaft: Wie hatte Fausto das angestellt? Zu einer Hypnose war es ja nicht gekommen, oder hatte ich sie nur vergessen? Damit stellte sich eine beunruhigende Frage: Wie groß war die Macht des Magiers?

»Ich habe nichts von einem Drachen bemerkt, Holmes, und Sie offenbar auch nicht!« Jones schien ähnliche Überlegungen anzustellen. »Haben Sie eine Vermutung, warum Watson allein Opfer dieser Halluzination gewesen ist und wir verschont geblieben sind?«

Holmes schwieg einen Augenblick. »Watson hat seinen Kampf mit dem Drachen bestanden, vielleicht haben wir den unsrigen noch vor uns.« Er bückte sich nach dem Revolver, den er mir aus der Hand geschlagen hatte, und reichte ihn mir zurück. »Hoffen wir, daß wir uns auch so wacker schlagen. Aber jetzt dürfen wir keine Zeit mehr verlieren!«

Grimmig entschlossen, uns allen Gefahren zu stellen, marschierten wir los. Weit kam ich nicht, schon beim ersten Schritt knickte ich ein. Der Drache mochte nur eine Einbildung gewesen sein, aber meinen Knöchel hatte ich mir ganz real verstaucht.

Rasch band Holmes meinen Schal fest um das Fußgelenk, um es ruhigzustellen und zu stützen. Mehr konnten wir im Moment nicht tun, der notdürftige Verband mußte genügen. Da die Zeit drängte, trennten wir uns. Holmes und Jones liefen schnell voran, ich biß die Zähne zusammen und humpelte ihnen nach, so gut es ging.

Weit konnte es nicht mehr sein; die Höhle, in der einst der sagenhafte Drache den Schatz der Nibelungen gehütet haben soll, mußte ganz in der Nähe liegen. Immerhin war ich »Fafnir« ja schon begegnet. Auf einmal kam mir ein erheiternder Gedanke, der mich fast meine Beschwerden vergessen ließ. Ich fragte mich, ob Jones mich vielleicht um diese Begegnung beneidete. Er schien doch einfach alles zu wissen, was auch nur entfernt mit seiner – für einen Amerikaner im Grunde erstaunlichen – Passion für alte Sagen und Mythen zusammenhing. Aber eines hatte ich ihm voraus: Ich hatte am eigenen Leibe gespürt, was es heißt, einem feuerspeienden Drachen gegenüberzustehen. Eine Erfahrung, die auch durch stundenlanges Hören von Wagneropern nicht erreichbar war.

Als ich um die nächste Wegkehre bog, sah ich Jones ein paar Meter über mir auf einer Felsplattform stehen. Er hatte wohl dort auf mich gewartet und winkte mir zu, dann tauchte er in einen dunklen Schatten hinter ihm in der Felswand. Offensichtlich waren wir am Ziel. Nach einem letzten steilen Aufstieg erreichte auch ich den Felsvorsprung und humpelte auf den Eingang zu. Aus dem Inneren drangen die leisen Stimmen meiner Gefährten. Sie nahmen eine kurze Inspektion der Höhle vor, deren enttäuschendes Ergebnis ich bereits ahnte. Ernüchtert setzte ich mich draußen auf einen großen Stein und sah mich um. Der fast volle Mond gab genug Licht, um alle falschen Hoffnungen zu begraben.

Die »Drachenhöhle« entsprach so gar nicht meinen Erwartungen, eigentlich handelte es sich nur um ein unspektakuläres, großes Loch im Gestein. Von alten Sagen und Legenden war nichts zu spüren. Vor allem deutete nichts darauf hin, daß der Monsignore und sein mysteriöser Geheimbund diesen Ort ausgewählt haben sollten, um hier ihr teuflisches Ritual zu veranstalten.

Außer uns dreien war niemand hier.

Jones tauchte im Eingang auf und kam mit hängenden Schultern heran. Schwerfällig setzte er sich neben mich. Auf meinen fragenden Blick hin schüttelte er den Kopf. »Nichts, die Höhle ist völlig leer! Keine Spur von Luzia und dem Monsignore.« Seine Verzweiflung war mit Händen zu greifen. »Wir haben sie verloren, Dr. Watson. Wir haben Luzia verloren!«

Wie gern hätte ich ihm widersprochen, aber es half nichts, sich etwas vorzumachen. Wir hatten sie wirklich verloren. Dabei hatte alles so eindeutig auf die Drachenhöhle als natürliches Ziel der Entführer hingedeutet! So eindeutig, daß wir eine Alternative gar nicht in Erwägung gezogen hatten. Wozu auch? Immerhin lag das Boot des Monsignore tatsächlich unten am Landesteg und schien Holmes' Vermutung zu bestätigen. Wir mußten alles auf eine Karte setzen, was hätten wir auch sonst machen sollen? Nun sah es so aus, als wäre es die falsche gewesen. Ich wagte gar nicht, mir vorzustellen, welches Schicksal auf Luzia wartete.

Auch Holmes trat aus dem Schatten und gesellte sich zu uns. Er rieb sich über sein Kinn und starrte finster vor sich hin.

»Was meinen Sie, Holmes, gibt es überhaupt noch eine Chance, Luzia rechtzeitig zu finden? Haben Sie eine Idee, wo wir jetzt noch nach ihr suchen sollen?«

Er antwortete nicht sofort, sondern musterte die Felswand und das Unterholz. Dann beugte er sich über die Kante des Vorsprungs und spähte nach unten. Schließlich drehte er sich wieder zu uns und stemmte die Arme in seine Seiten. »Sie ist hier Watson! Sie sind alle hier, wir bemerken sie nur nicht.« Entschlossen ging er zurück zum Eingang der Höhle. »Wir müssen etwas übersehen haben!«

Also hatte Holmes trotz allem die Hoffnung nicht aufgegeben. Er hatte ein Zündholz angesteckt, um sich den hinteren Teil der Höhle näher anzusehen. Skeptisch verfolgte ich das kleine, flackernde Licht. Plötzlich erlosch die Flamme, und ich konnte ein leises Poltern hören, begleitet von einem unterdrückten Fluch. Kurz darauf hörten wir den Ruf.

»Watson! Jones! Kommen Sie!«

Etwas in Holmes' Stimme ließ uns aufspringen. Wir eilten zum Eingang. Jones zündete ein Streichholz an, in dessen Licht wir uns vortasteten, bis wir unseren Freund erreichten.

»Was gibt es, haben Sie etwas gefunden, Holmes?«

Holmes unterbrach brüsk unser aufgeregtes Fragen und legte den Finger auf die Lippen. Seine ganze Haltung drückte konzentriertes Lauschen aus. Ich atmete so flach wie möglich, und dann konnte ich sie auch hören, die gerade noch wahrnehmbaren Laute ferner Stimmen. Es klang wie ein sehr leises Murmeln. Verblüfft stand ich vor der hinteren Felswand der Höhle. Die Stimmen schienen aus dem Inneren des Berges zu kommen.

In diesem Moment flackerte das Zündholz in Jones' Hand leicht auf, um dann zu verlöschen. Mit einem ärgerlichen Brummen wühlte Jones in seinen Taschen, hielt dann aber inne.

»Holmes! Sehen Sie doch, da oben!«

Auch ich hatte den schwachen Lichtschein bemerkt, der etwa einen Meter über unseren Köpfen aus einem kleinen Loch in der Wand schimmerte.

Jones zündete ein neues Holz an, und ich konnte sehen, wie Holmes hochsprang, mit den Fingerspitzen eine Felskante erreichte und sich daran hochzog, bis sein Kopf auf gleicher Höhe mit dem Loch war. Ein paar Sekunden hielt er sich in dieser Position, dann ließ er sich wieder auf den Boden fallen.

»Konnten Sie etwas erkennen, Holmes?«

»Nicht viel. Der Lichtschein stammt aus einem schmalen Schacht, der leider sofort hinter der Öffnung seitlich abbiegt. Ich konnte also nicht hineinsehen. Aber die Stimmen sind unmittelbar an dem Loch deutlich lauter als hier unten. Es klingt wie ein Gesang«, er machte eine kleine dramatische Pause, »wie ein zeremonieller Gesang.«

Auf einen Schlag war alle Trübsal wie weggeblasen. Jones atmete befreit auf, es gab wieder Hoffnung.

»Also sind wir doch auf der richtigen Spur! Sie hatten recht, Holmes!« gratulierte ich. »Jetzt brauchen wir nur noch herauszufinden, woher der Gesang kommt. Dann haben wir die Drachenbrüder!«

»Die Herkunft der Stimmen dürfte leicht zu erklären sein, Watson: Es muß im Inneren des Drachenfelses noch eine zweite Höhle geben, die eigentliche ›Drachenhöhle‹. Aber ihren Eingang zu finden, wird schwierig werden, fürchte ich.« Er richtete sich zur vollen Höhe auf und legte Jones kurz die Hand auf die Schulter. »Nun, wenigstens wissen wir jetzt, daß Luzia ganz in der Nähe sein muß. Kommen Sie, wir dürfen keine Sekunde mehr verlieren!«

Seine Besorgnis war nur zu verständlich, denn der leise Gesang, den wir hörten, ließ nur eine Schlußfolgerung zu: Offensichtlich hatten sich die Satanisten bereits versammelt und mit ihren blasphemischen »Feierlichkeiten« begonnen. Und niemand von uns hatte eine Vorstellung davon, wie lange solch ein Ritual dauern mochte. Niemand von uns wußte, wieviel Zeit Luzia noch blieb, bis ihr der Opfertod bevorstand.

Wir hasteten zurück zum Ausgang. Vor der Höhle blieb Holmes einen Augenblick stehen, um sich zu orientieren. Dann wies er nach links. »Der Schacht führt in diese Richtung. Wir müssen um den Berg herum!«

Es gab keinen Pfad, also schlugen wir uns querfeldein durchs Gelände. Am klaren, eiskalten Nachthimmel standen die Sterne, und der Mond tauchte alles in ein milchiges Licht. Das war unser Glück, so konnten wir wenigstens notdürftig erkennen, wohin wir traten. Selbst bei Tageslicht wären der beschwerliche Marsch durch das Gebüsch und die waghalsige Kletterei in den Felsen nicht ungefährlich gewesen.

Auch ohne meinen verstauchten Knöchel hätte ich dabei kaum mit Holmes mithalten können, der scheinbar mühelos voranlief und sich mit der Gewandtheit einer Gemse bewegte. Jones folgte ihm dichtauf und setzte seine Schritte mit intuitiver Sicherheit. An ihm schien sich das Sprichwort zu bestätigen, daß Angst Flügel verleiht.

In seinem Fall war es nicht die Angst um sich selbst, sondern die Angst davor, was Luzia zustoßen könnte. Und irgendwie mußte sie auch bei mir wirken.

Trotzdem fiel ich immer weiter zurück, und meine anfängliche Zuversicht ließ allmählich nach. Suchten wir nicht nach einer Nadel im Heuhaufen? Wie leicht konnten wir einen Höhleneingang übersehen! Sicher hatten die Brüder ihn sorgfältig getarnt, und vielleicht waren wir schon daran vorbeigelaufen.

Nach ungefähr zehn Minuten glaubte ich meine Gefährten schon fast aus den Augen verloren zu haben, als ich Holmes' unverwechselbare Silhouette ein gutes Stück vor mir über einen mondbeschienen Fels huschen sah. Wie ein gefährliches Raubtier auf der Jagd wirkte er, und der Anblick gab mir neuen Mut.

Mein Vertrauen sollte gleich darauf belohnt werden. Kaum war Holmes im Schatten hinter dem Felsen verschwunden, da hallte ein langgezogener, durchdringender Schrei durch die Nacht. Verblüfft blieb ich stehen. Hatte ich eben richtig gehört? Wieder ertönte ein Schrei, und jetzt erkannte ich zweifelsfrei den charakteristischen Ruf eines Esels. Ich war nur nicht darauf gefaßt gewesen, obwohl der Gedanke eigentlich nahelag. Für ein derart steiles und unwegsames Gelände wie den Drachenfels eignete sich dieses Tier hervorragend als Transportmittel.

Natürlich verstand ich sofort, was es bedeutete, hier und jetzt auf einen Esel zu treffen: Die Drachenbrüder mußten ihn mitgebracht haben. Der Eingang zur zweiten Höhle konnte nicht weit entfernt liegen.

So schnell wie möglich schloß ich zu den anderen auf. Als ich um den Felsen bog, sah ich sie nebeneinander auf dem Boden kauern. Der Weg ging hier nicht weiter, vor uns fiel das Gelände fast senkrecht nach unten ab. Aus dieser Richtung war der Schrei gekommen. Jones sah auf und bedeutete mir, leise zu sein. Holmes hatte sich über die Kante gebeugt und spähte in die Tiefe, vermutlich suchte er nach dem Tier. Vorsichtig kniete ich mich neben die beiden und sah ebenfalls hinunter.

Von Jones wußte ich, daß schon die Römer hier im Siebengebirge das Trachytgestein abgebaut hatten und daß auch das Baumaterial für den Kölner Dom überwiegend vom Drachenfels stammte. Oberhalb eines solchen ehemaligen Steinbruchs befanden wir uns nun. Er mußte schon vor Jahrhunderten aufgegeben worden sein und wirkte doch immer noch wie eine schroffe Wunde im Berg.

Etwa zwanzig Meter unter uns hatte sich ein Bach sein Bett in den Fels gegraben. Sein mit Büschen bestandener Lauf bildete ein schmales, kleines Tal. Stumm wies Holmes hinunter. Schemenhaft waren mehrere große Gestalten auszumachen, die bei den Büschen standen und sich träge bewegten.

»Esel, Watson!« flüsterte er.

»Ja, ich habe den Schrei auch gehört«, antwortete ich ebenso leise, »also müssen der Monsignore und seine Leute hier irgendwo sein!«

Er nickte, dann deutete er auf einen tiefen Schatten, schräg gegenüber am Fuß der Felswand. Zunächst konnte ich nichts erkennen, bis auf einmal ein Licht dort aufflammte und zwei Männer beleuchtete, die sich Zigaretten anzündeten. Nach einigen Sekunden erlosch die Flamme wieder, aber ich hatte genug gesehen. Der Schatten gehörte zu einer Felsnische, und dort mußte sich der Eingang zur Höhle befinden, denn die beiden Männer waren zweifellos Wachtposten.

Wir krochen ein Stück zurück, bis wir außer Hörweite waren. »Holmes, der Eingang wird bewacht!«

»Selbstverständlich, Watson! Castelli ist schließlich kein Dummkopf. Aber das Wichtigste ist doch, daß wir den Eingang überhaupt gefunden haben. Als nächstes kümmern wir uns um die Wachen. Kommen Sie!«

Holmes hatte recht, sie mußten ausgeschaltet werden. Der einzige Weg in die Höhle führte an den Wachen vorbei, und die würden uns wohl kaum freiwillig passieren lassen. Wir mußten sie mit einem schnellen Angriff überrumpeln, bevor sie eine Gelegenheit fanden, die restlichen Brüder zu warnen. Holmes war schon auf dem Weg.

Wir liefen zurück bis zu einer Anhöhe unterhalb des Steinbruchs und hielten uns dann seitlich. Nach kurzer Zeit stießen wir auf den Bach und folgten seinem Lauf talaufwärts. Nicht lange, und wir sahen vor uns die Esel. Die Tiere drehten zwar ihre langen Ohren in unsere Richtung, kümmerten sich aber weiter nicht um uns.

»Behalten Sie die Wachen im Auge, Watson, aber schießen Sie nur im Notfall!« Holmes schlich lautlos davon, während Jones und ich Posten unter einem dichten Eichengebüsch bezogen. Von hier aus konnten wir das kleine Tal bis zum Steinbruch überblicken. Der schwarze Schatten der Felsnische lag uns genau gegenüber.

Leise und undeutlich drangen die Stimmen der Wachen zu uns herüber, aber sehen konnten wir sie nicht. Nur das rötliche Aufglühen der Zigaretten verriet ihre Position. Von Holmes war weder etwas zu hören noch zu sehen. Die Zeit wurde lang, und immer noch regte sich nichts.

»Wo bleibt er denn nur?« murmelte Jones nervös und sprach mir damit aus der Seele.

Da knackte es plötzlich laut in einem Busch, nur ein paar Meter von der Nische entfernt. Abrupt hörte das Gespräch der beiden Männer auf, und zwei rote Punkte flogen durch die Luft. Die Wachen hatten ihre Zigaretten weggeworfen und traten nun aus dem Schatten. Aufmerksam sahen sie sich nach allen Seiten um und näherten sich dann geduckt dem Gebüsch. Matt schimmerte ein Revolver auf, den einer von ihnen in seiner Hand hielt.

Auch ich hatte meinen Revolver gezogen und war bereit, Holmes beizustehen, falls es nötig sein sollte. Um ein besseres Schußfeld zu haben, bewegte ich mich etwas aus der Deckung heraus. Ich ließ die beiden Männer nicht aus den Augen und achtete deshalb kaum auf den Boden. Ausgerechnet mit meinem verletzten Fuß erwischte ich einen losen Stein und rutschte ab. Der Stein schlidderte weg und fiel mit einem lauten Plumps ins Wasser. Jones neben mir erstarrte. Die Wachen fuhren aufgeschreckt zu mir herum und nahmen mich ins Visier.

Dann ging alles sehr schnell. Lautlos wie ein Schatten tauchte Holmes hinter den beiden Männern auf, faßte ihre Köpfe und schlug sie mit einem vernehmlichen Krachen gegeneinander. Der Revolver polterte aus einer kraftlos gewordenen Hand zu Boden, und zwei schlaffe Körper folgten ihm.

Erleichtert stieß Jones den angehaltenen Atem aus. Wir gingen hinüber zu Holmes, der sich über die Wachen beugte und ihre Ärmel ein wenig nach oben schob. Wenn wir noch eine Bestätigung gebraucht hätten, so erhielten wir sie nun: Beide Männer hatten das Drachensymbol eintätowiert. Mit einem zufriedenen Nicken stand Holmes wieder auf.

»Gute Arbeit, Watson! ihr Ablenkungsmanöver kam genau zum richtigen Zeitpunkt.«

»Nicht der Rede wert, Holmes.« Beide Drachenbrüder trugen eine Art Umhang. Ich bückte mich und zog ihre Kapuzen zurück. »Sehen Sie nur: einer der Zapanecks!« An seinem Gürtel hing eine geflochtene Peitsche, ähnlich der, mit der mich Luzia vor den Löwen beschützt hatte. Aus einem Impuls heraus nahm ich sie dem Schurken weg und steckte sie in meine Tasche. Jones hatte bei den Eseln ein langes Seil gefunden und machte sich daran, die bewußtlosen Wächter zu fesseln.

Inzwischen untersuchte Holmes die Nische. Von einem Höhleneingang war nichts zu sehen, aber diesmal waren wir uns vollkommen sicher. Er mußte hier sein. Ich hielt ein Zündholz hoch, während Holmes die Wände inspizierte. Prüfend fuhr er mit der Hand einen kleinen Spalt entlang, und plötzlich war ein leises Rumpeln hinter dem Gestein zu hören. Dann glitt ein etwa mannsgroßes Stück der Rückwand zur Seite und gab den Blick auf einen engen Gang frei, der ein Stück in den Berg hineinführte und dann einen Bogen zu machen schien.

Wir hatten den Einstieg zur Drachenhöhle gefunden.

Das Opfer

Nachdem das rumpelnde Geräusch verklungen war, umgab uns wieder die nächtliche Stille. Verblüfft stand ich vor der Felswand, auf eine richtige Geheimtür mit einem ausgeklügelten Mechanismus war ich nicht gefaßt gewesen, nicht hier am Drachenfels. Für einen Moment empfand ich wieder klar und deutlich die schreiende Unwirklichkeit unseres ganzen Unternehmens, nur wußte ich es mittlerweile besser. Was aus dem Requisitenarsenal eines Schauerromans zu stammen schien, erfüllte hier völlig handfest eine praktische Aufgabe und bildete eine perfekte Tarnung für den Eingang zur Höhle. Obwohl wir gezielt nach ihm gesucht hatten, wären wir sicher ohne die Anwesenheit der beiden Wachtposten nicht so schnell auf ihn gestoßen. Darin lag eine gewisse Ironie. So hatten uns ungewollt die Drachenbrüder selbst das Tor geöffnet und den Weg zu ihrem Heiligtum gewiesen.

Jones ließ die beiden Wächter wie verschnürte Pakete draußen vor der Nische liegen und kam zu uns herein. Neben mir blieb er stehen. »Hier ist es also!« murmelte er, seine Brille dabei zurechtrückend. Gebannt starrte er auf das schwarze Loch im Fels und schluckte beklommen.

Es fiel mir nicht schwer, seine Empfindungen nachzuvollziehen. Wie ein finsterer Schlund öffnete sich der Gang vor uns und schien in eine andere Welt zu führen, eine Welt der schwarzen Magie, in der fanatische Satansjünger allen Ernstes die Herrschaft des »Vierten Königs« errichten wollten.

»Eine interessante Konstruktion, Watson!« Wenigstens Holmes blieb wie immer sachlich. Er war durch die Öffnung getreten und hatte eine Pechfackel angezündet, die dort in einer eisernen Wandhalterung steckte. Rasch nahm er in ihrem Licht eine oberflächliche Untersuchung des Türmechanismus vor. »Sie macht einen recht soliden Eindruck, und mit Sicherheit ist sie schon alt, sehr alt sogar.«

»Sind Sie sicher, Holmes?« Jones beugte sich interessiert vor. »Das könnte bedeuten, daß es sich bei der Höhle hier gar nicht um ein neueingerichtetes Provisorium handelt, wie ich bisher angenommen habe, sondern tatsächlich um eine alte Kultstätte des Ordens. In den Aufzeichnungen war immer wieder die Rede von einem verborgenen Tempel der Brüder, aber niemand schien zu wissen, wo er sich befinden sollte. Sein Ort muß ein strenggehütetes Geheimnis der Eingeweihten gewesen sein.« Aufgeregt sah er mich an. »Es wäre eine wissenschaftliche Sensation – aber möglicherweise haben wir ihn gerade entdeckt, hier auf dem Drachenfels! Dann hätte der Drachenorden schon seit Jahrhunderten hier seine Rituale abgehalten!«

»Ein Grund mehr, endlich dafür zu sorgen, daß der Spuk ein Ende hat!« fiel ich ein, bevor die Begeisterung des gelehrten Forschers mit ihm durchging. »Worauf warten wir noch, Holmes?«

»Hierauf!« Er drückte mir die Fackel in die Hand und riß die Halterung aus der Wand. Mit einem kleinen Felsbrocken als Hammerersatz trieb er das Eisen zwischen zwei Zahnräder und blockierte so den Mechanismus. »Das dürfte genügen, um uns den Rückweg offenzuhalten.« Dann richtete er sich auf und sah mich ernst an. »Aber Sie haben vollkommen recht, Watson, beeilen wir uns!«

Ohne ein weiteres Wort nahm er die Fackel wieder an sich und betrat den Gang als erster. Entschlossen folgten wir ihm, bereit, es mit allem aufzunehmen, was am anderen Ende auf uns warten würde.

Der letzte Akt hatte begonnen.

In engen Windungen führte uns der Gang immer weiter in den Berg hinein. Dem leichten Gefälle nach zu urteilen, stiegen wir dabei stetig tiefer. Die Wände des Stollens waren nur roh behauen, und mehr als einmal stieß ich gegen hervorstehende scharfe Felsenstücke oder gegen einen der Stützbalken, die man zur Sicherung eingezogen hatte. Holmes' Fackel gab gerade genug Licht, daß wir einigermaßen mit heiler Haut unseren Weg finden konnten.

Für jemanden, der unter Klaustrophobie leidet, wäre unser Marsch eine Tortur gewesen. Die drückende Enge hier unten und die stickige Luft wirkten äußerst beklemmend. Auch an den geräumigsten Stellen konnte ich meine Arme nicht zur Seite ausstrecken. Öfter mußten wir uns seitlich vorwärts bewegen, um uns durch enge Spalten zu zwängen. Hinzu kam die durchgängig niedrige Deckenhöhe, unter der vor allem Holmes zu leiden hatte. Nur das Kriechen auf allen vieren blieb uns vorerst erspart.

Das Ganze machte auf mich nicht den Eindruck eines alten Bergwerksstollens, den man zweckentfremdet hatte, dazu wirkte alles zu behelfsmäßig. Wahrscheinlich waren nur eine schon vorhandene natürliche Höhle und ihr Zugang erweitert worden. Wenn Jones' Vermutung zutraf und wir tatsächlich dem geheimen »Heiligtum« des Drachenordens auf die Spur gekommen waren, dann mußten seine Mitglieder hier schon seit Jahrhunderten im Verborgenen ihr Unwesen treiben. In früheren Zeiten, als das Siebengebirge noch als Wildnis galt, war das wohl nicht weiter schwierig gewesen. Aber wie es ihnen hatte gelingen können, sogar im Zeitalter des Tourismus noch unentdeckt zu bleiben und eine heidnische Kultstätte inmitten eines Ausflugsgebiets zu unterhalten, blieb mir ein Rätsel.

Mit solchen Überlegungen hielt ich mich allerdings nicht lange auf. Mochte die Vorstellung eines hermetischen Tempels tief im Inneren des Drachenfels auch noch so bizarr und phantastisch anmuten, wir waren auf dem Weg zu diesem verrufenen Ort, und es ging buchstäblich um Leben und Tod.

Jones lief unmittelbar vor mir. Auf einmal sprang er einen Schritt zurück, und ich prallte gegen ihn. Aus den Augenwinkeln bemerkte ich einen Schatten, der über den Boden huschte und in einer Ritze verschwand. Jones wurde stocksteif und keuchte angestrengt. Schweiß rann ihm über das Gesicht. Jeden Moment konnte er in Panik ausbrechen.

»Es war nur eine Ratte, Jones!« versuchte ich ihn zu beruhigen und erreichte das Gegenteil. Es wurde nur noch schlimmer. Auf Jones' verzerrten Gesicht malten sich Entsetzen und Ekel.

»Ich weiß, Watson«, preßte er hervor, »das ist ja das Grauenhafte! Eine Ratte!« Die Symptome waren nicht zu verkennen, Jones litt an einer schweren Phobie. Das hatte uns noch gefehlt.

»Reißen Sie sich zusammen, Mann! Denken Sie an Luzia!«

Jones nickte, und seine verkrampfte Haltung entspannte sich etwas. Es mußte ihn ungeheure Überwindung kosten, weiterzugehen, aber er bezwang sich und machte ein paar wacklige Schritte, bis es dann besser wurde. Der Gedanke an Luzia schien ihm zu helfen. Ich konnte nur hoffen, daß es bei der einen Ratte blieb.

Holmes war weitergegangen, jetzt blieb er stehen und hob die Hand. Als wir zu ihm aufschlossen, sagte er nur: »Hören Sie!«

Wir verharrten und lauschten angestrengt, und dann, ganz leise, hörten wir ihn wieder, den murmelnden Gesang der Drachenbrüder. Das Ritual dauerte immer noch an. Als hätten wir den gleichen Gedanken, hasteten wir mit doppeltem Tempo vorwärts und kümmerten uns nicht mehr um Prellungen und Schrammen. Solange wir nur nicht zu spät kamen!

Je weiter und tiefer wir vordrangen, desto vernehmlicher wurden die Stimmen. In die verqualmte Luft mischte sich immer stärker ein Geruch, den ich bald erkannte. Es war Weihrauch. Weit konnte es nicht mehr sein bis zur Drachenhöhle.

Nach etwa fünfzig weiteren Metern – genau wußte ich das nicht, aber Holmes hatte die Schritte sicher gezählt – machte der Stollen einen scharfen Knick. Als wir ihn erreichten, war das Gemurmel zu einem lauten Singen angeschwollen.

»Geben Sie mir Deckung, Watson!« flüsterte Holmes.

Den Revolver in der Hand, schlüpfte ich an Jones vorbei und preßte mich gegen die Wand. Wir mußten uns in unmittelbarer Nähe zur eigentlichen Höhle befinden. Sicher gab es hier noch einen Posten, der den direkten Zugang bewachte. »Fertig, Holmes!« nickte ich ihm zu. Vorsichtig beugte ich meinen Kopf um die Ecke.

Der Gang hatte sich zu einer kleinen Kammer verbreitert, die wohl als eine Art Vorraum diente. Zwei Fackeln brannten hier und beleuchteten einen Stapel schmutziger Kisten mit altem Werkzeug. In einer Ecke standen mehrere kleine Ölfässer und Blechkannen. An einer Hakenleiste, die ringsum an den Wänden entlanglief, hingen ein paar schwarze Kapuzenumhänge, wohl die offizielle Ordenskluft. Die beiden Wächter draußen hatten solche Umhänge getragen, und ihr Kollege hier tat es auch.

Er stand mit dem Rücken zu uns an der gegenüberliegenden Wand. Dort gab es einen Durchbruch, der offensichtlich zur Drachenhöhle selbst führte, denn aus dieser Öffnung drangen die Stimmen. Vom zeremoniellen Gesang der Brüder fühlte ich mich entfernt an gregorianische Choräle erinnert. Schwaden von Weihrauch wehten zu uns herüber, vermengt mit noch einem anderen exotischen Duft. Er war mir fremd, aber ich vermutete, daß es sich dabei um Myrrhe handelte, das dritte Geschenk der Heiligen Drei Könige.

Zu unserem Glück versah der Wächter sein Amt sehr nachlässig. Seine ganze Aufmerksamkeit galt dem Ablauf des Rituals vor ihm; was in seinem Rücken geschehen könnte, schien ihn nicht weiter zu kümmern. Mit zwei langen Schritten war Holmes bei ihm, legte ihm von hinten den Arm um den Hals und drückte seine Kehle zu. Richtig angewandt, führt dieser Würgegriff binnen kürzester Zeit zur Bewußtlosigkeit. Selbstverständlich beherrschte Holmes die Technik perfekt, wie ich aus eigener Erfahrung wußte, da er sie einmal unbedingt an mir demonstrieren mußte.

Auch jetzt dauerte es höchstens drei oder vier Sekunden, bis der völlig überrumpelte Mann seinen zappelnden Widerstand aufgab und in sich zusammensackte. Holmes ließ ihn zu Boden gleiten und zog ihn in eine Ecke. Wir schlichen zu ihm. Jones hatte noch einen Rest Kordel übrig und fesselte den Wachtposten damit. Von den anderen Brüdern schien keiner den Zwischenfall bemerkt zu haben. Bis jetzt verlief unsere Aktion recht erfolgreich, immerhin hatten wir bereits drei von unseren Gegnern ausgeschaltet – ein guter Anfang.

»Kommen Sie, Watson!« Holmes war zurück zum Durchgang gehuscht und verschwand um die Ecke. Vorsichtig folgte ich ihm. Der Gang machte einen kleinen Bogen und öffnete sich dann zur Drachenhöhle. Geschützt durch die leicht vorspringende Wand kauerte Holmes am Ende des Ganges und spähte in den Raum. Ich hockte mich neben ihn und nahm den bizarren Anblick in mich auf.

Nach der Enge des Stollens wirkte die Höhle geradezu riesig. Sie maß sicherlich über zwanzig Meter in der Länge und gut zehn Meter in der Breite. Vor dem Einsturz sicherte sie eine hölzerne Stützkonstruktion, die zum Teil von Pfosten entlang der Wände getragen wurde. In der Hauptsache aber ruhte sie auf zwei mächtigen Holzpfeilern, die frei auf der Längsachse der Höhle standen, jeweils ein paar Schritte von den Spitzen der Schmalseiten entfernt. Rings an den Wänden steckten in eisernen Halterungen brennende Fackeln, die bewegliche Schatten warfen. Zusätzlich hingen noch zwei große Öllampen von der Decke herab. Trotzdem blieb die Höhle weitgehend in ein theatralisches Halbdunkel getaucht.

Unser Eingang lag etwas erhöht an einer der Schmalseiten. So hatten wir einen guten Überblick über die Höhle, die sich länglich vor uns erstreckte und nahezu ein Oval bildete. Aus dem Fels gehauene Stufen führten seitlich zum Boden, etwa drei Meter unter uns. Ungefähr in der Mitte der linken Seitenwand entdeckte ich die Einmündung eines zweiten Stollens und merkte mir seine Position. Vielleicht konnten wir ihn später als Fluchtweg gebrauchen.

Die Stirnseite uns gegenüber wurde beherrscht von einer großen, blutroten Zeichnung, in der ich sofort das Urbild der Drachentätowierungen erkannte. Sie ließ keinen Zweifel mehr daran, wo wir uns hier befanden. Wir waren am Ende unserer Verfolgungsjagd angelangt. Hier würde die Entscheidung fallen.

»Das muß er sein, Watson«, hörte ich Jones' heiseres Flüstern neben mir, »der legendäre Tempel des Drachenordens! Wir haben ihn wirklich gefunden!«

Ich nickte nur, plötzlich unfähig zu antworten. Wieder fühlte ich würgende Übelkeit in mir hochsteigen, und für einen Moment packte mich die Angst vor einer neuen Halluzination, dann ließ der Anfall nach. Es lag wohl doch nur an der furchtbar verräucherten Luft, für die ja nicht allein die Pechfackeln sorgten. Aus großen Messingschalen stiegen ganze Wolken verbrannten Weihrauchs zur Decke. Dort mischten sie sich mit dem übrigen Qualm und bildeten eine zunehmend dicker werdende Schicht, die allmählich die Stützbalken verbarg. Sicherlich gab es hier irgendwo Lüftungsschächte, aber sie reichten nicht aus, den Rauch vollständig abziehen zu lassen. Jeder Atemzug hinterließ einen üblen Nachgeschmack, und die betäubende Wirkung der Atmosphäre wurde noch verstärkt durch den monotonen, fast hypnotischen Singsang der Brüder.

Soweit ich sehen konnte, befanden sich ungefähr zwei Dutzend von ihnen in der Höhle. Angesichts ihres bombastischen Vorhabens nicht gerade viele, dennoch waren sie uns gegenüber stark in der Überzahl. Ebenso wie die Wachtposten hatten sie sich in dunkle Umhänge gehüllt und die Kapuzen übergezogen. Gesang und Mönchskutten wirkten wie die blasphemische Pervertierung von ehrwürdigem Kirchenzeremoniell, und genau das waren sie ja auch.

Für den Altar galt das womöglich noch mehr. Er stand in der Höhlenmitte auf einer um mehrere Stufen erhöhten Empore, eine monströse Platte aus schwarzem Stein. Vor ihm hatten sich die Satanisten versammelt. Respektvoll Abstand haltend bildeten sie einen Halbkreis um eine hochgewachsene Gestalt, die auffallend aus der Menge hervorstach und sie fast um Haupteslänge überragte. Statt der schwarzen Kutte trug sie als einzige einen leuchtendroten Umhang. Offensichtlich handelte es sich um den Anführer, und ich war mir sicher, in ihm den falschen Monsignore vor mir zu haben, den Hohepriester des Ordens. Wie die anderen Brüder wandte er uns den Rücken zu und wiegte sich wie in Trance zu ihrem Gesang hin und her.

Nur eine Person stand mit dem Gesicht zu uns gewandt.

»Luzia!« rief Jones, bevor Holmes ihm seine Hand auf den Mund pressen konnte. Ich hielt den Atem an, aber nichts geschah. Niemand hatte den Ruf gehört, die Brüder waren zu sehr mit sich selbst beschäftigt. Holmes nahm seine Hand zurück, und Jones flüsterte aufgeregt: »Sehen Sie doch, Watson, sie lebt! Luzia lebt!« Unsere schlimmste Befürchtung war nicht eingetroffen. Zwar mußte das Ritual schon seit längerem andauern, und wie Luzias weißes, orientalisch anmutendes Hochzeitsgewand bewies, waren auch bereits Vorbereitungen für die anschließende Opferhandlung getroffen worden, aber bis jetzt schien ihr weiter nichts passiert zu sein. Wir waren doch noch rechtzeitig gekommen.

Meine Erleichterung ebbte allerdings rasch ab. Zu schrecklich war der Anblick der schutzlos ausgelieferten Frau. Diese Schurken hatten sie gefesselt und geknebelt und sie dann mit erhobenen Armen an den großen Pfosten gebunden. So stand sie hilflos da, den grausigen Altar unmittelbar vor sich, auf dem sich das Ritual vollziehen sollte.

Auch ich starrte auf den Altar. Das war nicht die geweihte Stätte für heilige Handlungen, wie sie in unseren Kirchen anzutreffen ist, ganz und gar nicht. Nein, hier schien eine längst vergangene, archaische Zeit wieder auferstanden zu sein, mit all ihren barbarischen Riten. Hier stand ein durch und durch heidnischer Altar vor uns, auf dem einem finsteren Götzen grauenvolle Opfer dargebracht wurden. Denn ein Opferaltar war es, nichts anderes.

An den Rändern der Steinplatte verliefen tiefe Rillen. Sie mündeten in einen Ausguß, unter dem sich ein rundes Gefäß befand. Der Sinn dieser Vorrichtung war überdeutlich. Dies alles hatte Luzia vor Augen, und eines wußte sie genauso gut wie wir: Es war ihr eigenes Blut, das in diesem Gefäß gesammelt werden sollte.

Trotz allem, was bereits geschehen war, überfiel mich ein leichtes Frösteln. Vermutlich hatte ich bis zu dem Moment nicht wirklich geglaubt, daß die Drachenbrüder so weit gehen könnten. Aber die Szene vor meinen Augen ließ nicht mehr den geringsten Zweifel zu: Dort unten wurde ein Menschenopfer vorbereitet. Sie meinten es tatsächlich ernst. Die Erkenntnis traf mich wie ein Schlag.

Alles, was Jones über den Orden herausgefunden hatte, über seine okkulten Lehren und abseitigen rituellen Praktiken, all das waren keine Schauergeschichten aus einer längst erledigten, abergläubischen Vergangenheit. Der Drachenkult lebte, und mehr noch: Seine Anhänger wollten ihr schreckliches »Großes Ritual« vollziehen, jene Teufelsbeschwörung, an die sich bisher noch nie jemand gewagt hatte! Sie wollten den »Vierten König« erscheinen lassen, von dem geschrieben stand, daß er das Ende der Welt herbeiführen werde, die endgültige Herrschaft des Teufels.

Mindestens acht Menschen hatten deswegen bereits sterben müssen, wahrscheinlich noch viel mehr, von denen wir nichts wußten. Alles war von langer Hand geplant gewesen. Seitdem sie damals das »Buch der Großen Schlange« aus Marbles Bibliothek erbeutet hatten, mußten die Satansjünger auf eine Gelegenheit gewartet haben, auch die Heiligen Drei Könige in ihren Besitz zu bringen, denn nur durch ihr Zeugnis, nur durch ihre prophezeite Demütigung, konnte das Ritual gelingen.

Nach den geraubten Reliquien brauchte ich nicht lange zu suchen. Hin und wieder fiel ein Lichtstrahl auf sie und ließ das Gold ihrer Kronen aufblitzen. Man hatte die bleichen gekrönten Schädel auf rote Samtdecken gelegt, und nun thronten sie zur rechten Seite des Altars auf drei halbhohen Steinsäulen. Vor ihnen lagen auf kleinen Podesten drei geschlossene Kästchen. Sicher würden sie erst nach der »Ankunft« des vierten Königs geöffnet werden. Ihr Inhalt war unschwer zu erraten: Gold, Weihrauch und Myrrhe, Geschenke für den König der Könige zum Zeichen ihrer Huldigung.

Für die Drachenbrüder schien die Erfüllung ihres Ziels zum Greifen nahe zu sein. Jetzt verfügten sie über alles: über das Buch, die Reliquien und über Luzia, die mit ihrem jungfräulichen Blut das Ritual besiegeln sollte. Seit Jahren mußten sie auf diesen Augenblick des Triumphs gewartet haben.

Aber ein Hindernis gab es noch, ein letztes. Mit Sherlock Holmes hatten sie nicht gerechnet.

Ich sah kurz zu ihm hinüber. Aus zusammengekniffenen Augen musterte er die versammelten Brüder und schien jede Einzelheit der Szenerie zu registrieren. Es lag so viel konzentrierte Anspannung in seinem Gesichtsausdruck, so viel unbändige, zu allem entschlossene Willenskraft, daß ich unwillkürlich an einen Panther auf der Lauer denken mußte. Allerdings an einen Panther mit dem schärfsten Verstand, dem ich je begegnet war. Holmes war ihnen auf die Spur gekommen und würde ihr Vorhaben durchkreuzen. Ich konnte förmlich sehen, wie er fieberhaft an einem Plan arbeitete. Ich packte meinen Revolver fester. Unsere Aufgabe war klar, wir mußten Luzia befreien und die Reliquien bergen. Notfalls würden wir unser Leben einsetzen, um diesen abscheulichen Teufelskult auszulöschen, ein für allemal.

Unter uns hob der Hohepriester auf einmal seine Arme, und der Gesang ebbte ab, um schließlich ganz zu verstummen. Die eintretende Stille wirkte fast noch unheilvoller als der heidnische Singsang. Gemessenen Schrittes stieg der Ordensmeister die Stufen der Altarempore hoch und blieb vor einem Pult stehen, auf dem ein mächtiger Foliant lag. Jones brauchte mich gar nicht erst darauf aufmerksam zu machen, ich wußte selbst, worum es sich dabei handelte. Das Buch mußte jenes berüchtigte »Liber Draconis Magni« sein, dessen Entdeckung den unglücklichen Marble das Leben gekostet hatte. Vermutlich teilte sogar ein so leidenschaftlicher Forscher wie Jones mittlerweile Reverend Abercrombies Bedauern darüber, es damals nicht auch verbrannt zu haben.

Mit einer feierlichen Geste schlug der Meister das Buch auf und nickte dem vordersten Ordensbruder zu. Der Mann bückte sich zu einem Korb vor ihm auf dem Boden. Wir hörten ein lautes Fauchen. Als er sich wieder aufrichtete, hielt er einen großen schwarzen Kater mit beiden Händen fest gepackt. Das völlig verängstigte Tier heulte und schrie verzweifelt. Vergeblich wand es sich in dem Griff. Der Bruder hob es weit über seinen Kopf und ging die Stufen zum Altar hoch. Dort preßte er den Kater auf die Steinplatte. Eine Fackel neben ihm warf flackerndes Licht auf sein Profil, und ich war mir sicher, unter der Kapuze das Gesicht des Mannes erkannt zu haben.

»Sehen Sie doch, Holmes! Der Magier!« flüsterte ich und drehte mich zur Seite, nur um überrascht den Platz neben mir leer vorzufinden. Holmes war verschwunden! Sein Fehlen hatte ich vorher nicht bemerkt, so sehr war ich gegen meinen Willen von dem schauerlichen Geschehen gefesselt gewesen.

Auch jetzt zog es mich wieder in seinen Bann. Der Hohepriester drehte sich zu seinen Brüdern um und breitete die Arme aus. Unter der Kapuze steckte ein hageres, scharfgeschnittenes Gesicht, und sogar von meinem Platz aus glaubte ich zwei fanatisch glühende, schwarze Augen zu erkennen. Wenn der Mann wirklich der falsche Monsignore Castelli war, konnte ich seine charismatische Wirkung auf Luzia und den Pater verstehen. Eine gefährliche und drohende Autorität ging von ihm aus.

Einige Sekunden lang geschah nichts, der Meister verharrte schweigend in seiner Haltung. Bis auf das leise Knistern der Fackeln war es nun vollkommen still in der Höhle. Dann fing er an zu sprechen. Eher war es ein Flüstern. Beim Klang der heiseren, fast tonlosen Stimme lief mir ein kalter Schauer über den Rücken. Was er sagte, konnte ich nicht verstehen, ein paar Brocken klangen lateinisch, andere völlig fremdartig. Manche Laute schienen für eine menschliche Kehle kaum artikulierbar zu sein.

Offenbar gehörte die Rede zu einem vorgeschriebenen Zeremoniell, denn immer, wenn der Meister eine Pause machte, antworteten die Brüder im Chor. Über mehrere Minuten zog sich die mal geflüsterte, mal gesungene Wechselrede hin, bis der Monsignore in seine Kutte griff und ein sichelförmiges Messer hervorholte. Mit beiden Händen präsentierte er dieses barbarischen Zwecken dienende rituelle Werkzeug der Versammlung und murmelte etwas, das wie eine Beschwörungsformel klang. Dumpf ertönte die Antwort des Chores. Noch zweimal wiederholte der Meister die Formel, und jedesmal antworteten die Brüder. Danach verhallten die Stimmen, und der Meister wandte sich wieder zurück zum Altar. Kurz darauf drang ein heulendes Fauchen durch die Stille. Luzia drehte entsetzt ihren Kopf zur Seite.

Alles in mir wehrte sich gegen das, was sich dort auf dem Altar abspielen mußte, verdeckt durch den Rücken des Monsignore. Ich konnte diesem ruchlosen Treiben nicht länger tatenlos zusehen. Wild entschlossen riß ich den Revolver hoch und wollte aufspringen, als ich hart an der Schulter gepackt wurde und Holmes' leise, aber scharfe Stimme dicht an meinem Ohr hörte.

»Seien Sie vernünftig, Watson! Denken Sie an Luzia! Dem armen Tier können wir doch nicht mehr helfen, alter Freund!«

Holmes hatte recht. In diesem Augenblick hob der Monsignore den Arm hoch über seinen Kopf, das Messer blitzte auf, und dann erstarb das jämmerliche Heulen abrupt. Der Kater war von seinen Leiden erlöst.

Das dünne Band

Dem verzweifelten Schreien folgte eine schauerliche Stille. Einzig ein leises Knirschen war zu vernehmen, das von meinen Zähnen stammen mußte.

»Kommen Sie, Watson!« Holmes zog mich zurück. Ich riß mich von dem empörenden Anblick los und folgte ihm in den Vorraum. Jones schloß sich uns an. Sein Gesicht war kreidebleich. Er sagte kein Wort, und das war auch nicht nötig, wir mußten alle daran denken, daß Luzia das nächste Opfer sein sollte.

Holmes hatte nach einer der Kutten gegriffen und schlüpfte hinein. Er verzog kurz den Mund zu einem grimmigen Lächeln. »Unsere Eintrittskarten! Sie dürften wohl reichen, um uns Zutritt zu dieser feinen Gesellschaft zu gewähren!«

Rasch bedienten sich auch Jones und ich an der Garderobe. Die Wirkung der einfachen Verkleidung war verblüffend. Wenn wir die Kapuzen hochschlugen, unterschieden wir uns zumindest auf den ersten Blick in nichts von den anderen Brüdern.

»Wie sieht ihr Plan aus, Holmes?« Ich konnte es kaum erwarten, endlich loszuschlagen.

»Es gibt keine große Wahl, fürchte ich. Auf einen direkten Kampf dürfen wir uns nicht einlassen, ihre Übermacht ist zu erdrückend. Nein, unsere einzige Chance liegt in der Überraschung. Wir müssen Luzia befreit haben, bevor sie überhaupt merken, was vor sich geht. Entscheidend dabei ist, daß wir so lange wie möglich unentdeckt bleiben.« Mit einer kurzen Bewegung rückte er seine Kutte zurecht. »Daß die Ordensmitglieder alle ihre Tracht angelegt haben und praktisch vermummt sind, trifft sich gut. So sollte es uns gelingen, in die Nähe des Altars zu kommen, ohne Aufsehen zu erregen.«

»Und dann, Holmes? Selbst wenn wir den Altar unbemerkt erreichen, wie Sie sagen, was machen wir dann?« Jones hatte seine Sprache wiedergefunden und nestelte aufgeregt an seiner Brille.

»Dann werde ich Luzias Fesseln durchschneiden und die Reliquien einsammeln«, sagte Holmes ruhig.

Jones starrte ihn an. »Aber dabei müssen Sie doch entdeckt werden! Und die Brüder werden bestimmt nicht tatenlos zusehen, wie Sie Luzia befreien!«

»Selbstverständlich werden sie das nicht!« Ungeduldig zog Holmes eine Braue hoch. »Jedenfalls nicht, wenn sie mich bemerken. Also müssen wir sie ablenken, und das wird Ihre Aufgabe sein, Jones! Sobald ich nahe genug an den Altar herangekommen bin, müssen Sie dafür sorgen, daß die Brüder beschäftigt sind und wenigstens für einen Moment nicht auf Luzia achten.«

Holmes sagte das so leichthin, als handle es sich bei der eigentlichen Befreiung um eine Kleinigkeit. Dabei war sein Vorhaben äußerst riskant, selbst wenn Jones mit einem Ablenkungsmanöver Erfolg hätte. Holmes mußte so nahe an die Teufelsanbeter heran, daß er jederzeit entlarvt werden könnte. Aber es gab wohl keine Alternative, wir mußten es versuchen. Mir hatte er die Rolle des Scharfschützen zugedacht. Mit dem verstauchten Knöchel war ich ohnehin nicht allzu beweglich, also sollte ich oben am Eingang bleiben und meinen Kameraden den Rücken freihalten, indem ich einfach alles über den Haufen schoß, was sich ihnen näherte oder in den Weg stellte.

Es war ein guter Plan. Vor allem der letzte Teil gefiel mir.

»Außerdem müssen Sie unseren Rückzug decken, Watson. Wenn es uns gelingt, heil den Vorraum hier zu erreichen, haben wir den gefährlichsten Teil hinter uns. So lange müssen Sie uns die Brüder vom Leib halten, alter Freund!«

»Machen Sie sich darüber keine Sorgen, Holmes!« sagte ich. In Sicherheit waren wir erst, wenn wir den Gang wieder betraten. Der Stollen selbst war so eng, daß ihn notfalls auch ein einzelner Mann gegen eine große Übermacht verteidigen konnte.

»Wie stellen Sie sich das vor, Holmes? Was soll ich denn tun, um die Schurken von Ihnen abzulenken?« Jones' Stimme klang unnatürlich schrill.

Ich hatte vergessen, daß er in seinem stillen Gelehrtendasein wohl kaum je in eine solche Situation geraten war. Mit Furcht oder gar Feigheit hatte das nichts zu tun. Jones' Tapferkeit stand außer Frage, die hatte er auf dem Boot zur Genüge bewiesen. Aber er war eben Zivilist. Ich mußte an den Feldzug in Afghanistan denken, wo unser Regiment einmal tagelang von halbwilden Bergstämmen belagert worden war und manch einer die Nerven verloren hatte. Es war meine erste Kampfhandlung gewesen, und ich weiß noch genau, wie alle Nervosität mit einem Schlag verflogen war, als endlich der Angriff begann. Jetzt fühlte ich wieder die gleiche Ruhe.

Was Holmes angeht – nun, ich bin in meinem Leben noch keinem Menschen begegnet, der im Angesicht der fürchterlichsten Gefahren so kaltes Blut bewahren konnte wie Sherlock Holmes.

Als Antwort auf Jones' Frage zeigte er auf die Ölfässer in der Ecke. »Wir zünden die Holzkonstruktion an. Das müßte sie verwirren und eine Weile beschäftigen.«

Jones schluckte einmal, dann nickte er energisch: »Gut!« Ohne ein weiteres Wort zu verlieren, ging er zu den Fässern und begann, zwei Kannen mit Öl zu füllen.

Wir befanden uns in einer Höhle tief im Inneren eines Berges, und Holmes wollte die tragenden Holzstützen in Brand setzen. »Wie lange werden die Ständer halten?« fragte ich ihn leise.

»Ich weiß es nicht, Watson, vermutlich nicht allzu lange.« Er hob die Schultern, und in einem Anflug von Galgenhumor zuckte ein Lächeln um seine Mundwinkel. »Ein Grund mehr, uns zu beeilen, nicht wahr?«

»Da muß ich Ihnen recht geben, Holmes. Der Drachenfels ist nicht unbedingt das Grab meiner Wahl, wissen Sie, ich würde doch unsere gute, alte englische Erde vorziehen!«

Jones trat zu uns, in jeder Hand eine gefüllte Kanne. Stumm reichte er eine an Holmes weiter, und beide gingen zurück zur Höhle. Mein Blick fiel auf eine große Axt, die neben dem Durchgang an der Wand lehnte. Eine solide Waffe für den Nahkampf. Ich packte sie und folgte meinen Gefährten.

Mittlerweile hatte der dumpfe Gesang wieder eingesetzt, das Ritual nahm seinen Lauf. Es wurde höchste Zeit. Wortlos sahen wir uns an, dann nickte Holmes ernst.

»Vorwärts, Jones!«

Gebückt schlichen die beiden die Stufen herunter. Unten trennten sie sich, jeder nahm sich eine Seite vor.

»Viel Erfolg!« flüsterte ich ihnen hinterher, auch wenn sie mich nicht mehr hören konnten. Die Würfel waren gefallen. Rasch kontrollierte ich noch einmal den Revolver, bevor ich meinen Posten einnahm und hinunter in die Höhle sah.

Die Vorbereitungen für die große Beschwörung waren weiter fortgeschritten. Um Luzia herum hatte der Hohepriester einen magischen Kreis auf den Boden gemalt. Jetzt erkannte ich auch, wozu das Tieropfer diente. Der Magier hielt den Kessel mit dem Blut des armen Katers, während sein Meister eine abgeschnittene Pfote hineintauchte, um mit dem Opferblut die vier Himmelsrichtungen auf dem Kreis mit okkulten Zeichen zu versehen.

Alle waren so vertieft in ihr widerliches Ritual, daß sie die Schatten nicht bemerkten, die an den beiden Höhlenwänden von Balken zu Balken huschten und dabei eine Ölspur hinterließen. Bald hatten Holmes und Jones die größte Strecke hinter sich, nur noch wenige Meter trennten sie vom Altar. Holmes' Plan schien aufzugehen.

Da schwoll der Gesang plötzlich zu einem Finale an und verhallte anschließend. Der Meister richtete sich auf, die magische Beschriftung war beendet. Er hob den Kopf und sah in Holmes' Richtung. Er stutzte kurz, um dann mit einem heiseren Ruf auf die vermummte Gestalt zu zeigen, die dort nicht hingehörte. Mehrere Brüder drehten sich um, und dann überschlugen sich die Ereignisse.

Holmes sah sich entdeckt und riß seine Kapuze herunter. »Das Spiel ist aus, Castelli!« rief er mit donnernder Stimme durch die Höhle.

Einen Moment lang starrten sich die beiden in die Augen, dann hatte der Meister seine Verblüffung überwunden. »Da! Ein Ungläubiger, packt ihn!« schrie er wutentbrannt. Mehrere Brüder folgten seinem Befehl und drangen auf den Fremden ein, der es gewagt hatte, ihr Ritual zu stören.

Aller Augen waren nun auf Holmes gerichtet, niemand kümmerte sich um Jones. Niemand hätte ihn gehindert, zu Luzia zu springen und sie zu befreien. Genau deshalb zog Holmes ja die Aufmerksamkeit auf sich! Blitzschnell hatte er sich auf die neue Situation eingestellt und die Rollen vertauscht. Jetzt übernahm er selbst die Jones zugedachte Aufgabe und sorgte für den nötigen Aufruhr zur Ablenkung. Und sein Plan funktionierte, auch jetzt wäre noch alles gut gegangen, wenn Jones nur reagiert hätte – aber der rührte sich nicht vom Fleck!

Von meiner Position aus konnte ich sehen, wie er mit angstverzerrtem Gesicht auf Zehenspitzen bis zur Wand zurückwich und sich mit dem Rücken dagegenpreßte, die Arme zur Seite ausgebreitet. Seine Haltung war ein einziger Ausdruck von panischer Angst. Ich brauchte nur einen Augenblick, bis ich begriff, was vor sich ging: Jones war seinem Drachen begegnet. Er mußte unter einem ähnlichen Anfall von Halluzinationen leiden wie ich vorhin auf dem Bergpfad. Eine andere Erklärung für sein Verhalten gab es nicht.

Damit war Holmes' Plan über den Haufen geworfen, Jones schied aus. Was sollten wir nun machen?

Holmes hatte eine Fackel aus der Halterung gerissen und wirbelte sie im Bogen um sich. So konnte er sich die vorrückenden Angreifer vom Leibe halten. Aber nicht lange, das wußte er natürlich. Er sprang einen Schritt zurück und warf die Fackel auf den Boden. Auf der Stelle fing die Ölspur Feuer. Zischend raste eine Flamme den Weg zurück und züngelte an den öldurchtränkten Pfosten empor. Aufgeregt riefen die Brüder durcheinander, aber es war bereits zu spät. Als die alten trockenen Balken mit einem explosionsartigen Knall anfingen zu brennen, schlug ihnen eine Feuerlohe entgegen, und sie prallten erschrocken zurück. Die ganze Wand schien auf einmal in Flammen zu stehen.

Holmes sah die Gelegenheit und nutzte sie. Schon hatte er in einer einzigen Bewegung ein Messer gezogen und durch die Luft geschleudert. Die Brüder waren so überrascht von dem plötzlich ausgebrochenen gewaltigen Feuer und der damit verbundenen Gefahr, daß sie den Wurf nicht bemerkt hatten. Auch nicht das Messer, das nun keinen Zentimeter neben Luzias rechtem Handgelenk im Holz des großen Stützpfeilers steckte. Aber Luzia hatte es gesehen und rieb sofort ihre Fessel gegen die Klinge.

Mehr konnte ich nicht erkennen, denn Holmes warf sich mitten unter die Angreifer und teilte nach links und rechts fürchterliche Hiebe aus. Schon gingen zwei, drei der Schurken zu Boden. Aber es waren zu viele, ohne Hilfe konnte er sich nicht lange halten. Mein Revolver nützte mir in dieser Situation herzlich wenig, die Gefahr, bei dem Gewühl Holmes zu treffen, war einfach zu groß. Also steckte ich ihn ein und griff mir statt dessen die Axt. Dann sprang ich die Stufen hinunter, riß die nächste Fackel von der Wand und warf sie auf Jones' Seite. In Sekundenschnelle brannten auch dort die Pfosten lichterloh.

Der Qualm wurde jetzt immer dichter und machte langsam das Atmen schwerer. In das laute Prasseln der Flammen mischten sich die wütenden Schreie der Brüder, die wohl mittlerweile den Ernst der Lage erkannt hatten. Ihr Tempel war nicht mehr zu retten.

Verbissen wogte der Kampf hin und her, noch hatten sie Holmes nicht niedergerungen. Ich packte die Axt mit beiden Händen und eilte ihm zu Hilfe, als sich der Rauch teilte und mir den Blick auf Luzia freigab. Sie hatte ihre Fesseln schon halb gelöst. Eben bückte sie sich, um auch ihre Fußfesseln zu durchschneiden, da tauchte dicht neben ihr eine Gestalt auf, und ich mußte hilflos zusehen, wie der Mann im letzten Moment den rettenden Schnitt verhinderte. Seine Kapuze war zurückgerutscht, und ich erkannte sein wutverzerrtes Gesicht. Es war niemand anderer als der Magier Fausto. Mit eisernem Griff hielt er Luzias Handgelenk umklammert. Ein verzweifeltes Ringen begann, Luzia kämpfte um ihr Leben. Aber so sehr sie sich auch wehrte, Fausto war stärker und führte ihre eigene Hand mit dem Messer unerbittlich näher und näher an ihre Kehle heran. Die teuflische Grimasse des Magiers konnte nur eines bedeuten: Die Braut des »Vierten Königs« sollte ihrem Schicksal nicht entkommen. Ich ließ die Axt fallen, riß den Revolver heraus und visierte das Ziel an.

Auch wenn ich mich natürlich nicht mit Holmes messen kann, habe ich mich immer für einen leidlichen Schützen gehalten. Aber dies hier war nun wirklich ein schwieriger Schuß. Dauernd stolperte jemand aus dem Handgemenge durch mein Schußfeld. Zudem nahm mir der Qualm immer mehr die ohnehin schlechte Sicht. Und wenn ich auch nur eine Kleinigkeit daneben schösse, dann wäre ich es selbst, der mit eigener Hand Luzias Opferung vollstreckte. Trotzdem spürte ich nicht das leiseste Zittern in meiner Hand.

Als ich abdrückte, krachte der Schuß wie ein Kanonenschlag in der Höhle. Ich hatte gut getroffen. Luzias Angreifer ließ sie los und taumelte nach hinten. Ungläubig faßte sich Fausto an die Brust und starrte auf das hervorquellende Blut, dann sackte er zu Boden. Luzia zögerte keine Sekunde, blitzschnell schnitt sie ihre Fußfesseln durch, richtete sich wieder auf und riß sich den Knebel aus dem Mund.

Mir blieb jedoch keine Zeit, meinen Triumph zu genießen. Durch den Schuß waren die anderen Satanisten auf mich aufmerksam geworden. Sofort stürzte eine Handvoll von ihnen auf mich zu, aber das war mir nur recht, auf diese Weise konnte ich Holmes etwas Luft verschaffen. Mit dem Revolver versuchte ich, die Brüder in Schach zu halten, ohne sie damit sonderlich zu beeindrucken. Sie rückten immer näher und lauerten nur auf die beste Gelegenheit zum Angriff. Mein Revolver würde sie nicht davon abhalten, über mich herzufallen. Es war nur noch nicht klar, wer von ihnen den Anfang machte. Langsam wich ich zurück, bis ich die Wand hinter mir spürte. Niemand von ihnen sollte mir in den Rücken fallen. Ich duckte mich leicht und verlagerte mein Gewicht auf den unverletzten Fuß, um einen einigermaßen sicheren Stand zu erlangen. Was auch geschehen mochte, John H. Watson würde dem Fünften Regiment der Northumberland Füsiliere keine Schande machen.

»Henry!« Luzias angstvoller Schrei gellte durch den Lärm und ließ meine Angreifer einen Augenblick stutzen. Jones hatte ich völlig vergessen. Ich riskierte einen Blick aus den Augenwinkeln zu ihm hin. Immer noch stand er wie festgewurzelt dort an der Wand. Luzias Angst um ihn war nur zu verständlich, rings um ihn loderten bereits Flammen. Wenn er weiter in seiner panischen Starre verharrte, mußte seine Lage schnell aussichtslos werden. Aber da trat er auch schon einen unsicheren Schritt vor und sah sich um. Anscheinend wußte er wieder, was wirklich vor sich ging. Ein kurzer Moment reichte ihm, um die Halluzination abzuschütteln. Luzias Stimme mußte eine ähnliche Wirkung auf ihn haben wie die von Holmes auf mich bei meinem Anfall. Wir waren wieder vollzählig.

Keinen Augenblick zu früh, die Brüder rückten immer näher. Sie schienen zu ahnen, daß es mir trotz allem schwerfiel, abzudrücken. Aber jetzt griff Jones in den Kampf ein. Mit ein paar schnellen Sprüngen war er hinter ihnen, schüttete sein restliches Öl über sie und schleuderte eine Fackel hinterher. Im Nu fingen die Kutten Feuer, und die Schurken waren erst einmal damit beschäftigt, ihre brennende Kleidung loszuwerden. Zwei oder drei von ihnen warfen sich auf den Boden und wälzten sich hin und her, um die Flammen zu ersticken. Der Rest rannte schreiend als lebende Fackeln durch die Höhle und versuchte, sich die Kutten vom Leib zu reißen. Um mich kümmerte sich im Augenblick niemand mehr.

Die Lage war zwar unübersichtlich, aber ich hatte den Eindruck, daß sich das Blatt zu unseren Gunsten zu wenden schien. Immerhin war es uns gelungen, Luzia zu befreien und das Ritual zu stoppen. Jetzt fehlten uns nur noch die Reliquien, dann konnten wir an den Rückzug denken. Die Heiligen Drei Könige ruhten immer noch auf den Steinsäulen, ihren »Ehrenplätzen« neben dem Altar. Wie es aussah, wurden sie im Moment nicht eigens bewacht. Die Gelegenheit war günstig. Ich zog die Kapuze tief in mein Gesicht und lief, so schnell es mein Knöchel erlaubte, auf den Altar zu.

Unbehelligt erreichte ich die erste Säule und stand einen Moment ratlos vor den bekrönten Totenköpfen. Auf das Transportproblem hatte ich bisher noch keinen Gedanken verwandt. Kurzerhand schlang ich die Samtdecke um den Schädel, knotete sie fest und warf sie mir über die Schulter. Sicher würde mir Pater Hieronymus diesen doch sehr burschikosen Umgang mit den ehrwürdigen Reliquien vergeben. Hastig wandte ich mich dem zweiten König zu, wurde aber gestört. Mit einem wilden Knurren stürmte ein untersetzter Bruder auf mich zu und drängte mich ab. Zu meinem Glück verfing er sich in seiner eigenen Kutte und strauchelte. Ich schlug ihm den Kolben meiner Waffe an die Schläfe, und er ging ächzend zu Boden, wo er halb betäubt liegenblieb. Als ich wieder hochblickte, sah ich, daß Luzia und Jones zu den anderen Säulen geeilt waren und die Reliquien einwickelten.

Jones nickte mir triumphierend zu. »Wir haben sie, Watson!«

Aber für Jubel war es noch entschieden zu früh. Hinter mir hörte ich einen wütenden Aufschrei. Ich fuhr herum und sah mich dem Monsignore gegenüber, der fassungslos auf Luzia starrte. Anscheinend hatte er jetzt erst bemerkt, daß seine Braut nicht mehr auf ihn wartete und – schlimmer noch – sogar im Begriff war, ihm die Heiligen Drei Könige wieder wegzunehmen. Seine Stimme überschlug sich vor Zorn, als er seinen Jüngern den Befehl zubrüllte:

»Das Mädchen! Ergreift das Mädchen! Sie …«

Weiter kam er nicht, denn Holmes war ihm an die Gurgel gesprungen und hatte ihn mit sich zu Boden gerissen. Ineinander verkrallt rollten sie die Stufen der Altarempore hinunter, und ich verlor sie aus den Augen.

Auf die Autorität ihres Meisters abgerichtet, gehorchten mehrere Brüder seinem Befehl und gingen auf Luzia los. Ich stand zu weit abseits, aber Jones warf sich dazwischen. Er packte den vordersten Angreifer, drehte sich einmal um seine eigene Achse und schleuderte ihn mit ungeheurer Wucht gegen die anderen. Drei, vier Männer gingen zu Boden, der Angriff geriet ins Stocken, und das gab Luzia Zeit, auf den Altar zu springen. Aber sicher war sie dort auch nicht, schon griffen mehrere Hände nach ihren Beinen. Heftig trat sie um sich und hackte mit Holmes' Messer auf die Arme ein. Wieder tropfte Blut auf den Altar, diesmal jedoch von den Peinigern selbst. Damit durften diese feigen Halunken wohl kaum gerechnet haben, daß sich ihr Opfer einmal wehren könnte! Aber sie hatten ja auch nicht mitangesehen, wie Luzia furchtlos in die Manege gestiegen war, um nur mit der Peitsche ein ganzes Löwenrudel zu bändigen.

Die Peitsche! Wie hatte ich die nur vergessen können! Die Peitsche des Wachtpostens steckte ja an meinem Gürtel. Ich nestelte sie los und warf sie hoch: »Luzia! Fangen Sie!«

Geschickt packte sie das Leder im Flug, und in das laute Knacken und Prasseln der Flammen, in das Husten und Brüllen der Kämpfer mischte sich jetzt noch ein neues Geräusch: das scharfe Knallen der Peitsche, gefolgt von den Schmerzensschreien der Getroffenen. In Luzias Händen war die Peitsche eine furchtbare Waffe. Hochaufgerichtet stand sie mit blitzenden Augen auf dem Altar und ließ nach allen Seiten die schneidende Lederschnur auf ihre Angreifer niederschnellen. Trotz ihrer zierlichen Gestalt erinnerte sie mich an eine Walküre, an eine jener mythischen Kriegerinnen aus sagenhafter Zeit. Sie schien beinahe in diese teutonische Talmi-Drachenhöhle hineinzupassen. Nur daß hier keine Bühnenprobe für eine Wagneroper stattfand, sondern ein Kampf auf Leben und Tod, und der Ausgang war immer noch offen.

Im Moment sah es nach einem Patt aus. Jones hatte eine Fackel ergriffen und schwang sie drohend hin und her. Fürs erste wagte keiner der Brüder einen weiteren Angriff, Luzias Peitschenhiebe mußten eine nachdrückliche Wirkung erzielt haben. Die Satanisten wichen zurück, bis sie außer Reichweite waren, und Jones sprang hoch zu Luzia auf den Altar. Es war nur eine Atempause, die der Kampf einlegte, mehr nicht. Respektvoll wahrten die Brüder Abstand, und doch lauerten sie nur auf die nächste Gelegenheit. Beim ersten Fehler Luzias würden sie über sie herfallen.

Von Holmes war nichts zu sehen, aber darüber machte ich mir keine Gedanken. Er würde schon für sich selbst sorgen.

Meine Aufgabe war klar. Wenn ich die Heiligen Drei Könige bergen wollte, durfte ich keine Sekunde verlieren. Aller Augen waren auf den Altar gerichtet, wo die Luzia und Jones Rücken an Rücken standen und die Männer in Schach hielten. Niemand schien auf die Reliquien zu achten, die Jones fallengelassen hatte, als er Luzia zu Hilfe geeilt war. Geduckt lief ich zu der Stelle und hob den behelfsmäßigen Beutel auf. Damit war unser Ziel erreicht, jetzt brauchten wir nur noch heil hier herauszukommen.

Aber meine Aktion war offenbar doch nicht unbemerkt geblieben. Bevor ich Jones ein Zeichen zum Rückzug geben konnte, erhielt ich einen wuchtigen Stoß in die Seite, der mich ein paar Schritte seitwärts taumeln ließ. Der Revolver fiel mir aus der Hand und schlidderte fort. Ich konnte ihm nur hilflos hinterhersehen, denn jetzt rammte mich der Angreifer noch einmal und riß mich mit sich zu Boden. Sein Schwung war so groß, daß wir ein paarmal übereinander kugelten. Dabei schlug ich hart mit dem Hinterkopf auf, und einen Moment wurde mir schwarz vor Augen. Natürlich mußte es mich an derselben Stelle erwischen wie gestern. Leicht benommen blieb ich unter dem Angreifer liegen und fragte mich flüchtig, ob ich wirklich erst gestern in der Manege wieder aufgewacht war.

Viel Zeit, meinen Gedanken nachzuhängen, blieb mir nicht. Der Drachenbruder meinte es ernst und hatte sich mit seinem ganzen Gewicht auf meine Brust gekniet. Schon sah ich ihn mit etwas ausholen, das wie eine große Keule aussah. Sein Arm fuhr herunter, und Stein splitterte an der Stelle, wo noch Sekundenbruchteile zuvor mein Kopf gelegen hatte. Fluchend preßte er eine Hand auf meinen Hals und drückte mich nach unten. Mit der anderen Hand holte er wieder aus. Ein einziger Treffer würde mein Ende bedeuten. Dem Schlag ausweichen konnte ich jetzt nicht mehr, aber im letzten Augenblick gelang es mir, den tödlichen Hieb mit meinem Arm zu parieren und die Hand des Mannes zu packen. Wütend versuchte er, sich loszureißen, bis er plötzlich mitten in der Bewegung erstarrte.

Ich hatte es auch gehört: ein lautes Knacken, gefolgt von einem langgezogenen, nervenzerfetzenden Kreischen. Das durchdringende Geräusch kam aus unmittelbarer Nähe über uns. Alarmiert blickten wir beide hoch und sahen einen brennenden Deckenbalken herabschwingen. Langsam, wie es schien, tatsächlich aber rasend schnell – und vor allem direkt auf uns zu.

Wer zuerst von uns schrie, weiß ich nicht mehr. Verzweifelt versuchte der Bruder noch, sich wegzuducken, aber dafür war es zu spät. Der Balken traf ihn mit voller Wucht und fegte ihn von mir herunter. Sofort rollte ich mich zur Seite und kam wieder auf die Beine. Die versengte Haut in meinem Gesicht brannte heiß, und diesmal war es keine bloße Einbildung, die riesige brennende Fackel hatte mich nur um Haaresbreite verfehlt. Jetzt löste der Balken sich endgültig auch am oberen Ende aus seiner Halterung. Durch einen Sprung konnte ich mich gerade noch retten, da stürzte er mit einem ohrenbetäubenden Krachen herunter. Es fehlte nicht viel, und er hätte mich unter sich begraben.

Niemandem in der Höhle konnte das Getöse entgangen sein, und auch nicht, was es zu bedeuten hatte. Mittlerweile brannten die Hauptstützen ebenfalls lichterloh, sogar durch den Qualm an der Decke schlugen immer wieder Flammen durch. Die gesamte Trägerkonstruktion hatte Feuer gefangen. In das Prasseln der Flammen mischte sich nun immer vernehmlicher ein Knirschen, das nichts Gutes verhieß. Jeden Moment konnte das Gebälk völlig einstürzen.

Die noch kampffähigen Satanisten verharrten stocksteif und horchten erschrocken in den Lärm. Schlagartig war die akute Gefahr allen zu Bewußtsein gekommen. Luzia und Jones nutzten die Chance und sprangen zu mir herunter.

»Watson, wo ist Holmes?« rief mir Jones ins Ohr.

Ja, wo zum Teufel blieb Holmes? Seitdem er mit dem Hohepriester ringend hinter den Altar gerollt war, hatte ich nichts mehr von ihm gesehen. Langsam machte ich mir doch Sorgen um ihn. Viel Zeit blieb nicht mehr, um uns aus der Höhle zu retten.

»Hier, nehmen Sie die Reliquien, Jones. Sie und Luzia müssen den Eingang zum Vorraum sichern. Wenn die Drachenbrüder vor uns den Stollen erreichen, sind wir hier drinnen verloren! Schnell, gehen Sie! Ich werde mich um Holmes kümmern.«

Jones zögerte. »Das Buch, Watson! Es ist das letzte Exemplar des ›Liber Draconis Magni‹ und für die Forschung von unschätzbarem Wert!«

Einen Moment verschlug es mir die Sprache. »Das kann nicht ihr Ernst sein! Vergessen Sie das Buch, Jones, soll es doch ruhig verbrennen! Und wenn wir uns nicht beeilen, wird uns noch das gleiche passieren!«

Noch ein Balken stürzte herunter und verlieh meinen Worten den nötigen Nachdruck. Auch in die Teufelsanbeter kam jetzt Bewegung. Wie auf Kommando wandten sie sich ab. Die Angst um das eigene Leben siegte über ihren Fanatismus.

Ihre Furcht war nur zu begründet, immer mehr Holzstücke polterten zu Boden und blieben brennend zwischen uns und den Brüdern liegen. Das verschaffte uns einen Vorteil. Wir würden zuerst den Aufstieg zum Vorraum erreichen, und mit der Peitsche konnten wir uns jeden Verfolger vom Leibe halten. Auch die Brüder schienen diese Einschätzung der Lage zu teilen. Aufgeregt brüllten sie durcheinander und drängten sich in panischer Hast zum anderen Eingang in der Seitenwand, um ihr Leben zu retten. Von ihnen hatten wir vorerst nichts mehr zu befürchten.

»Dr. Watson!« Luzia schrie plötzlich auf und zeigte auf den Altar. Durch den Qualm konnte ich auf der Empore Holmes und den Monsignore sehen, immer noch ineinander verkrallt. Sie mußten die ganze Zeit miteinander gerungen haben. Rings um sie lagen brennende Balken und bildeten einen theatralischen Feuerkreis.

Luzias Ausruf war ein Schreckensschrei gewesen, und auch mir schnürte sich bei diesem Anblick die Kehle zu.

Der Monsignore hatte Holmes mit einer Hand an der Gurgel gepackt und ihn nach hinten niedergedrückt. Holmes lag mit dem Rücken auf dem Altar und wehrte sich kaum, sondern starrte nur mit weit aufgerissenen Augen auf seinen Gegner! Er schien wie gelähmt vor Entsetzen zu sein. Sein apathisches Verhalten und das teuflische Grinsen des Ordensmeisters konnten nur eines bedeuten: Holmes litt unter einem halluzinatorischen Anfall, und Castelli wußte darüber Bescheid. Triumphierend holte er mit der freien Hand aus. Das verfluchte Messer blitzte auf, an dem noch das Blut des armen Katers kleben mußte. Holmes sollte das nächste Opfer sein.

»Großer Gott, Holmes! Wachen Sie auf!« rief ich verzweifelt.

Wie sehr hätte ich jetzt den Revolver nötig gehabt! Schon sah ich meinen Freund den letzten Atem aushauchen, da hörte ich einen scharfen Knall. Luzia war nach vorn gesprungen und hatte mit der Peitsche zugeschlagen. Wütend heulte der Monsignore auf, Luzia hatte gut getroffen, das Messer fiel ihm aus der Hand. Trotzdem ließ er nicht von Holmes ab. Rasend vor Zorn und Haß drückte er mit beiden Händen dessen Kehle zu. Ich stürzte los, aber ich würde zu spät kommen. Holmes Schicksal schien besiegelt.

Plötzlich wickelte sich ein dünnes Band sirrend mehrfach um den Hals des Monsignore und schnellte mit seinem Ende in das grauenhaft verzerrte Gesicht. Seine Augen quollen hervor, und sofort strömte Blut aus der Wunde. Er taumelte zurück und gab Holmes frei. Wie ein Skalpell hatte sich die dünne Lederschnur bis auf die Knochen in sein Gesicht geschnitten. Castelli war für sein Leben gezeichnet. Wenn er Schmerzen empfand, schien er sie nicht weiter zu beachten. Bevor Luzia das Leder zurückschnellen lassen konnte, griff er mit beiden Händen danach und riß ihr die Peitsche aus der Hand. Aber das spielte jetzt keine Rolle mehr. Inzwischen hatte ich ihn erreicht, und als er sich wieder umdrehte, schickte ich ihn mit einem Kinnhaken die Stufen hinunter.

»Guter Schlag, Watson!« krächzte Holmes hinter mir. Er rieb sich den Hals und stand wieder auf den Beinen, etwas wacklig noch, aber seine Augen blickten klar. Was immer ihn gelähmt haben mochte, es war überwunden. Sofort erkannte er den Ernst der Lage. »Achtung, Watson, der Pfeiler!«

Er packte meinen Arm und riß mich die Stufen hinab. Keinen Augenblick zu früh. Der schwere Pfosten gab nach und kippte mit einem lauten Krachen herunter auf den Altar. Die Wucht des Aufschlags war so groß, daß die Steinplatte in zwei Stücke brach. Weitere Holzbalken folgten und legten eine brennende Barriere zwischen uns und den Monsignore, der wieder drohend herangekommen war, gefolgt vom Rest seines Ordens, der sich erneut hinter ihm gesammelt hatte. Vergeblich versuchte er, das »Buch der Großen Schlange« aus den Flammen zu retten. Er stand in den Trümmern seines Heiligtums und mußte mitansehen, wie seine kostbare »Bibel« zu Asche verbrannte. Als er sich zu uns umdrehte, loderte glühender Haß aus seinen Augen, und er stieß eine schreckliche Verwünschung gegen Holmes und Luzia aus.

Holmes ließ sich davon nicht beeindrucken, er hatte dringlichere Sorgen. »Schnell, wir müssen hier heraus, bevor es zu spät ist!«

Wir rannten zurück zum Eingang. Jones hatte die Stufen schon erreicht und sprang hinauf. Luzia folgte ihm dicht auf den Fersen, als ein Schuß fiel. Unmittelbar vor Luzia brach ein Stück Felsen aus der Wand. Sie mußten meinen Revolver gefunden haben. Ich warf einen Blick über meine Schulter und sah die Brüder auf uns zukommen. Anscheinend hatten sie sich einen Weg durch das brennende Hindernis gebahnt. In ihrer Mitte lief der Monsignore. Mit seinem roten Umhang und den blutverschmierten, entstellten Gesichtszügen sah er wirklich aus wie eine Teufelserscheinung. Wie groß mußte sein Haß sein! Jeden Moment konnte die Höhle einstürzen und uns alle verschütten, und er dachte nur daran, uns zu vernichten! Er blieb stehen und schoß erneut, die Kugel ging aber wieder daneben.

Mein guter alter Revolver! Wie dankbar war ich jetzt für seinen Linksdrall! Um ihn richtig einkalkulieren zu können, würde Castelli eine Weile brauchen. Allerdings auch keine Ewigkeit, wir mußten ihn irgendwie aufhalten. Wenn er uns mit der Schußwaffe in den Gang folgte, sähe es böse für uns aus. Während ich noch fieberhaft auf ein Mittel gegen die neue Gefahr sann, handelte Holmes schon, wieder ganz der alte.

»Zurück in den Gang!« rief er uns zu und hob die Axt auf, die ich vorhin fallengelassen hatte. Dann sprang er vor zu dem brennenden Stützpfeiler und schwang mit aller Kraft das Eisen gegen ihn. Noch einmal. Wieder fiel ein Schuß. Die Brüder hatten nun die für sie tödliche Gefahr erkannt, schreiend stürzten sie vorwärts auf Holmes zu. Dadurch versperrten sie dem Monsignore die Schußbahn.

Mit einem letzten gewaltigen Hieb trieb Holmes die Axt tief in das Holz. Der Pfeiler knirschte laut und knickte ein. Nur durch einen wahren Panthersatz konnte sich Holmes gerade noch retten und sprang die Stufen zu uns hoch, da brach auch schon die gesamte Stützkonstruktion zusammen und begrub die Brüder unter sich.

Einigermaßen unversehrt erreichten wir den Vorraum. Die größte Gefahr hatten wir überstanden. Ich sah zurück, hinter uns versperrte eine Feuerwand den Eingang. Holmes hatte sein Ziel erreicht: Niemand würde uns jetzt noch hierhin folgen können. Einen Moment lang glaubte ich, Castellis blutrote Gestalt in den Flammen gesehen zu haben, aber dann verschwand der Spuk.

Sogar hier wurde die Hitze schier unerträglich. Nun bekamen diese Satanisten einen Vorgeschmack auf die Flammenhölle zu spüren. An Hilfe für die Eingeschlossenen war nicht zu denken, selbst wenn wir gewollt hätten. Um dem Feuer vielleicht doch noch entkommen zu können, mußten die Brüder den anderen Ausgang nehmen.

Aber auch wir waren noch lange nicht in Sicherheit. Niemand konnte wissen, ob der Schacht halten würde, wenn die Höhle einstürzte. Im Augenblick hielt sie ohne die Abstützung, aber wie lange noch?

»Schnell, Jones, gehen Sie voran!«

Der Amerikaner nahm eine der Fackeln und wandte sich zum Ausgang.

»Kommen Sie, Luzia!« Die beiden verschwanden im Stollen.

»Was geschieht mit ihm, Holmes?« Ich zeigte auf den gefesselten Wachtposten, der mittlerweile sein Bewußtsein wiedererlangt hatte und zappelnd unverständliche Laute von sich gab.

»Wir werden ihn wohl mitnehmen müssen.« Holmes schnitt dem Mann die Fußfesseln durch und stellte ihn auf die Beine. Dann gab er ihm einen leichten Schubs und nickte mir zu. »Nach Ihnen, alter Freund!«

So schnell es ging, arbeitete ich mich den engen Gang hindurch. Anfangs wies mir noch das flackernde Licht von Jones' Fackel den Weg, aber ich fiel immer mehr zurück und konnte schließlich kaum mehr die Hand vor Augen sehen. Hustend tastete ich mich weiter voran. War der Hinweg schon beschwerlich genug gewesen, so machte der Qualm die Sache jetzt noch schlimmer. Nicht viel anders mußte es sich im Inneren eines Kamins anfühlen. Schon bald begannen meine Augen zu tränen. Jeder Atemzug kratzte im Hals und hinterließ einen Brechreiz. Zu allem Überfluß verursachte mir der mangelnde Sauerstoffgehalt der Luft allmählich immer stärkere Schwindelgefühle.

An die Gefahr einer Rauchvergiftung hatte ich bisher noch gar nicht gedacht. Es wäre schon ein miserabler Scherz, wenn wir nach dem siegreich bestandenen Kampf gegen die Satanisten nun hier in diesem engen Loch den Tod durch Ersticken fänden.

Endlich hörte ich Jones triumphierend rufen, und als ich um die nächste Ecke bog, sah ich das Ende des Stollens ein Stück weiter vor mir liegen. Die mondbeschienene Öffnung war ein wundervoller Anblick. Ein Anblick allerdings, der plötzlich wackelte, als ein gewaltiges Rumpeln den Berg erschütterte und mich gegen die Seitenwand schleuderte. Die Höhle mußte eingebrochen sein! Auch der Pfosten neben mir knirschte gefährlich. Vereinzelt fielen bereits Steinstücke aus der Decke.

»Laufen Sie, Watson!« Holmes' eindringliche Stimme war dicht hinter mir.

Die Aufforderung wäre nicht nötig gewesen. Jetzt ging es um Sekunden. Wir hasteten vorwärts und stolperten inmitten einer Wolke aus Qualm und Staub ins Freie, bevor unmittelbar hinter uns der Stollen endgültig zusammenbrach.

Ein alter Bekannter

Hustend und keuchend trat ich ein paar Schritte zur Seite und setzte mich auf einen großen Felsbrocken. Nach und nach verzog sich der Qualm und gab den Blick auf das kleine Tal frei, das friedlich vor mir im Mondschein lag. Ich legte den Kopf in den Nacken und sah zu den prachtvoll funkelnden Sternen hinauf. Eine Weile blieb ich einfach nur sitzen und kostete das Gefühl aus, wieder unter freiem Himmel zu sein, dann folgte ich den anderen, die zu dem kleinen Bach hinuntergegangen waren.

Das eiskalte, klare Wasser schmeckte köstlich, so ausgetrocknet, wie unsere Kehlen waren. Notdürftig wusch ich mein Gesicht und spülte den beißenden Rauch aus meinen Augen. Allmählich legte sich der Hustenreiz. Nach dem verräucherten Stollen wirkte die herrlich frische Luft hier draußen wie Balsam, und ich genoß sie in vollen Zügen.

Die Vorfälle in der Höhle hatten ihre Spuren hinterlassen. Jeder von uns war mit Prellungen und Abschürfungen reichlich versehen, und unsere Kleidung befand sich in einem traurigen Zustand. In den völlig verschmutzten und verrußten Kutten sahen wir aus wie eine Bande Landstreicher aus »Fra Diavolo«. Nur hatte das, was hinter uns lag, wenig Ähnlichkeit mit einer komischen Oper.

Aber es lag hinter uns, das war die Hauptsache. Erst jetzt spürte ich die Gewißheit, daß die Gefahr endgültig vorüber war. Wieder einmal hatte Holmes einen Fall erfolgreich abgeschlossen. Auch wenn wir dabei dem Tod nur um Haaresbreite entkommen waren, erfaßte mich auf einmal eine euphorische Stimmung. Vielleicht war es auch gerade deshalb.

Holmes riß ein Stück seines Hosenbeins ab, das nur noch an einem Fetzen gehangen hatte, und musterte es mit gerunzelter Stirn. »Was meinen Sie, Watson, ob es in Köln einen anständigen Schneider gibt?«

»Für Meßgewänder bestimmt! Wissen Sie, Holmes, als eben der Stollen bebte, habe ich einen Augenblick geglaubt, unser Ende sei gekommen.«

»Es fehlte wirklich nicht mehr viel«, nickte er, »und wir hätten unser Grab mit den Brüdern teilen dürfen!«

»Jawohl! Aber wir haben es geschafft, Holmes! Wir haben nicht nur die Heiligen Drei Könige gerettet und Luzia aus den Händen dieser Schurken befreit, sondern auch noch den Drachenorden selbst zerschlagen! Übrigens das passende Ende für einen Teufelskult, so ein ordentliches Feuer, finden Sie nicht auch?«

»Wie ich sehe, spitzen Sie bereits im Geiste Ihre Feder, alter Freund«, erwiderte Holmes mit einem leichten Lächeln in den Mundwinkeln, »und doch scheinen Sie in der homerischen Aufzählung unserer Heldentaten die Hochzeit zu vergessen, die wir in die Wege geleitet haben!«

»Welche Hochzeit, Holmes?«

Dann sah ich, was er meinte. Jones und Luzia waren etwas zur Seite gegangen und standen eng umschlungen, vereint zu einem langen Kuß. Also hatte sich Jones endlich ein Herz gefaßt.

»Ich kann Sie beruhigen, Holmes, diese Hochzeit werde ich ganz sicher nicht vergessen.«

Als wäre ihnen unsere Anwesenheit gerade erst wieder zu Bewußtsein gekommen, lösten sich die beiden nun etwas verlegen voneinander, und Luzia trat leicht außer Atem zu uns. Sie sah uns aus großen Augen warm an und räusperte sich kurz.

»Mr. Holmes, Dr. Watson! Mir fehlen die richtigen Worte, um Ihnen meinen Dank auszudrücken, aber –«

»Ich bitte Sie, Fräulein Luzia«, unterbrach Holmes sie, »wenn jemand zu danken hat, dann bin ich es! Ohne ihr Eingreifen vorhin stünde ich jetzt kaum hier.«

»Sie übertreiben, Mr. Holmes, und das wissen Sie genau. Ich werde Ihnen nie vergessen, was Sie für mich getan haben!« Bevor Holmes es verhindern konnte, hatte sie sich auf die Zehenspitzen gestellt und ihm einen Kuß auf die Wange gegeben. Dann legte sie ihre Hand auf meinen Arm. »Natürlich gilt das gleiche auch für Sie, Dr. Watson!«

Ich machte gar nicht erst den Versuch, mich zu wehren, und nahm ihre Hand. »Aber das war doch selbstverständlich, meine Liebe! Wir konnten Sie ja schlecht diesem fürchterlichen Bräutigam überlassen, nicht wahr!«

»Sie haben recht, Dr. Watson«, lächelnd ging sie auf meinen leichten Ton ein, »es wäre bestimmt eine gräßliche Hochzeit geworden! Schauen Sie sich nur dieses ordinäre Brautkleid an! Und jetzt ist es auch noch völlig verdreckt. Ich muß mich wirklich für meinen ungebührlichen Aufzug entschuldigen, meine Herren!«

»Nun, darin stehen wir Ihnen in nichts nach, fürchte ich!«

»O ja, wir geben wahrlich eine feine Truppe ab! Frau Küppers würde sicher die Hände über dem Kopf zusammenschlagen.« Sie lachte leise und hakte sich bei Jones unter.

Es war schon erstaunlich: Man hatte Luzia entführt und ihr einen grauenhaften Tod zugedacht. Sie war nicht nur Zeugin eines mörderischen Kampfes geworden, sondern hatte sich selbst mitten hineingestürzt und kräftig mitgemischt. Dann die Flucht aus der brennenden und einstürzenden Höhle buchstäblich in letzter Sekunde, und jetzt fand sie schon wieder die Kraft zu scherzen! In der Tat eine bemerkenswerte Frau, wie Holmes bereits zutreffend gesagt hatte.

»Ah, Watson, sehen Sie: unsere Verstärkung!«

Tatsächlich waren unten im Tal mehrere Lichter aufgetaucht und bewegten sich in Schlangenlinien bergaufwärts. Holmes ging ihnen ein Stück entgegen und rief sie an. Die antwortende Stimme klang entschieden nach von Stamm. Er mußte uns im Zug nach Bonn gefolgt sein und dort durch den Kapitän unsere Nachricht erhalten haben. Anscheinend hatte er keine Sekunde vergeudet und war auf der Stelle mit seinen Leuten aufgebrochen. Die Lichter kamen nun direkt auf uns zu, und als sie nahe genug waren, sah ich etwa ein Dutzend uniformierter Männer. An ihrer Spitze marschierte der Polizeikommissar persönlich, sein angestrengtes Keuchen war deutlich zu hören.

»Holmes! Küppers hat mir alles erzählt! Was ist passiert? Haben Sie Luzia befreien können? Wie geht es ihr?« Noch ehe er uns ganz erreicht hatte, bestürmte er uns mit Fragen, die allerdings wegen des beschwerlichen Aufstiegs und seiner Kurzatmigkeit nur stoßweise kamen.

Holmes erstattete einen kurzen Bericht über die Ereignisse und wies auf den zweiten Eingang hin, der möglicherweise von den Brüdern zur Flucht benutzt worden war. Sofort ließ der Kommissar seine Männer ausschwärmen und nach dem Gang suchen. Sollten einige Brüder den Einsturz überlebt haben, mußten sie noch in der Nähe sein. Das galt auch für den Wachtposten, der mit uns aus dem Stollen entkommen konnte. Ihn hatte ich völlig vergessen. Als wir mit knapper Not ins Freie gelangt waren, hatte er sich still und leise in die Büsche geschlagen. Niemand von uns hatte auf ihn geachtet, aber weit würde er mit seinen Fesseln nicht kommen. Unser Anteil an der Arbeit war getan, den Rest konnten wir getrost der Polizei überlassen.

Als von Stamm nun Luzia begrüßte und sie mit Jones so vertraut beieinander sah, zeigte er Haltung. Und seine Erleichterung darüber, sie unversehrt und munter anzutreffen, kam offensichtlich von Herzen.

Obwohl sie sich in Jones' Umhang eingewickelt hatte, war mir ein leichtes Zittern Luzias nicht entgangen. Ich spülte den kleinen Becher aus und füllte ihn mit dem letzten Rest Cognac aus meiner Reiseflasche.

»Sie frieren ja, meine Liebe! Wie gut, daß ich zufällig etwas von der ›Spezial-Medizin‹ Ihres Vaters mit mir führe und Ihnen verordnen kann. Hier bitte, trinken Sie! Aus ärztlicher Sicht scheint mir eine solche Stärkung unbedingt ratsam zu sein!« Mit einer kleinen Verbeugung reichte ich ihr den gefüllten Becher. »Bei der Gelegenheit möchte ich mich übrigens herzlich für ihr freundliches Geschenk bedanken!«

Verständnislos sah sie mich an. »Es tut mir leid, Dr. Watson, ich weiß nicht, wovon Sie reden!« Dann nahm sie den Cognac und lächelte schelmisch. »Aber wenn Sie mir schon eine Arznei verordnen, Herr Doktor, werde ich sie wohl einnehmen müssen.« Sie hob den Becher an ihre Lippen und wollte gerade daraus trinken, als Holmes ihr mit einem scharfen Ausruf in den Arm fiel.

»Halt! – Die Wirkung dieser ›Medizin‹ dürfte alles andere als heilsam sein, fürchte ich. Bitte, Watson, was meinten Sie damit: Der Cognac sei ein Geschenk der jungen Dame?«

Etwas irritiert über seine Reaktion sah ich von Holmes zu Luzia. »Nun, heute morgen, besser gesagt gestern morgen, brachte mir der Zimmerkellner ein Päckchen, das im Hotel abgegeben worden war. Es enthielt nicht nur eine Flasche von diesem ausgezeichneten Cognac, sondern auch ein Begleitschreiben Luzias, in dem sie auf reizende Art ihrer Hoffnung Ausdruck verlieh, mich durch ein kleines Präsent für die Unannehmlichkeiten zu entschädigen, die ihr Kätzchen mir verursacht haben könnte. Ich nahm an, daß mit ›Kätzchen‹ Simba gemeint war. Ein netter, harmloser Scherz.«

Verwundert schüttelte Luzia den Kopf. »Aber ich habe Ihnen weder eine Flasche noch einen Brief geschickt, schon gar nicht einen derart geschmacklosen!«

Holmes hatte ihr den Becher abgenommen und roch nun konzentriert an dem Getränk. »Nun, vielleicht könnte man es als Scherz bezeichnen«, sagte er nachdenklich, »aber es war sicher kein harmloser! Bitte geben Sie mir Ihre Flasche, Watson.« Er schüttete den Cognac zurück und verschraubte sorgfältig den Verschluß, bevor er die Flasche einsteckte. Sein Gesicht hatte einen finsteren Ausdruck angenommen.

»Übertreiben Sie jetzt nicht etwas, Holmes? Wir haben doch alle schon von dem Cognac getrunken, und es ist nichts weiter passiert!«

Holmes zog eine Braue hoch. »Tatsächlich? Sind Sie sicher?«

Ich starrte ihn an. »Mein Gott, Holmes, jetzt verstehe ich, was Sie meinen: die Halluzinationen!«

»Ganz recht, Watson!« Holmes nickte ernst. »Es muß einen Auslöser für die Einbildungen geben. Jeder, der unter einem Anfall zu leiden hatte, hat vorher Cognac aus Ihrer Flasche getrunken.«

»Sie glauben an eine halluzinogene Droge, nicht wahr? Jemand hat sie mit dem Cognac vermengt und uns dann eine vergiftete Flasche geschickt.«

»Diese Möglichkeit besteht durchaus. Denken Sie nur an die Domschweizer in der Wachstube, auch sie wurden betäubt, um ungestört die Reliquien stehlen zu können.«

»Und das gefälschte Schreiben unter Luzias Namen sollte ein Mißtrauen bei uns gar nicht erst aufkommen lassen. Ein wirklich hinterhältiger Plan!«

»Beinahe wäre er ja auch aufgegangen«, warf Jones ein, »ich habe Ratten gesehen! Tausende von ekelhaften, fetten Ratten, die auf mich zukamen, immer näher ...« Er schüttelte sich vor Ekel. »Es war einfach widerlich, und alles wirkte vollkommen realistisch. Keine Sekunde habe ich an der Existenz der Tiere gezweifelt, bis mich dann Luzias Ruf erlöste.« Dankbar lächelte er sie an. »Dabei habe ich nur einen einzigen Schluck von dem Zeug getrunken. Wer weiß, was noch alles hätte passieren können!«

»Ja, die Wirkung einer höheren Dosis läßt sich schwer abschätzen!« bestätigte Holmes und räusperte sich.

Einen unbehaglichen Moment lang hatte ich den Eindruck, daß mir beide einen kurzen, prüfenden Blick zuwarfen. Immerhin hätte ich Jones beinahe erwürgt.

In diesem Augenblick trat von Stamm wieder zu uns, gefolgt von einem Inspektor, der ihm Bericht erstattet hatte. Seine Leute waren auf den zweiten Eingang zur Höhle gestoßen. Er war ebenso wie unser Stollen eingestürzt und schien unpassierbar geworden zu sein. Der Kommissar wollte morgen eine Bergungsmannschaft anfordern, aber auch die würde einige Zeit brauchen, um sich durch die Steinmassen zu arbeiten. Er rechnete nicht damit, daß von den Verschütteten noch jemand überleben könnte.

Der Inspektor stimmte ihm zu. »Eine Leiche haben wir schon gefunden, gleich am Eingang des Stollens. Sicher gehörte der Tote zu den Teufelsanbetern, denn er trug ebenfalls eine dieser merkwürdigen Kutten.« Er zeigte auf unsere Umhänge. »Als der Stollen eingestürzt ist, muß ihn im letzten Moment noch der Steinschlag getroffen haben. Der Mann hatte wirklich Pech, sich so kurz vor dem rettenden Ausgang noch das Genick zu brechen! Wir suchen natürlich die Umgebung ab, aber bis jetzt noch ohne Ergebnis. Nur ihren entflohenen Wachtposten haben wir wieder eingefangen. Nichts deutet darauf hin, daß noch einer der Brüder aus der Höhle entkommen konnte. Vermutlich sind sie alle verschüttet worden.«

»Ich kann nicht behaupten, daß ich darüber allzu traurig bin!« brummte von Stamm, und niemand widersprach ihm.

Holmes wandte sich an seinen Begleiter. »Hat der Tote gestunken, Inspektor?«

Verblüfft riß der Polizist die Augen auf. »Wie bitte? Ich verstehe nicht ganz –«

»War seine Kleidung verräuchert?« unterbrach ihn Holmes ungeduldig, »Oder wies sie vielleicht Rußflecken auf?«

»Nun, mir ist nichts dergleichen aufgefallen«, antwortete der Inspektor zögernd, »aber jetzt, wo Sie danach fragen, bin ich mir sicher, daß er nicht nach Rauch gerochen hat.«

Holmes nahm die Auskunft mit ernstem Gesicht auf und nickte langsam. Er schien so etwas befürchtet zu haben.

Auf einmal ging mir ein Licht auf. »Dann kann der Tote auch nicht in der Höhle gewesen sein!«

»Offensichtlich nicht, Watson! Inspektor, würden Sie mich bitte zum zweiten Eingang führen, ich möchte mir die Leiche ansehen!«

»Das möchte ich auch«, schaltete sich von Stamm ein, »vorwärts, Meier, zeigen Sie uns den Weg!«

Bevor Holmes sich den beiden Polizisten anschloß, wechselten wir einen Blick miteinander, und er schüttelte kaum merklich den Kopf. Also behielt ich meinen Verdacht für mich, vielleicht irrte ich mich ja. Trotzdem begann ich, mir Sorgen zu machen. Mit Sicherheit hatten die Brüder auch den zweiten Eingang bewachen lassen und dort einen Posten aufgestellt. Nur um diesen Wächter konnte es sich bei dem Toten handeln. Und das war seltsam, denn es erklärte zwar, warum seine Kleider nicht nach Qualm und Rauch rochen, aber es erklärte nicht seinen Tod. Deshalb war Holmes stutzig geworden. Warum hätte der Mann in einen einstürzenden Schacht laufen sollen, statt sich in Sicherheit zu bringen? Wenn er sich aber nicht so ungereimt verhalten hatte, mußte es für sein gebrochenes Genick einen anderen Grund geben. Es lag nahe zu vermuten, daß doch noch jemand mit heiler Haut aus der Höhle hatte entkommen können. Jemand, der aus welch finsteren Gründen auch immer als erstes seinen Spießgesellen ermordet hatte.

Unwillkürlich mußte ich an den Monsignore denken, an seinen haßerfüllten Blick über das Feuer hinweg. Ihm traute ich alles zu, und die Vorstellung, er könnte sich gerettet haben und nun irgendwo auf uns lauern, um furchtbare Rache zu nehmen, drängte sich mir mit zähem Nachdruck auf.

Aber vorerst handelte es sich dabei um reine Spekulation, wenn ich mir auch sicher war, daß Holmes die gleichen Überlegungen anstellte. Natürlich hatte er recht, es war nicht nötig, die anderen damit zu beunruhigen. Wir warteten besser erst das Ergebnis der Bergungsarbeiten ab. Vielleicht stießen die Männer ja auf den toten Monsignore und seine rote Kutte.

Mittlerweile tauchten immer mehr Laternen und Fackeln auf. Die Kunde von sensationellen Ereignissen auf dem Drachenfels hatte sich wohl wie ein Lauffeuer in dem kleinen Städtchen verbreitet und die Einwohner aus ihren Betten gelockt. Ich war froh über ihren typisch deutschen Respekt vor der Obrigkeit, der sie weitgehend auf Abstand hielt. Nur zwei Gestalten bewegten sich zielstrebig auf uns zu.

Mit einem lauten Ruf sprang Luzia plötzlich auf und lief ihnen entgegen, um einer von ihnen um den Hals zu fallen. Es war tatsächlich Pater Hieronymus, den es vor lauter Sorge um seine Nichte nicht länger in Köln gehalten hatte. In seinem Begleiter erkannte ich den jungen Domschweizer Paffrath wieder, der mit uns im Dom gewesen war.

Pater Hieronymus war Kommissar von Stamm nach Königswinter gefolgt und hatte sich auch vom strapaziösen Aufstieg auf den Drachenfels nicht bremsen lassen. Jetzt löste sich seine Anspannung. Übermannt von der Freude über das glückliche Wiedersehen mit Luzia ließ er sich auf ein Felsstück niedersinken und dankte uns für die Rettung. Aber bald legte sich wieder ein bedrückter Zug auf sein Gesicht, und er sah mich mit ängstlicher Besorgnis an.

»Halten Sie mich bitte nicht für undankbar, Dr. Watson, wenn ich trotz allem diesen Tag in trauriger Erinnerung behalten werde. Ich wage gar nicht, Sie nach dem Schicksal der Heiligen Drei Könige zu fragen!«

Jones stand schon bereit. Er legte den Sack mit den Reliquien vor den Pater auf den Boden und schlug die Samtdecke zurück. Im Mondlicht schimmerten die goldenen Kronen auf. Ungläubig starrte der Pater auf die bleichen Schädel. Dann sank er langsam auf die Knie und bekreuzigte sich andächtig. Es war ein ergreifender Moment, sogar für einen Protestanten wie mich. Der letzte Wächter vor seinen Heiligen Drei Königen.

Der Domschweizer kniete sich neben den Pater. Wir anderen standen stumm um sie herum. Nach einem stillen Gebet öffnete Paffrath einen Koffer, den er vorsorglich mitgenommen hatte. Behutsam deckten die beiden die Schädel zu und betteten sie vorsichtig in den Koffer. Luzia half ihrem Onkel wieder auf die Beine. Dem Pater schien eine Last von der Seele genommen zu sein.

»Wie kann ich Ihnen und dem braven Henry nur danken, Dr. Watson?« Mit leuchtenden Augen drückte er mir noch einmal die Hand. »Auf die Bergung der Reliquien habe ich zuletzt nicht mehr zu hoffen gewagt. Aber eines wußte ich: Wenn es einem Menschen gelingen sollte, dann nur Sherlock Holmes!«

»Ich bin sicher, Pater, daß Holmes Ihre Einschätzung zu würdigen weiß.« Vermutlich teilte er sie sogar. »Da vorne kommt er übrigens.«

Für eine lange Begrüßung blieb jedoch keine Zeit mehr. Bevor Pater Hieronymus zu einer feierlichen Dankesrede ausholen konnte, mahnte Holmes zum Aufbruch. »Wenn wir den Frühzug nach Köln noch erreichen wollen, müssen wir uns beeilen. Von Stamm hat angeordnet, die Drachenfelsbahn in Betrieb zu nehmen. Kommen Sie, die Gleise liegen nur wenige hundert Meter entfernt.«

Das ersparte uns den beschwerlichen Abstieg. Nach kurzer Zeit stießen wir auf die Zahnradbahn. Erleichtert bestieg ich dieses technische Meisterwerk und ließ mich auf den bequemen Sitz fallen. Aus einer finsteren und abergläubischen Vergangenheit war ich glücklich wieder in meiner eigenen Zeit angekommen.

Der Kommissar wollte von Luzia und Jones alle Einzelheiten über die Befreiungsaktion wissen, und ich hörte mit halbem Ohr ihrem Bericht zu. Auf einmal fühlte ich mich müde und abgespannt. Es fehlte nicht viel, und ich wäre dem Beispiel Pater Hieronymus' gefolgt, der mit einem seligen Lächeln auf den Lippen eingeschlafen war. Holmes hatte neben mir Platz genommen und sah nachdenklich aus dem Fenster in die Nacht hinaus. Er schien die allgemeine Erleichterung über das glückliche Ende der gefährlichen Affäre nicht so recht zu teilen, und den Grund dafür ahnte ich.

»Holmes, was hat Ihre Untersuchung der Leiche und des zweiten Eingangs ergeben?«

»Es gab dort nicht mehr viel zu untersuchen, Watson«, mißmutig hob er die Schultern, »von Stamms Leute hatten schon den größten Teil der Spuren zertrampelt. Trotzdem bin ich überzeugt, daß der Mann nicht in dem Stollen gestorben ist. Er wurde erst nach seinem Tod ein Stück weit hineingeschleppt, um es nach einem Unfall bei der Flucht aussehen zu lassen.« Er runzelte die Stirn und sah mich an. »Sie wissen, was das bedeutet, nicht wahr?«

»Jemand muß ihm das Genick gebrochen haben!«

»Ja«, bestätigte er düster, »wir sind nicht die einzigen, die aus der Höhle entkommen konnten.«

Ich sah zu Luzia hinüber. Dabei stieß ich Holmes versehentlich mit dem Ellbogen in die Seite, und er zuckte vor Schmerz zusammen.

»Um Himmels willen, Holmes, sind Sie etwa verletzt?«

»Castellis letzte Kugel, Watson«, antwortete er knapp.

Also hatte der Monsignore doch getroffen, als Holmes den Pfeiler zum Einsturz gebracht hatte. Ich wollte mir die Wunde ansehen, aber er lehnte ab.

»Nicht nötig, Watson! Die Kugel hat nur ganz leicht meine Rippen gestreift. Im Grunde ist es nicht viel mehr als eine Hautabschürfung, und ich merke kaum etwas davon, solange Sie nicht gerade dagegen boxen.«

»Wie Sie meinen, Holmes!«

An der Endstation erwartete uns halb Königswinter und gab uns das Geleit zum Bahnhof. Vermutlich hatten inzwischen die wildesten Gerüchte die Runde gemacht. Neugierig wurden wir gemustert, die größte Sensation seit dem Besuch des Kronprinzen. Die Autorität des Kommissars schützte uns aber vor jeglicher Belästigung, und wir brauchten auch nicht lange auf den Zug zu warten. Am frühen Morgen kamen wir dann endlich in Köln an und nahmen unverzüglich eine Droschke zu unserem Hotel. Ich hatte nur noch ein Ziel: mein Bett. Für den Nachmittag waren wir mit dem Kommissar beim Pater verabredet, und bis dahin wollte ich nichts weiter als schlafen.

Es kostete Holmes einige Mühe, mich zu wecken. Natürlich hatte er selbst seine Zeit nicht mit Schlafen vergeudet, sondern im Chemielabor von Luzias Lehranstalt den Cognac analysiert. Während ich mich rasierte, teilte er mir das vorläufige Ergebnis mit.

»Ein interessantes Problem, Watson! Das Getränk war tatsächlich vergiftet, genau wie ich es vermutet habe. Es enthält geringe Mengen einer mir unbekannten Substanz. Bisher ist es mir noch nicht gelungen, sie einwandfrei zu identifizieren, aber soweit ich das jetzt schon beurteilen kann, weist ihre chemische Zusammensetzung gewisse Ähnlichkeiten mit einigen Pilzarten auf, deren halluzinogene Eigenschaften bekannt sind.« Er zuckte unschlüssig mit den Schultern. »Vielleicht haben wir es hier mit einer exotischen Abart zu tun, welche als Basis für eine offenkundig sehr effiziente Droge benutzt wurde.«

»Was immer es auch war, Holmes, an seiner Effizienz dürfte wohl kein Zweifel bestehen! Auch wenn die Droge bei Küppers keine große Wirkung erzielt hatte, – vermutlich war der Kapitän durch konsequentes Abhärten gegen alle flüssigen Gifte immun geworden.«

»Zur exakten Bestimmung werde ich noch eine Reihe weiterer chemischer Analysen vornehmen müssen – es ist wie gesagt keine ganz einfache Aufgabe. Aber bereits jetzt bin ich mir sicher, daß durch diese Substanz die Wahnvorstellungen ausgelöst wurden.«

»Glauben Sie, daß der Monsignore dahintersteckte?«

»Ich denke eher an den Magier, Watson. Wenn er in der Lage war, die Droge gezielt einzusetzen und ihre Wirkungen genau zu kalkulieren, könnte das seine bemerkenswerten Erfolge als Hypnotiseur erklären. Deshalb will ich mir auch seinen Wagen auf dem Jahrmarkt näher ansehen, sobald ich mit dem Kommissar gesprochen habe. Und jetzt sollten wir den Pater nicht warten lassen.«

Tatsächlich trafen wir als letzte ein. Luzia, Jones und von Stamm waren bereits im Arbeitszimmer von Pater Hieronymus versammelt. Kaum hatten wir an der gedeckten Tafel Platz genommen, als auch schon eine strahlende Frau Küppers mit dem Kaffee erschien. Sie konnte gar nicht genug Kuchen und Gebäck auftischen für die Retter ihrer Luzia. Ich erkundigte mich nach dem Befinden ihres Vetters und freute mich zu hören, daß es dem Kapitän gut ging. Die Schnittverletzungen im Gesicht schienen eher lästig als gefährlich zu sein.

»Mit all den Verbänden sieht er zwar wie eine Mumie aus«, sagte Frau Küppers lächelnd, »aber glauben Sie mir, Dr. Watson, das stört ihn entschieden weniger als das Loch im Schornstein seines ›Kronprinzen‹!«

Auch die Heiligen Drei Könige waren wohlbehalten an ihren angestammten Platz im Dom zurückgekehrt und ruhten nun wieder in ihrem goldenen Schrein. Wie Pater Hieronymus erzählte, hatte der Erzbischof persönlich die Reliquien in Empfang genommen und sie in Anwesenheit des gesamten Domkapitels feierlich geweiht, um die erlittene Schändung zu tilgen.

»Seine Eminenz erwartet Sie zu einer Privataudienz, Mr. Holmes. Das Heilige Köln ist Ihnen zu tiefem Dank verpflichtet.«

Holmes hob abwehrend seine Hand, auf offizielle Ehrungen legte er keinen großen Wert. Und diesmal gab es noch einen weiteren Grund für seine Zurückhaltung.

»Noch ist der Fall nicht endgültig abgeschlossen, Pater! Bevor wir den Erfolg feiern, sollten wir abwarten, was die Untersuchungen der Drachenhöhle ergeben.« Fragend sah er den Kommissar an.

»Nun, Holmes, in dem Punkt kann ich Sie wohl beruhigen!« Von Stamm ließ sein Monokel blitzen und berichtete von den Bergungsarbeiten. Anscheinend waren die Zugänge und auch die Höhle selbst nicht völlig eingestürzt, so daß der Trupp viel schneller vorankam, als erwartet. Trotzdem waren keine Überlebenden gefunden worden. Bisher hatte man nur eine Reihe von Leichen bergen können. Allesamt waren sie von den Steinen und Balken erschlagen worden, bis auf eine, die eine tödliche Schußwunde aufwies.

Luzia und ich wechselten einen stummen Blick. Der Tote mußte der Magier sein.

»Zum Teil sind die Leichen verbrannt, das wird ihre Identifizierung unmöglich machen.«

»Damit war zu rechnen«, sagte Holmes, »wahrscheinlich ist auch die rote Kutte verbrannt, aber trotzdem –«

»Nein, das ist sie nicht«, fiel ihm von Stamm zufrieden ins Wort, »jedenfalls nicht ganz. Den Rest von ihr haben meine Männer bei einer verkohlten Leiche gefunden.« Er beugte sich leicht vor und reckte sein Kinn hoch. »Der falsche Monsignore ist tot, Holmes!«

»Ich fürchte, jetzt ziehen Sie einen etwas voreiligen Schluß, Kommissar. Stoff fängt wesentlich schneller Feuer als ein menschlicher Körper, also kann der Umhang nicht zu der Leiche gehören, bei der er gefunden wurde. Ein simples Täuschungsmanöver, nichts weiter. Wir sollen glauben, daß der Monsignore verbrannt ist. Aber wenn erst sämtliche Toten aus der Höhle geborgen sind, werden Sie leicht feststellen können, daß seine Leiche nicht dabei ist. Immerhin war er fast einen Kopf größer als die anderen, so etwas läßt sich schlecht vertuschen.« Holmes trank einen Schluck Kaffee und lehnte sich zurück. »Nein, wir müssen davon ausgehen, daß Castelli noch lebt.«

Trotz des Kaminfeuers schien es auf einmal kalt im Raum zu werden.

»Sie haben doch die gefangenen Höhlenwächter verhört, Kommissar, sicher hatten sie nicht die leiseste Ahnung, wer der Monsignore in Wirklichkeit war!«

Von Stamm nickte verwirrt. »Das ist richtig, Holmes, sie kannten ihn nur als ihren Meister.«

»Nun, vermutlich wußte der tote Wächter mehr. Deshalb hat Castelli ihm bei der Flucht das Genick gebrochen. So wollte er verhindern, daß seine bürgerliche Identität entdeckt werden könnte.«

»Aber durch die Peitsche ist er nun für sein Leben gezeichnet, denken Sie nur an die gräßliche Wunde in seinem Gesicht!« sagte Luzia gefaßt. »Daran müßte er doch leicht zu erkennen sein, wenn er irgendwo auftaucht, meinen Sie nicht auch?«

Holmes schüttelte ernst den Kopf. »Sie würden sich wundern, was ein wenig Schminke, ein falscher Bart und eine Perücke in der Hand eines Experten alles ausrichten können. Und ich habe nicht den geringsten Zweifel, daß unser Monsignore damit sehr wohl umzugehen weiß. Vergessen Sie nicht, mit wem wir es hier zu tun haben, Castelli muß ein wirklich außergewöhnlicher Kopf sein!« Holmes zögerte, bevor er nachdenklich fortfuhr. »Wenn ich nicht absolut sicher wüßte, daß eine gewisse Person nicht mehr unter den Lebenden weilt ...« Er brach ab und kniff die Augen zusammen. Dann schob er langsam seinen Stuhl zurück, stand auf und trat ans Fenster. In Gedanken versunken starrte er hinaus.

Die anderen sahen sich verständnislos an, und ich erklärte ihnen kurz, was es mit dieser »gewissen Person« auf sich hatte, mit der natürlich nur Professor Moriarty gemeint sein konnte, der »Napoleon des Verbrechens«. Seinerzeit war es zu einem mörderischen Zweikampf zwischen dem genialen Verbrecher und Holmes gekommen, der mit Moriartys tödlichem Sturz die Reichenbachfälle hinunter endete.

Mir schien, daß Holmes mit seinem seltsamen Verhalten die mögliche Gefahr ein wenig zu sehr dramatisierte. »Selbst wenn Castelli mit dem Leben davongekommen sein sollte, steht er nun allein und ohne Gehilfen da. Auf seine Jünger kann er jedenfalls nicht mehr zählen.«

Jones stimmte mir zu. »Ohne Zweifel haben wir dem Drachenorden eine schwere Niederlage zugefügt, ihn vielleicht sogar vernichtet. Sein Heiligtum, der geheime Tempel im Inneren des Drachenfels, ist zerstört, sein heiliges Buch, das ›Liber Draconis Magni‹ verbrannt, und die Heiligen Drei Könige befinden sich wieder außerhalb seiner Reichweite im Dom. Es gibt für ihn also keine Aussichten mehr, das ›Große Ritual‹ jemals durchzuführen. Deshalb glaube ich nicht, daß sich der Orden je wieder erneuern kann.«

»Sie haben völlig recht!« Holmes drehte sich um und kam zurück an den Tisch. Die düstere Anwandlung schien verflogen zu sein, sein Gesichtsausdruck zeigte wieder den gewohnten Gleichmut. »Der Drachenorden dürfte endgültig zerschlagen sein, von ihm droht keine Gefahr mehr. Es wird keinen ›Vierten König‹ geben, und das ist selbstverständlich die Hauptsache.« Ruhig füllte er seine Tasse auf. »Allerdings denke ich nicht, daß okkulte Motive beim Monsignore selbst jemals eine entscheidende Rolle spielten.«

»Keine okkulten Motive? Aber Holmes, wie können Sie so etwas sagen? Dieser Mensch war im Begriff, an Luzia ein Menschenopfer zu vollziehen!«

»O ja, Watson, er wollte tatsächlich das ›Große Ritual‹ durchführen – aus einem einzigen Grund. Erinnern Sie sich daran, was uns Jones über das Ritual berichtet hat: Der Hohepriester selbst verwandelt sich dabei in den vierten König. Das war Castellis eigentliches Ziel, er wollte der ›Vierte König‹ werden! Bedenken Sie nur, was das für einen Mann wie ihn bedeuten mußte: gewissermaßen der ›Gott‹ einer blindlings und absolut gehorchenden fanatischen Teufelssekte zu sein! Unter seiner Führung wäre ein solcher Orden gefährlicher als jede andere Verbrecherorganisation!«

»Ein Alptraum, Holmes!«

»Den wir glücklich gebannt haben«, nickte er, »und verglichen damit fällt Castellis Entkommen kaum ins Gewicht, auch wenn er natürlich weiterhin eine permanente Gefahr darstellt.«

»Vielleicht ist er ja schon längst außer Landes geflohen, Mr. Holmes, und wir brauchen uns seinetwegen keine Sorgen mehr zu machen!« Hoffnungsvoll sah Pater Hieronymus in die Runde.

»Bei unserer Begegnung in der Höhle habe ich den Eindruck gewonnen, daß Castelli einen gewissen persönlichen Groll gegen mich hegt.« Holmes' Lippen verzogen sich zu einem schmalen Lächeln. »In der Zwischenzeit dürfte er wohl kaum geringer geworden sein. Ich habe seine Pläne durchkreuzt, und dafür wird er sich rächen wollen. Nun, darauf bin ich vorbereitet, aber ich fürchte, die Bedrohung betrifft auch Sie, Luzia! Solange der Monsignore nicht gestellt ist, besteht hier eine gewisse Gefahr für Sie. Mir wäre wohler, wenn Sie für einige Zeit verreisen könnten, so weit weg wie möglich.«

»Ich glaube, das läßt sich einrichten«, lächelte Luzia und erhob sich, »wäre Ihnen Amerika weit genug, Mr. Holmes?«

Auf diesen Moment schien Frau Küppers nur gewartet zu haben, mit einem Tablett voller Sektgläser betrat sie das Zimmer. Auch Jones war aufgestanden und hatte sich neben Luzia gestellt. Mit glücklichem Stolz verkündete er, daß Luzia seinen Antrag angenommen habe und mit ihm nach Amerika gehen wolle. Ihm war dort an einem kleinen, aber recht ansehnlichen College eine Professur angeboten worden, und er hatte bisher nur gezögert, dem Ruf zu folgen, weil er sich nicht von Luzia trennen wollte.

Für niemanden von uns kam die Verlobung noch sonderlich überraschend. Von Stamm gratulierte als erster, und rasch machte sich eine fröhliche Feststimmung breit, die für den Moment wenigstens jeden Gedanken an den Monsignore verdrängte.

Die Trauung sollte schon in zwei Wochen stattfinden, und das Brautpaar bat uns sehr herzlich, als Trauzeugen zur Verfügung zu stehen.

Eine Bitte, die wir nicht abschlagen konnten. Außerdem wollte Holmes auf das Ergebnis der Bergungsarbeiten warten, also beschlossen wir, so lange in Köln zu bleiben.

Holmes nistete sich im Labor ein, um dem Geheimnis der Droge auf die Spur zu kommen, was ihm am Ende auch gelang. Nach vielen Untersuchungen konnte er schließlich einen seltenen Pilz aus dem Amazonasbecken als Grundsubstanz identifizieren. Auch sein Verdacht über den Urheber des Anschlags bestätigte sich, als im Wagen des Magiers noch weitere Proben des Giftes entdeckt wurden.

Daneben fand er noch Zeit, von Stamm behilflich zu sein, der sich mittlerweile vom Saulus zum Paulus geläutert hatte. Der Kommissar bat ihn um Rat in diversen Angelegenheiten, bei denen die preußische Polizei mit ihrem Latein am Ende war. Etwa im bizarren Fall des tanzenden Pastors, wo Holmes den entscheidenden Hinweis zur Lösung geben konnte und damit die drei Meßdiener vor einem grauenhaften Schicksal bewahrte.

Meine Aufgaben gestalteten sich weit weniger dramatisch. Holmes hatte mich gebeten, in Luzias Nähe zu bleiben, und so lernte ich auf Ausflügen die Stadt und die Umgebung kennen. Einmal unternahmen wir sogar eine Rheinfahrt, aber diesmal in geruhsamem Tempo ohne Verfolgungsjagd, Gewehrkugeln und gefährliches Treibeis. In den Mußestunden begann ich mit der Niederschrift erster Notizen über unser Abenteuer.

Wir befanden uns mitten in der »Session«, wie die Zeit des Karnevals von den Kölnern genannt wurde, und ich nutzte die Gelegenheit, um mich mit dem rheinischen Brauchtum näher vertraut zu machen. Dabei hatte ich das Glück, in Kapitän Küppers nicht nur einen sachkundigen, sondern auch ausdauernden Führer zu finden. Gemeinsam besuchten wir traditionelle Brauhäuser und eigenwillige Sitzungen skurriler Gesellschaften – »Funken« in allen möglichen Farben –, von deren exotischen Riten ich vorher auf dem Jahrmarkt nur eine Kostprobe gesehen hatte. Höhepunkt der Exkursionen war aber zweifellos der triumphale Erfolg des »Einarmigen Geigers« im restlos ausverkauften Zirkuszelt.

Um möglichst wenig Aufsehen zu erregen – die Leiche des Monsignores war tatsächlich nicht gefunden worden –, wurde die Trauung von Luzia und Jones nur im engsten Kreis vollzogen. Immerhin war der Erzbischof anwesend, als ein gerührter Pater Hieronymus in der Dreikönigskapelle die beiden zu Mann und Frau erklärte. Noch am selben Tag brachen die frisch Vermählten nach Hamburg auf, um sich dort nach Übersee einzuschiffen.

Beim Abschied auf dem Bahnsteig überreichte Holmes Luzia als kleine Überraschung eine kostbare ägyptische Peitsche aus Nilpferdleder.

»Angeblich hat sie einmal General Gordon gehört. Aber bei Ihnen weiß ich sie in guten Händen, Mrs. Jones!«

»Ich werde sie in Ehren halten, Mr. Holmes!«

Ein schriller Pfiff ertönte. Wir wechselten einen letzten Händedruck, dann setzte sich die Lokomotive schnaufend in Fahrt. Holmes wandte sich ab.

»Es wird Zeit, daß auch wir unsere Koffer packen, Watson!«

»Wissen Sie, Holmes, es ist schon erstaunlich, zu welch anachronistischem Mumpitz die Menschen heute noch fähig sind!« Ich sah den Spitzen des Kölner Doms hinterher, bis sie aus meinem Blickfeld verschwanden, und lehnte mich zurück in das Polster. Holmes saß rauchend auf dem Sitz mir gegenüber. Wir waren allein im Abteil und ließen die Ereignisse um den »Vierten König« Revue passieren.

»Schwarze Magie, Teufelskult, Menschenopfer – und das alles an der Schwelle zum zwanzigsten Jahrhundert! Man sollte es nicht glauben! Aber nichts wird den Siegeszug der Wissenschaft und Technik aufhalten.«

»Ihren Optimismus kann ich leider nicht ganz teilen, alter Freund. Die Menschen werden sich nicht ändern, in ihnen lauert immer der Abgrund des Bösen und Dämonischen. Deshalb ist ihr prophezeiter Sieg der Vernunft im neuen Jahrhundert noch lange nicht ausgemacht, fürchte ich.« Holmes zuckte mit den Achseln. »Aber das sind alles müßige philosophische Spekulationen, ich halte mich lieber an Fakten. Und in einem bin ich mir ganz sicher, Watson, wir werden noch von dem Monsignore hören!«

»Was Castelli angeht, gebe ich Ihnen recht, Holmes.« Der Rest würde sich zeigen.

Eine Weile fuhren wir schweigend der Heimat entgegen, dann sah ich ihn fragend an. »Sie haben mir übrigens noch nicht verraten, was auf dem Altar mit Ihnen geschehen war, als der Monsignore Sie schon beinahe niedergerungen hatte.«

»Eine Wahnvorstellung, Watson«, antwortete er knapp.

»Selbstverständlich, Holmes, aber was haben Sie gesehen?«

Holmes nahm die Pfeife aus dem Mund und schien einen Moment lang durch mich hindurchzublicken.

»Ich habe einen Toten gesehen«, sagte er dann langsam, »Moriarty! Es war gespenstisch, Watson. Als würden wir noch einmal auf Leben und Tod miteinander kämpfen, wie damals bei den Reichenbachfällen. Der Professor schien leibhaftig aus seinem nassen Grab auferstanden zu sein.«

»Nicht anders war es bei meinem Drachen! Als könnte man die Halluzination mit Händen greifen! Ich habe noch nie von einem ähnlich tückischen Gift gehört, wie es dieser Cognac enthalten hat.«

»Das kann ich nicht beurteilen, Watson, ich habe keinen Tropfen davon getrunken.«

Überrascht starrte ich ihn an. »Tatsächlich, Holmes? Dann muß der Magier also noch eine andere Methode gefunden haben, um ihnen die Droge unbemerkt zu verabreichen!«

Holmes nickte leicht. »Das ist wohl anzunehmen.«

Damit war für ihn das Gespräch beendet. Er klemmte seine Pfeife zwischen die Zähne und wandte den Kopf ab, den Blick in die Ferne gerichtet.

Ich musterte das Profil meines Freundes, seine hageren, energischen Gesichtszüge, und fand eine eigentümliche Beruhigung bei dem Gedanken, daß das Böse, in welcher Gestalt auch immer es noch auftreten mochte, einen wachsamen und zu allem entschlossenen Gegner vorfinden würde: den großen Sherlock Holmes!

***

Langsam ließ ich das letzte Blatt sinken und lehnte mich zurück in die Polster. Wie spät es sein mochte, wußte ich nicht, aber der Rest Kaffee in meiner Kanne war längst kalt geworden.

Ich sah zu Harry hinüber. Entspannt lag er in seinem alten Clubsessel vor dem Kamin, ließ ein Bein über die Lehne baumeln und döste vor sich hin. Während ich Holmes und Watson auf ihren abenteuerlichen Pfaden gefolgt war, hatte er sich um den Punsch gekümmert und dafür gesorgt, daß nicht alles verdampfte. Irgendwann im Lauf des Abends war Diva aufgetaucht, eine von Harrys Katzen, und hatte sich auf sei-

nem Bauch zusammengerollt, eindeutig zufrieden mit dem Arrangement. Jetzt drehte sie ein Ohr in meine Richtung und blinzelte mir zu. Offensichtlich zog sie einen Ortswechsel in Erwägung, aber dann streckte sie doch nur seufzend eine Pfote in meine Richtung. Man kann nicht alles haben.

Die Kirchenglocken begannen zu läuten. Es mußte Mitternacht sein, Zeit für die Christmette. Ich ging zu einem der Fenster und öffnete es. Frische, eiskalte Nachtluft strömte ins Zimmer und ließ mich angenehm frösteln. Unter mir lag das verschneite Dorf im hellen Mondschein malerisch ausgebreitet. Viele Vorgärten waren mit illuminierten Christbäumen festlich dekoriert, und fast in jedem Haus brannte noch Licht. Überall feierte man Weihnachten.

Es war eine prachtvolle Winternacht. Wie Zuckerwatte lag eine dicke Schneeschicht auf Feldern, Wegen und Dächern und reflektierte das Licht der funkelnden Sterne, mit denen der klare Himmel übersät war.

Hier und da öffneten sich jetzt die Haustüren. Kinder stürmten ins Freie und weihten ihre neuen Winterjacken mit den ersten Schneebällen ein. Etwas gemessener folgten ihnen ihre Eltern und Großeltern, und gemeinsam stapften sie auf die Kirche zu. Weihnachtsgrüße wurden zu den Nachbarn hinübergerufen und fröhlich erwidert.

Auf einmal lag ein leichter Duft nach Zimtgebäck in der Luft, und ich hätte schwören können, daß irgendwo da draußen Bing Crosby von einer weißen Weihnacht träumte. Es war ziemlich perfekt.

Für einen Moment schien die Zeit stillzustehen. Die Glaskugeln aus meiner Kindheit fielen mir wieder ein, bei denen ein leises Schütteln genügte, um ein Schneegestöber in ihrem Inneren auszulösen. Aber jedesmal, wenn die Flocken dann langsam und sachte zu Boden rieselten, kam die kleine Welt wieder zum Vorschein, friedlich und unberührt. Kein Sturm würde ihr jemals etwas anhaben. Und wenn man nur genau hinschaute, konnte man sie erkennen: Sherlock Holmes und Dr. Watson, Castelli, den alten Pater und natürlich Luzia.

»Sieht beinahe so aus, als wäre da oben jemand unter die Zuckerbäcker gegangen, oder?« Der kalte Luftzug mußte Harry geweckt haben. Er war herangekommen und sah nach draußen auf das idyllische Bild.

»Ja, den Gedanken hatte ich auch gerade.«

Harry reckte sich gähnend. Dann steckte er die Hände in die Hosentaschen und setzte sich halb auf die Fensterbank. Mit dem Kinn wies er auf das Sofa. Dort lag immer noch die Mappe mit Watsons Papieren. Fragend zog er die Augenbrauen hoch.

»Und, was sagst du dazu?«

»Eine bemerkenswerte Entdeckung, Harry. Allerdings kann ich gut verstehen, warum Holmes damals eine Veröffentlichung der Geschichte verhindert hat. Offensichtlich ist mit dem guten Doktor hier und da seine Phantasie durchgegangen.«

»Ich muß schon sagen, Max, das hat Watson nun wirklich nicht verdient! Im Gegenteil – alles ist genau so passiert, wie er es schildert. Dafür gibt es einen über jeden Zweifel erhabenen Zeugen. Bei dem Material in der Kiste befanden sich nämlich auch noch einige Aufzeichnungen von Pater Hieronymus selbst. Unter anderem sein Tagebuch, das er damals unter dem Eindruck der Ereignisse geführt hat. Und darin wird Watsons Bericht bestätigt, Punkt für Punkt!«

»Tatsächlich? Nun, dann nehme ich selbstverständlich alles zurück. Was ist mit Luzia und Jones in Amerika weiter passiert? Ist der Monsignore noch einmal bei ihnen aufgetaucht?«

Harry zögerte kurz und runzelte die Stirn. »Ich weiß es nicht, über Castelli habe ich bisher noch nichts gefunden. Aber das junge Paar scheint drüben glücklich und zufrieden gelebt zu haben. In seinem Tagebuch erwähnt Pater Hieronymus nämlich des öfteren stolz seinen Großneffen und daß er in Temperament und Wesen ganz nach der Mutter schlage, seiner geliebten Nichte Luzia Katharina.«

Er wandte sich um und sah nach draußen. Als er weitersprach, klang es eher beiläufig. »Vom Vater muß der kleine Henry Jones jr. wohl die Begeisterung für vergangene Zeitalter geerbt haben, jedenfalls hat er sich später auf die Archäologie geworfen und sich in Fachkreisen einen gewissen Ruf erworben.«

Eine Sternschnuppe glühte auf. »Sagtest du gerade ›Junior‹?«

»Mhm, kuriose Angewohnheit der Amerikaner, ihre Söhne so zu nennen, nicht wahr?« nickte Harry. »Es gab da anscheinend noch irgendeinen Spitznamen, aber der fällt mir im Moment nicht ein.«

Das war auch nicht nötig, von Dr. Henry Jones jr. hatte ich schon gehört. Und daß er mit Harry verwandt sein sollte, kam jetzt auch nicht mehr allzu überraschend. »Dann müßte dieser Junior ja so etwas wie ein Vetter von dir sein.«

»Nun ja, gewissermaßen.« Harry hatte den Kopf in den Nacken ge-

legt und suchte den Himmel nach weiteren Sternschnuppen ab. Kein Meßdiener hätte harmloser aussehen können.

»Über ein paar Ecken natürlich.«

»Natürlich.«

Eine Weile standen wir schweigend nebeneinander, bis er nonchalant mit den Achseln zuckte und zur Tür ging. »Aber jetzt beeilen wir uns besser, sonst fangen die noch ohne uns mit der Mette an.«

Ich schloß das Fenster und folgte ihm. Die Gelegenheit, Harry wieder einmal singen zu hören, wollte ich mir auf keinen Fall entgehen lassen.